RENATUS ZIEGLER

DIMENSIONEN DES SELBST

STUDIEN ZUM WERK RUDOLF STEINERS
HERAUSGEGEBEN FÜR DAS
FRIEDRICH-VON-HARDENBERG-INSTITUT
VON KARL-MARTIN DIETZ
UND THOMAS KRACHT
BAND 7

RENATUS ZIEGLER

DIMENSIONEN DES SELBST UND DAS ICH DES MENSCHEN: EINE PHILOSOPHISCHE ANTHROPOLOGIE

Untersuchungen zur Selbsterfahrung
und Selbstbestimmung mit Bezug
auf *Die Philosophie der Freiheit*
Rudolf Steiners

EDITION HARDENBERG
VERLAG FREIES GEISTESLEBEN

Renatus Ziegler, geboren in Basel 1955. Besuch der dortigen Rudolf Steiner Schule. Studium der Mathematik und Theoretischen Physik an der ETH in Zürich. Promotion 1985 über geometrische Mechanik an der Universität Kassel. Zwei Jahre Tätigkeit in Forschung und Lehre an Universitäten der USA und dann an der Mathematisch-Astronomischen Sektion der Freien Hochschule für Geisteswissenschaft am Goetheanum, Dornach (Schweiz). Seit 2001 wissenschaftlicher Mitarbeiter im Verein für Krebsforschung, Arlesheim (Schweiz) im Bereich Methodik klinischer Studien und pharmazeutischer Qualitätssicherung im Umfeld der Komplementärmedizin. Er unterrichtet in verschiedenen Seminarkursen Mathematik, Logik, Erkenntnislehre, ethischen Individualismus und philosophische Grundlegung der Anthroposophie. Seit 2011 Mitwirkender am Philosophicum in Basel.

1. Auflage 2013

Verlag Freies Geistesleben
Landhausstraße 82, 70190 Stuttgart
Internet: www.geistesleben.com

ISBN 978-3-7725-2497-4

© 2013 Verlag Freies Geistesleben
& Urachhaus GmbH
Umschlagmotiv: Philip Nelson (Ohne Titel, 2004)
Druck: Druckhaus NOMOS, Sinzheim
Printed in Germany

INHALT

Vorbemerkungen

Zum Anliegen

Das Thema des vorliegenden Buches, die Dimensionen des Selbst und das Ich des Menschen, betrifft jeden Menschen: Es geht um sein Selbst, seine individuelle Identität, seine Selbstbestimmung und Selbstgestaltung. In der Begegnung mit der Welt, insbesondere mit seinen Mitmenschen, bewahrt der Mensch seine Individualität, seine Unverwechselbarkeit – und erarbeitet sich zugleich neue Fähigkeiten und Ausdrucksformen, kurz: Er wird immer wieder zu einem anderen, er entwickelt sich.

Die Spannung zwischen Identität und Selbstentwicklung ist zentrales Thema dieses Buches. Sie wird anhand einer Auseinandersetzung mit dem philosophisch-anthroposophischen Hauptwerk Rudolf Steiners, *Die Philosophie der Freiheit*, aufgebaut, vertieft und fruchtbar gemacht. Warum eine Auseinandersetzung gerade mit diesem Werk, in dem es scheinbar nur am Rande um das Problem von Identität und Entwicklung geht? Dies hat persönliche und sachliche Gründe. Persönlich kann ich davon berichten, wie ein seit vielen Jahren geführtes Gespräch mit diesem Werk mir bewusst gemacht hat, auf welch fruchtbare Weise sich eine denkende und dabei sich selbst beobachtende Bearbeitung dieses Werkes sich auf den Umgang mit Fragen des Menschseins überhaupt, vor allem jedoch auf das konkrete Erleben und Durchschauen der Struktur sowie der Entwicklung des menschlichen Selbst auswirken kann. Es ist mir ein Anliegen zu zeigen, was für ein

Potenzial in diesem Werk verborgen ist für die Förderung eines fortwährenden Ringens um Selbsterkenntnis und Selbstentwicklung. Mit diesem Werk als Partitur und als fortwährende Herausforderung kann ich ein anderer, bewussterer und (er-)lebensfähigerer Mensch werden.

Sachlich geht es in dem Werk *Die Philosophie der Freiheit* unter anderem gerade um zwei zentrale Themen der Menschwerdung: das Bewegen, das heißt das Öffnen von individuellen Erkenntnisgrenzen und das fortwährende Ringen um Freiheit, kurz: um Erkenntnis- und Freiheitsentwicklung. Beides lebt von der Auseinandersetzung mit universellen, allgemein-menschlichen Gesetzmäßigkeiten und Strukturen (wie denjenigen des Erkennens und der Freiheit) und deren individuell-menschlicher Verwirklichung im konkreten Leben. Das kann nicht nur im Allgemeinen eingesehen, sondern bis in viele Details hinein erkennend und handelnd verfolgt werden. Dafür sollen hier in erster Linie Anregungen gegeben werden, Angebote und Zwischenergebnisse für eigenes Sinnen und Forschen festgehalten werden. Dies hat naturgemäß viele offene Enden oder bloße Skizzen zum Ergebnis, die nicht mit dem Anspruch verknüpft sind, eine alle Aspekte umfassende Abhandlung vorzulegen. Im Gegenteil, es soll den Leserinnen und Lesern Freiraum für weitere Untersuchungen geschaffen werden.

Ein zentraler Stellenwert, genauer: Entwicklungswert im ganzen Buch kommt dem Denken und seinen verschiedenen Erscheinungsformen zu. Auch wenn man Gefühlen oder anderen Elementen des Seelenlebens einen solchen Stellen- oder Entwicklungswert zuordnen will, was für diese zumindest ebenso wichtig sein kann wie für das Denken, so kann dies in *bewusstem* Sinne nur durch das Denken geschehen. Deshalb ist hier das Denken *Ausgangspunkt*, aber nicht letztes Ziel aller

Untersuchungen. Dabei muss man sich gründlich mit der Tatsache auseinandersetzen, dass das Denken einerseits in seinen unentwickelten, alltäglichen und gewohnheitsgebundenen Formen das größte Hindernis tieferer Erlebnisse und Einsichten ist, und andererseits in seinem zu entdeckenden wesentlichen Kern die Vorbedingung jeder Selbsterkenntnis, jeder Selbstbestimmung, jeder großen und kleinen Einsicht. Es ist diejenige charakteristische Fähigkeit des Menschen, die erstens der konsequentesten und ausgedehntesten Entwicklung bedarf, zweitens ein unbegrenztes Entwicklungspotenzial in sich birgt und drittens jede selbst initiierte bewusste Entwicklung bestimmen und begleiten kann und muss. Viertens steht dieses Denken jedem Menschen zur Verfügung: Es kann jederzeit aktiviert und weiter ausgeschöpft werden.

In vielen Diskussionen und Auseinandersetzungen um das Denken und das Selbst fällt auf, dass in der Regel *für* die Existenz oder *gegen* die Existenz *einer* Art des Denkens bzw. des Selbst argumentiert wird. Und falls Differenzierungen eingeführt werden, so betreffen diese in den allermeisten Fällen nur Untergliederungen von Denk- und Selbsterfahrungen, welche Teil eines dahingleitenden *Erlebnisflusses* des Alltagsbewusstseins sind. Von einem *tätigen*, seiner selbst bewussten, sich selbst bestimmenden und sich *entwickelnden* Denken oder Selbst, von einer direkten Aktivität des Denkens und/oder des Selbst, konstituiert durch spezifische Eigenschaften und Entfaltungsmöglichkeiten, ist nur sehr selten die Rede, und noch seltener von der Möglichkeit, sich solche bisher kaum erlebten Selbsterfahrungen zu erarbeiten, sich zu eigen zu machen, neue Horizonte und Erfahrungswelten zu erschließen.

In diesem Buch soll gezeigt werden, dass ein Verständnis des Selbst und ein sachgemäßer Umgang mit demselben nur möglich ist, wenn einerseits verschiedene Arten von Denken, sowie damit zusammenhängend verschieden Arten von Selbsterfahrung und Selbsttätigkeit, hier *Dimensionen des Selbst* genannt, ins Auge gefasst werden, und wenn andererseits die *Entwicklungsfähigkeit* sowohl des Denkens als auch des Selbst theoretisch und praktisch ernst genommen wird. Dann ist es keine Frage mehr, ob ein Selbst mit diesen oder jenen Eigenschaften existiert oder nicht, sondern nur noch eine Frage, welcher Dimension die beschriebenen Eigenschaften zukommen und welche weiteren Dimensionen des Selbst noch nicht zum aktuellen Erlebnishorizont gehören und gegebenenfalls noch individuell entwickelt werden können.

Zur Methode

In dieser Hinführung zu einigen Dimensionen des Selbst[1] mit Bezug auf Rudolf Steiners Werk *Die Philosophie der Freiheit* finden Leserinnen und Leser Anregungen, durch welche sie sich anhand eines Gesprächs mit diesem Werk tiefer auf das Erleben und Bedenken ihres eigenen Selbst einlassen können. Die tragenden Grunderfahrungen und Ideen werden jedoch nicht bloß aus diesem Werk entnommen, sind nicht allein durch dieses gerechtfertigt oder begründet; sie stammen auch aus eigener Erfahrung und deren ideeller Verarbeitung, im Sinne einer eigenbegründeten Selbstbestimmung auf dem Fundament authentischer Selbsterfahrungen.[2] Sie wurden jedoch durch eine Auseinandersetzung mit diesem Werk entdeckt, sie beruhen auf einem Gespräch mit diesem und weiteren Werken Rudolf Steiners. Ihre Darstellung und Verfeinerung verdanken sie darüber hinaus dem Gedanken- und Erfahrungsaustausch mit verschiedenen Menschen, die damit an diesem Projekt einen entscheidenden Anteil hatten und haben.[3]

Die vorliegende Abhandlung hat eher einen systematisch-rekonstruierenden als einen hermeneutisch-auslegenden Charakter. Mir geht es mehr um das Eintauchen in Erlebnisse und Sachverhalte und deren gedankliche Durchdringung, das heißt also um eine erfahrungsbasierte Rekonstruktion der zentralen Schritte und Ergebnisse im Werk *Die Philosophie der Freiheit*, als um eine gründliche Darstellung von Überlegungen darüber, wie umfassend und differenziert Steiners Formulierungen verstanden werden können. Das macht derartige Vorgehensweisen nicht unnötig – sie sind nur nicht der primäre Gegenstand dieser Arbeit. So soll der Leser und die Leserin vor allem angeregt und ermutigt werden, sich eigenständig mit den dargestellten Sachverhalten und mit Steiners Ausführungen auseinanderzusetzen. Wenn dazu die hier entwickelten Zugänge, Strukturbetrachtungen und Unterscheidungen eine Hilfe bieten können, so ist der Hauptzweck der Schrift erfüllt.

Wenn hier von einer Systematik des Selbst und seiner Dimensionen die Rede ist, so hat dies etwas Paradoxes an sich: Ist nicht das produktive Ich der Hervorbringer aller Systematik, und damit jenseits einer Fixierung in Ordnungsschemata und Strukturen? Nichts könnte wahrer sein, und es ist gerade ein Ziel dieser Schrift, an diesen Quellpunkt des Ich heranzuführen, ihn zu entbergen, ihn als Grundlage von Präsenz und Entwicklung aufzuweisen. Was letztlich verwandelt und weiter entwickelt werden kann, die Instrumente des Ich (seine Organisation, das denkende Erkennen etc.), muss jedoch erst erfasst und in seinen Strukturen durchschaut werden, bevor es auf eine höhere Ebene gehoben und in seinen mitgebrachten oder bereits erarbeiteten festen Formen umgeformt und/oder verlassen werden kann. Das Buch lebt aus und erzählt gerade von der Spannung zwischen manifester Ordnung und der transsystematischen, überhaupt erst Ordnung hervorbringenden Qualität des Ich. In jeder Ordnung steckt das Ich, das sie zugleich wieder produktiv relativiert. Es geht mir also weder um systematische Vollständigkeit noch um die Auflösung aller Systematik, sondern um die Ausbildung der Fähigkeit zur Selbstständigkeit im denkenden Erkennen, um einen Weg zum autonom gestaltenden und die Welt einbeziehenden Ich des Menschen.

Genau für diesen Erlebnis- und Erkenntnisweg ist Rudolf Steiners Werk *Die Philosophie der Freiheit* Hilfe und Herausforderung zugleich. In fortgesetzten Gesprächen mit diesem Werk entfaltet sich das eigene Ich, wird Entwicklung ermöglicht, wird Weltbezug gefördert. Das Selbst in seinen verschiedenen Aspekten ist tatsächlich ein durchgehendes Thema des genannten Werkes. Es taucht als Akteur und/oder Gegenstand der Untersuchung in allen Kapiteln auf. Im Kapitel VI geht es sogar allein um die menschliche Individualität – allerdings in einem für den ersten Teil des Werkes charakteristischen, vor allem dem Seelenleben zugewandten Sinn. Die umfassenderen Dimensionen des Selbst sind erst Thema des zweiten Teils; sie werden dort jedoch nur in verstreuten Einzelbemerkungen skizziert und nicht in einer zusammenhängenden Ausführung behandelt. Im vorliegenden Buch wird auf einige dieser zentralen Stellen aufmerksam gemacht und es werden diese zugleich in einen durch die Struktur des Werkes *Die Philosophie der Freiheit* selbst nahegelegten Zusammenhang gestellt.[4] Hier musste vieles Skizze bleiben.

Letztlich verstehen sich meine Betrachtungen als ein Beitrag zu einer differenzierten *philosophisch-anthroposophischen Anthropologie des sich zur Freiheit entwickelnden Menschen.*[5] Im Sinne der Schrift *Von Seelenrätseln* ist das Feld der vorliegenden Untersuchungen nicht mehr bloß dasjenige der «Anthropologie», das heißt des Bereichs der allein auf

Sinneserfahrungen und deren verstandesgemäßer Verarbeitung beruhenden Erkenntnisse; es handelt sich aber auch noch nicht um voll ausgebildete «Anthroposophie» im Sinne einer geisteswissenschaftlichen Untersuchung mit differenzierter und bewusster Handhabung der ausgebildeten übersinnlichen Erfahrungsinstrumente Imagination, Inspiration und Intuition.[6] Es wird hingegen eine «Philosophie über den Menschen» entwickelt, welche sich an seelischen und geistigen Erlebnissen orientiert, welche im Umfeld des aktiven denkenden Erkennens und des aktuellen Freiheitsakts liegen, nicht mehr und nicht weniger.

Im Einzelnen werden die nachstehenden Hauptanliegen verfolgt:

(1) Rudolf Steiners philosophisch-anthroposophische Grundwerke bilden nicht nur die wissenschaftliche und freiheitsphilosophische Basis der Anthroposophie als Geisteswissenschaft, sondern umfassen zugleich die Keime, ja sogar die Grundstrukturen einer philosophisch-anthroposophischen Anthropologie als Grundlage der anthroposophischen Menschenkunde, insbesondere des spezifisch anthroposophisch-geisteswissenschaftlichen Menschenbildes. Diese Keime finden sich besonders in der Schrift *Die Philosophie der Freiheit* und werden hier Rahmen einer differenzierten Entwicklung verschiedener Dimensionen des Selbsterlebens und -erkennens auf dem Wege zum eigenständigen Erkennen und autonomen Handeln entfaltet.

(2) Die im Frühwerk Steiners gelegten Keime einer philosophischen Perspektive auf die Anthroposophie werden von Steiner auch in späteren Phasen seines Wirkens weiterentwickelt und machen einen zentralen Bestandteil der Anthroposophie als Geisteswissenschaft aus. Diese Perspektive verhilft zu der Erarbeitung einer philosophischen Grundlage

der mehr in Form von Forschungs*resultaten* mitgeteilten Inhalte der Anthroposophie und kann zu diesen einen gedanklich-ideell geordneten Zugang vermitteln.

(3) Die philosophische Erkundung des Ich in Abgrenzung zu den durch die menschliche Organisation ermöglichten Dimensionen der Selbsterfahrung und -erkenntnis ist das unabdingbare Fundament jedes philosophischen Weges in die aktuelle Geisterfahrung sowie die Wurzel jeder aktuellen Selbstständigkeit (Freiheit). Dieses Ich, das eigene Ich, zeigt sich der im aktiven reinen Denken erlebbaren Erfahrungsqualität bis in sein tiefstes Wesenszentrum, aus dem heraus es sich schöpferisch-gestaltend und sich autonom entwickelnd in Zeitverläufen manifestiert.

(4) Die Auseinandersetzung mit einigen Auffassungen zum Verhältnis von Kausalität und Freiheit in der Gegenwartsphilosophie ist nicht nur eine Übung in Gegenwartserkenntnis und Horizonterweiterung, sondern sie ermöglicht auch zusammen mit den vorangehenden philosophisch-anthropologischen Untersuchungen eine präzisere und in einen umfassenderen Kontext eingebettete Fassung und Verteidigung der spezifischen Form der Aktualisierung für unbedingte Freiheitsakte, den eigentlichen Ich-Vollzug.

Vieles musste hier offen bleiben und der weiteren Forschung überlassen werden, beispielsweise: das Verhältnis von Ich und menschlicher Organisation aus philosophisch-anthroposophischer Perspektive; das Verhältnis von menschlicher Organisation und Ich im Verlaufe der individuellen und menschheitlichen Evolution; die Ausarbeitung einer detaillierten philosophisch-anthroposophischen Anthropologie unter Einbezug psychologischer, biologischer und physiologischer Faktoren.[7]

Zur Terminologie

Bei Steiner wird in dem Werk *Die Philosophie der Freiheit* der Ausdruck «Begriff» durchgehend synonym mit Idee (im Sinne von Ideeninhalt) verwendet. Im Kontrast zur heute meist üblichen Verwendung ist damit ein aktuell erfahrener (das heißt aktuell gedachter) Denkinhalt gemeint und nicht ein sprachlicher Ausdruck (Terminus) für denselben.

Entsprechendes gilt für den hier als *terminus technicus* verwendeten Ausdruck «Intuition»: Er wird *nicht* im Sinne der heute meist gemeinten «Bauchintuition» oder im Sinne von bestenfalls fruchtbaren Einfällen ohne direkte Bewusstseinsleistungen verwendet,[8] sondern im Sinne von Erfahrungen im Rahmen des tätig-aktuellen Denkens.

Als durchgehende Bezeichnung für die verschiedenen Dimensionen des Eigen- oder Selbsterlebens und Selbsterfassens werde ich den Ausdruck «Selbst» verwenden. Steiners Terminologie ist uneinheitlich: Er verwendet verschiedene Ausdrücke wie Selbst, Subjekt, Ich, Person, Individualität und dieselben stellenweise auch in unterschiedlichen Bedeutungen, je nach Kontext der Untersuchung. Es ist ein Hauptanliegen der vorliegenden Ausführungen, auf die durch diese wechselnde Terminologie nahegelegten sachlichen Unterschiede, insbesondere zwischen den Dimensionen des Selbst und dem Ich des Menschen, aufmerksam zu machen.

Damit wird Steiner weder Inkonsequenz noch Willkür noch terminologische Schlampigkeit unterstellt. Eine nähere Analyse zeigt, dass bei Steiner die differenzierte und sachorientierte Beschreibung sowie die exakte gedanklich-ideelle Bestimmung seelisch-geistiger Prozesse und von deren Metamorphosen gegenüber einer terminologischen Festlegung Vorrang haben. Steiner unterscheidet nur dann explizit und bis in terminolo-

gische Fixierungen hinein, wenn es unbedingt notwendig ist;
er lässt weitere Differenzierungen weg, wenn vom Kontext her
klar ist, worum es geht. Wenn ich hier terminologisch mehr
festlege, so erhebe ich weder den Anspruch, Steiner inhaltlich
zu korrigieren, zu präzisieren oder zu verbessern (dazu gibt
es meines Erachtens in diesem Kontext keinen Anlass), noch
habe ich die Absicht, ihn in ein «wissenschaftliches» Sche-
ma zu pressen. Mit den vorgeschlagenen Differenzierungen
möchte ich vielmehr auf Sachverhalte und damit auf Aspekte
seines Werkes aufmerksam machen, die sonst leicht übersehen
werden. Wenn dies gelungen ist, wird die meinem Anliegen
geneigte Leserin und der geneigte Leser meine Terminologie
und meine Schemata wieder aufheben, selber neue machen, sie
wiederum verwerfen und sich schließlich mit geschärftem und
geweitetem Blick der weiteren und vertieften selbstständigen
Untersuchung des seelisch-geistigen Lebens zuwenden.

Zum Inhalt

Rudolf Steiners Darstellung des Selbsterlebens und Selbst-
bestimmens in seinem Werk *Die Philosophie der Freiheit* lebt
von Anfang bis Ende von der Spannung zwischen der Polarität
von Subjekt und Objekt (Ich und Welt) einerseits und dem
denkenden Selbst, das diesen polaren Gegensatz zugleich hervorbringt und überwindet, andererseits. Ein weiteres Span-
nungsfeld eröffnet sich aus dem Gegensatz von universellen,
allgemeinmenschlichen Eigenschaften des Selbst und den nur
diesem jeweils selbst zugehörigen persönlichen Kennzeichen
oder Lebensbestimmungen.

Steiner erfasst im Kontext des Werkes *Die Philosophie der
Freiheit* die Dimensionen des Selbst vom tätigen Denken her

(Kapitel 1 und 2).[9] Das hat sachliche Gründe: Erstens ist die Bestimmung des Denkens und Erkennens den konkreten Erkenntnisproblemen des Selbst in seinen mannigfaltigen Facetten systematisch vorgeordnet. Erst muss geklärt werden, was Denken und Erkennen zu leisten vermögen, bevor ihre Tragweite für konkrete Erfahrungsbereiche, besonders für das Erleben des Selbst in seiner Mannigfaltigkeit, mit Aussicht auf Erkenntniserfolg ausgelotet werden kann (Kapitel 3). Zweitens macht Steiner darauf aufmerksam, dass sich vom Selbst und seinem innersten Wesen und Wirken etwas Entscheidendes im Denken offenbart: Als Denkender kann sich ein Mensch als *eigenständiges* und *eigenbestimmtes* Selbst offenbaren.[10]

Wie auch bei der Darstellung der Natur des Denkens und der Freiheit, so geht es auch bei den verschiedenen Dimensionen des Selbst nicht bloß um feststellbare Tatsachen, sondern auch um Entwicklungsperspektiven: Die der Alltagserfahrung naheliegenden Selbsterfahrungen und Selbstbestimmungen werden bearbeitet und weitergeführt, sie sind Ermöglichungsgrundlagen für Entwicklungen erst keimhaft vorhandener und zu entfaltender weiterer Dimensionen (Kapitel 4). Aus gegebenen *Dimensionen* werden zu entfaltende *Aktionen*, oder: Aus bereits *manifesten* (keimhaften) Erscheinungen des Menschen werden *manifestative* Verwirklichungen desselben (Kapitel 5).[11] Mit anderen Worten: Die verschiedenen Dimensionen des Selbst im Sinne von Erscheinungen oder Ausdrucksformen des Wesenskernes des Menschen, des individuellen Menschen-Ich, unterliegen sowohl bewusstseinshistorisch-menschheitsgeschichtlich als auch aktuell individual-historisch einer (Erscheinungs-)Entwicklung, die den fruchtbaren Boden für eine in die Zukunft weisende Wesensentwicklung des Menschen abgibt.[12] Letztere ist ohne Wiederverkörperung und Schicksal nicht denkbar – aber das steht auf einem anderen Blatt.[13]

Von fundamentaler Bedeutung ist die differenzierte und in die Tiefe gehende Unterscheidung der Dimensionen des Selbst von dem Ich des individuellen Menschen. Sie ist in Steiners Schriften deutlich veranlagt (Kapitel 6) und wird hier von philosophischen Gesichtspunkten aus systematisch weiter ausgearbeitet (Kapitel 7 und 8), vornehmlich auch in Auseinandersetzung mit gegenwärtigen Diskussionen um Kausalität und Determinismus (Kapitel 9).

Vor dem Hintergrund der zeitgenössischen Philosophie der personalen Identität und der Freiheit geht es im vorliegenden Buch erstens um einen *introspektiven* oder internen Zugang zum Selbst (Perspektive der ersten Person), im Kontrast zu einem externen Zugang (Perspektive der dritten Person).[14] Zweitens geht es um die Frage der *gegenwärtigen* Identität (synchrone Identität) als Grundlage und Vorbedingung einer Untersuchung der Identität im Zeitverlauf (diachrone Identität).[15] Drittens wird hier im Kontext von Freiheit und Kausalität auf die zentrale Funktion des unbedingten *Ich-Vollzugs* hingewiesen, im Kontrast sowohl zur (deterministischen oder nichtdeterministischen) Ereigniskausalität als auch zur elementaren Akteurskausalität (Kapitel 9). Dabei ist zu beachten, dass es sich hier nicht um eine ausführliche Darstellung und Diskussion von Positionen der Gegenwartsphilosophie handelt, sondern in erster Linie um eine knappe Auseinandersetzung mit denselben – letztlich zur Präzisierung und Vertiefung des hier vorgetragenen eigenen Ansatzes.

Im Anhang wird der Zusammenhang der im vorliegenden Buch dargestellten Gliederung des Selbst mit verschiedenen Gliederungen des Menschenwesens bei Rudolf Steiner skizziert, zunächst im Kontext der frühen Werkentwicklung (Anhang A) und dann in einer schematischen Übersicht (Anhang B).

1. Einführung: Denken und Erkennen

1.1 Vorstellendes und reines Denken

In der Charakterisierung des Denkens in Kapitel III des Werkes *Die Philosophie der Freiheit* hält sich Steiner nicht mit einer ausführlichen Untersuchung des vorstellenden Denkens auf: Es geht von vornherein um das aktuelle, tätige Denken. Nur dieses hat die Qualität der Nicht-Beobachtbarkeit, im Gegensatz zum vorstellenden Denken oder zum «Gedanken-Haben», deren Inhalte «traumhaft, wie vage Eingebungen in der Seele auftreten»[16]. Letztere Erlebnisse sind «die Leichname des lebendigen Denkens», das «tote Abstrakte», das nur ein «Gegenbild [des Denkens] in der gewöhnlichen Seeleneinstellung» ist; es handelt sich bloß um eine Art «Nacherleben [... des] Ursprungszustandes» des Denkens, das die Seele «kalt» lässt: «es scheint das Seelenleben auszutrocknen».[17]

Aus diesem Grund ist zunächst auch nicht durchgehend explizit von einem tätigen, reinen, aktuellen oder sonst auf irgendeine Weise terminologisch fixierten spezifischen Denken die Rede, da es ja um nichts anderes als Denken im eigentlichen Sinne geht (siehe dazu weiter unten). Entsprechendes gilt für den Inhalt von Begriffen und Ideen: Auch hier ist Steiner mit deren Kontrastierung zu Vorstellungen oder Worten/Sätzen sehr knapp. Man erfährt zunächst nur: was «ein Begriff ist, kann nicht mit Worten gesagt werden»,[18] bevor die Vorstellung als ein am Selbst erlebbarer «Rückstand» einer Wahrnehmung charakterisiert wird,[19] die so «an meinem Selbst» beobachtet wird «wie Farbe, Ton usw. an andern

Gegenständen».[20] Steiner legt den Schwerpunkt in den Kapiteln IV und V viel mehr auf die seelenphänomenologische Differenzierung von Wahrnehmung und Vorstellung als auf eine ideelle Untersuchung des Vorstellens und der Vorstellung in ihrem Unterschied zum Denken bzw. zur Idee. Das Auftreten von Vorstellungen wird erst im Kapitel VI empirisch und ideell geklärt,[21] nachdem das Denken in seiner eigentlichen Qualität hinreichend bestimmt worden ist und nun in seiner Beziehung zur Wahrnehmungswelt untersucht werden kann (siehe dazu Abschnitt 4.3).

Die Charakterisierung des Denkens und diejenige von Ideen im ersten Teil des Werkes *Die Philosophie der Freiheit* wird hier zusammenfassend und nah am Text kurz rekapituliert.[22] Auf die entsprechenden Sachverhalte wird dann in den folgenden Abschnitten 1.2 bis 1.4 näher eingegangen.

Steiner knüpft zunächst an die Funktion des Denkens für die Weltauffassung an: «Mein Nachdenken hat den Zweck, von dem Vorgange Begriffe [Ideen] zu bilden.» Dieser «Prozess» ist «von mir abhängig», spielt sich «ohne mein Zutun nicht» ab.[23] Vom 8. Absatz an[24] geht die Untersuchung (fast) ganz auf das Denken selbst über; sein konkreter Zusammenhang mit der übrigen Beobachtungswelt wird erst ab Kapitel V wieder detailliert aufgegriffen (siehe dazu Abschnitt 4.3). Denken ist eine Tätigkeit, die nicht gleichzeitig beobachtet, das heißt nicht gleichzeitig sowohl durchgeführt als auch bloß rezeptiv zur Kenntnis genommen werden kann;[25] sie kann jedoch aktuell erfahren werden[26] und/oder im Nachhinein zum Inhalt von Beobachtungen werden.[27] Für diese aktuelle Erfahrung muss die betrachtende Seele es in die aktuelle «Richtung ihrer Aufmerksamkeit bringen».[28] Erst hier zeigt es sich in seiner wahren Wesenheit[29] (siehe dazu Abschnitt 4.2).

Die Erfahrung von Ideen im Denken offenbart einen sachlichen Zusammenhang, der auf sich selbst beruht und unabhängig von einem «richtigen» Bezug der Ideen auf die Wahrnehmungsinhalte ist.[30] Das trifft insbesondere auf die Ideen «Subjekt und Objekt» zu, die «durch das Denken gebildet sind» und von diesem auf die Welt angewendet werden;[31] das Denken steht also jenseits dieser Unterscheidung.[32] Ideen stehen nicht vereinzelt da, sondern schließen sich im Denken «zu einem gesetzmäßigen Ganzen zusammen».[33] Ideen sind «nicht aus der Beobachtung gewonnen»[34] und nur der «naive Mensch hält sich für den Bildner seiner Begriffe [Ideen]».[35] Ideen sind Erfahrungsinhalte, die allen Menschen erfahrungsmäßig zugänglich und gemeinsam sind: Ihre Inhalte werden vom Menschen weder geschaffen noch modifiziert.

1.2 Tätigkeit und Inhalt des reinen Denkens

Erfahrung und Charakter des reinen Denkens spielen in diesem Buch eine herausragende Rolle. Ergänzend zu den Ausführungen von Abschnitt 1.1 und vorbereitend für die ausführlicheren Untersuchungen in Kapitel 4 wird hier und in den folgenden Abschnitten 1.3 und 1.4 deshalb kurz und konzentriert auf das reine Denken in einigen seiner zentralen Eigenschaften eingegangen.[36]

Eine Vorstellung kann unter anderem dadurch von einer reinen Idee unterschieden werden, dass ihr Elemente angehören, die der Erfahrung der Sinneswelt entlehnt sind oder direkt auf solche verweisen: Größe, Ausdehnung, Farbe, Ort etc. So hat etwa der Inhalt jeder Vorstellung eines ebenen Kreises, das heißt genauer: der vorgestellte Kreis, eine bestimmte Größe (spezifischer Radius, spezifische Krümmung), einen Ort innerhalb einer Ebene und damit einen spezifischen Mittel-

punkt und ist verknüpft mit einer Stellung der entsprechenden Ebene im Raum; darüber hinaus «sieht» sie in bestimmter Weise aus (Farbe und Dicke der Kreislinie und/oder der
Kreisscheibe). Der reinen Form des Kreises, dem allen Kreisen
zugrunde liegenden universellen Kreisprinzip, gehört nichts
dergleichen an – es enthält nur Relationen der entsprechenden Elemente: Ebene, Mittelpunkt, Radius, Krümmung. So
ist in den Definitionen «Ein Kreis ist der geometrische Ort
aller Punkte in einer Ebene, welche einen festen Abstand von
einem festen Punkt dieser Ebene haben» und «Ein Kreis ist
eine ebene geschlossene Linie mit konstanter Krümmung»
von konkreten Orten, Werten, Farben, Stoffen etc. nicht die
Rede. Sie umfassen nur reine Relationen, reine Beziehungen,
also reine Inhalte im Sinne von vorstellungsfreien und sinnlichkeitsfreien Denkinhalten.

Wer eine Vorstellung *hat*, kennt ihren Inhalt, weiß Bescheid
über das Vorgestellte, kann sie jedoch nicht weiter analysieren
oder mit anderen Vorstellungen in ein Verhältnis setzen, ohne
etwas über die Vorstellung Hinausgehendes einzubeziehen:
Inhalte von Ideen. So werden die Relationen des Kreisgeset-
zes (Idee des Kreises) in einer Vorstellung als konkret gegeben
erlebt, aber gerade nicht in ihrem universell-relationalen Charakter, in ihrer allgemein verknüpfenden Funktion: Es sind
bereits fixierte Gegebenheiten, keine offenen Möglichkeiten.

Ganz anders, wenn das Kreisgesetz im Denken tatsächlich
aktuell vergegenwärtigt wird: Es ist nie für die Beobachtung
gegeben, es gibt keine Kenntnis davon (und wenn doch: nur
in Form von Erinnerungen an Wortfolgen, Vorstellungsbilder
etc., also sicher nicht im Rahmen des aktuellen Denkens), es
hat keinen Ort und keine Farbe. Es fällt einem nicht ein, es
kann nicht erwartet, sondern muss *tätig* erarbeitet werden
und ist nur so lange präsent, als diese Arbeit, diese Anstren-

gung anhält. Dann ist es aber in solcher Weise präsent, dass es durchschaut werden kann. Man hat dann nicht bloß eine aus der Vergangenheit, aus Gewohnheiten, aus Sprachregeln heraus geborgte Erkenntnis, sondern eine aktuelle Einsicht. Und diese erweist sich als ein Füllhorn von Möglichkeiten. Alle Kreisvorstellungen, alle konkreten Kreise können damit in eine Beziehung gebracht werden, und zwar so, dass das Kreisgesetz das in allen aktuell und spezifisch vorliegenden und *allen* möglichen konkreten Kreisen zugrunde liegende universelle Beziehungsgefüge zwischen Ebene, Mittelpunkt und Radius (oder Krümmung) umfasst.

Diese Erfahrungen kann jeder Mensch machen, wenn er sich darauf einlässt. Sie müssen jedoch aktiv erarbeitet werden. Reine Ideen zeigen sich in ihrer eigenständigen Durchsichtigkeit nicht als Einfälle; reine Ideen kann man nicht *haben* (wie Bauchintuitionen und Vorstellungen), sondern nur tätig hervorbringen. Wichtig ist, dass man sich dabei nicht an den noch im Vorstellungsbereich befindlichen *Vorbereitungen* dieser Tätigkeiten orientiert, sondern an deren *Vollzug*.[37] Wenn man sich eine solche Erfahrung, gegebenenfalls wiederholt, verschafft, so hat man reichhaltiges Anschauungsmaterial, genauer: Beobachtungsmaterial, für die weitere Untersuchung des Denkens (siehe Abschnitt 1.4).

In der Klarheit der Ideen zeigt sich auch, dass sie Begegnungen der Denktätigkeit mit einem unabhängig von denselben seienden Gegenstandsbereich sind. Sie werden durch diese Tätigkeit angeschaut (nicht: erzeugt), sind Invarianten derselben, also zumindest relativ zur Tätigkeit unveränderbar. Darüber hinaus ist eine von subjektiven Perspektiven unabhängige Veränderlichkeit nicht Teil der aktuellen Ideen-Erfahrung.

1.3 Einwände gegen Möglichkeit und Existenz reinen Denkens

Der Charakterisierung des Denkens im vorangehenden Abschnitt 1.2 stehen diverse Einwände[38] entgegen, von denen hier die wichtigsten kurz gestreift werden sollen, da sich daran weitere Einsichten in die Natur des Denkens gewinnen lassen.

Als zentraler Einwand gegen eine Annahme des individuellen Denkens, gegen eine denkende Anschauung von in sich selbst bestimmten, in sich zusammenhängenden Sachverhalten (Ideen), gilt die unterstellte Sprachgebundenheit des Denkens, und damit die Bindung an eine Sprachgemeinschaft, an überlieferte (vererbte, übernommene, gelernte etc.) Regeln und Konventionen, ohne die eine Kommunikation unmöglich wäre.

Zur Entgegnung auf diesen Komplex von Einwänden sind folgende Sachverhalte entscheidend: (1) Denken ist Kommunikation vorgeordnet; (2) Denken kann (und muss demzufolge) introspektiv untersucht werden; (3) Denken kann nicht durch etwas außerhalb seiner selbst bestimmt werden; (4) Denken ist das universelle Instrument jeder spezifischen Bestimmung.

Zu (1): Die direkte Untersuchung des Denkens durch die Selbsterfahrung des denkenden Menschen, bezüglich welches Aspekts auch immer, muss und kann von einer Mitteilung über diese Untersuchungen, in welcher Form und an welches Publikum auch immer, unterschieden werden (wie dies selbstverständlich auch für das Ergebnis jeder naturwissenschaftlichen Untersuchung gilt). Die Untersuchung des Denken ist keine Selbstkommunikation (was immer man darunter verstehen will), und wenn es eine wäre, so bliebe von derselben immer noch der Inhalt, der kommuniziert wird, zu unterscheiden von der Kommunikation selbst und ihren Hilfsmitteln (sonst handelte es sich überhaupt um keine Kommunikation, sondern nur um eine rein technische und bestenfalls syntaktisch korrekte Produktion von Wort- und/oder bloßen Zeichenfolgen). Mit Ausnahme des kindlichen Spracherwerbs sowie von Vorstufen des reinen Denkens, die sich aus dem Sprechen heraus entwickeln, sind die direkten Erfahrungsinhalte des eigenen Denkens relativ zum sprachlichen Ausdruck unmittelbar und diesem systematisch (nicht notwendigerweise zeitlich) vorgeordnet: Auch wenn (vielleicht) ein inneres «Sprechen» konstatiert werden kann (wie immer sich das genau abspielen soll: als vorgestelltes Sprechen, als Kehlkopfbewegung etc.), so ist den damit produzierten Äußerungen ihre (nur denkend einsehbare) Bedeutung *nicht* durch das innere «Sprechen» als solches inhärent, sondern durch das, *worüber* «gesprochen» wird.

Selbstverständlich: Wenn *darüber* gesprochen oder geschrieben wird, so begibt man sich in den Bereich der Sprachregeln und Sprachrituale sowie in die konventionelle und gewohnheitsmäßige Bedeutungen von Worten innerhalb einer Sprachgemeinschaft. Die dort herrschenden Regeln und Bedeutungen müssen jedoch auch irgendwann einmal durch aktuelles Denken verstanden worden sein und verstanden werden – vorausgesetzt, dass man das nicht alles Verständnis auf Dressur oder «Erziehung» im Sinne von Gewohnheitsbildung (nicht: Fähigkeitsbildung) zurückführen möchte. Aber dann stellen sich die Fragen: Dressur/Erziehung durch wen? und: Wie wusste dieser Mensch, worauf/wozu er seine Mitmenschen dressieren/erziehen soll? Wenn man jedoch auch *dieses* Verstehen an (meist bloß hypothetisch angenommene) darunter oder dahinter liegende basale Sprachregeln oder Verhaltensanweisungen binden will, so ist ein unendlicher

Regress auf immer «tiefer» liegende Sprachrituale nicht vermeidbar. Der Ausweg, den nicht umgehbaren, nicht hinterfragbaren und nur denkend zu begründenden «Anfang» in eine rituelle, evolutive etc. Verhaltensfixierung zu verlegen, verschiebt das Problem, ohne es zu lösen. (Wie kam es zu diesem Verhalten? Wodurch und von wem wurde es festgelegt? Wie ist seine Genese?)

Fazit: Gesprächs- oder Kommunikationsinhalte gehen auf Denken zurück. Nur Denken kann den zu kommunizierenden Inhalt vorgeben. Es entnimmt diesen Inhalt dem transkommunikativen Bereich der Ideenwelt. Dies ist natürlich nicht durchgehend bei allen Arten zwischenmenschlicher Kommunikation der Fall. Es gibt durchaus verschiedenste Mechanismen automatischer und regelbestimmter Kommunikation. Das hat dann wenig mit aktuell tätigem Denken zu tun, sondern mehr mit Erinnerungen, Angelerntem, Gedanken-Haben, Einfällen etc. in Form von Worten, Propositionen und ganzen Aussagen.

Zu (2): Dass Denken introspektiv, das heißt durch Selbsterfahrung untersucht werden kann, ist unbestritten. Dass dies jedoch nicht nur eine notwendige, sondern auch hinreichende Methode seiner Untersuchung ist, die nicht bloß *eine* Option unter vielen, sondern sowohl unausweichlich als auch zielführend ist, ist weniger selbstverständlich. Und doch entspricht dies genau einer methodischen Forderung jeder naturwissenschaftlichen Erkenntnis: Wenn eine *direkte* Untersuchung möglich ist, so darf man sich nicht bloß auf indirekte Auswirkungen (Symptome, Spuren, Indizien, Sekundärwirkungen, Erfahrungsberichte von Drittpersonen, Protokolle etc.) verlassen. Aber: Ist eine direkte Untersuchung des Denkens auch verlässlich? Eine Anschlussfrage ist: Wer soll denn dies beurteilen, außer dem Denken? Dabei spielt es keine Rolle, ob man bei der Untersuchung des Denkens an eine grundsätzliche Fundierung desselben durch es selbst denkt oder an eine pragmatische Rechtfertigung anhand der Ergebnisse. Ohne Denken ist weder im einen noch im anderen Falle Verlässlichkeit und Klarheit zu haben. Es steht einer grundsätzlichen Selbstaufklärung des Denkens nicht nur kein fatales Argument entgegen, sondern es führt *kein* Weg daran vorbei, es gibt keine Alternative. Nun könnte das Unternehmen jedoch trotzdem scheitern – dass es das nicht tut, zeigen unter anderem die vorliegenden Untersuchungen. Zudem wäre mit dem Eingeständnis eines totalen Scheiterns die paradoxe Situation gegeben, dass ein (scheinbar) grundsätzlich nicht verlässliches Instrument (eben das Denken) zu einer endgültigen Bestimmung seiner selbst gekommen ist. Damit *leben* kann man vielleicht – aber nicht damit *denken*. Dies schlösse sowohl ernsthafte Welt- und Selbsterkenntnis als auch Selbstbestimmung und damit Freiheit in irgendeinem Sinne aus.[39]

Zu (3): Hier ist die tätige Natur des Denkens fundamental: Als ein *nicht* einfach Vorhandenes, sondern tätig Hervorzubringendes *kann* es (aber muss nicht) sich selbst bestimmen, sich selbst einen Inhalt geben. Die entscheidende Einsicht ist sehr elementar, aber weitreichend: Jede (behauptete) Fremdbestimmung des Denkens, also *jede* Behauptung der Form: Denken ist durch X bestimmt (determiniert, verursacht etc.), oder: Denken hängt von X ab, bedarf zu ihrer Bestätigung (was immer ihr genauer Inhalt ist) des Denkens. Die Beziehung von X zum Denken kann nur mit Hilfe des Denkens (und eventuell mit Hilfe weiterer Fakten) her- und damit festgestellt (erkannt, beurteilt, eingesehen, bestätigt, widerlegt etc.) werden. Folglich ist das Denken nicht umgehbar, nicht hinterfragbar, da es nur es selbst Fragen stellen kann: Es ist das für *alle* und insbesondere für derartige Behauptungen Vorausgesetzte. Wenn dem Denken (durch das Denken selbst!) diese grundsätzliche Fähigkeit des Behauptens und Urteilens abgesprochen wird, so kann es auch keine verlässliche Behauptung über sich selbst mehr machen. Wenn diese Fähigkeit ihm zugestanden wird, dann ist sie universeller Art und kann nicht allein für eine Spezialbehauptung über die grundsätzliche Abhängigkeit des Denkens von irgendeinem X missbraucht werden.

Zu (4): Selbstverständlich gibt es im Alltagsleben viele Abhängigkeiten des Vorstellens, Gedanken-Habens, Einfälle-Habens von X (X = Stimmung, Entspannungszustand, Vorurteil, Konvention, Vorschrift, Gefühl, Gehirn, limbisches System, biologische Aktivitäten etc.). Es wird hier nur bestritten, dass dies die *einzige* Art von Denken sein soll – nicht, dass es Arten von Denken gibt, die X unterliegen. Was bestritten wird, ist also die Universalbehauptung: Jede Art von Denken ist von irgendwelchen außerhalb des tätigen Denkens selbst liegenden Faktoren X abhängig.

Es wird hier also behauptet und anhand einer konkreten Durchführung einer Entwicklung der Denkerfahrung und -bestimmung nachgewiesen (siehe Abschnitt 1.2 sowie den folgenden Abschnitt 1.4 und insbesondere Kapitel 4), dass es eine Art des *tätigen* Denkens gibt, die von *keinem* außerhalb seiner selbst liegenden (kausalen, wirksamen etc.) Faktor X bestimmt wird und werden kann. Auch die im Denken anschaubaren Ideen haben keinen solchen bestimmenden Charakter bezüglich des Denkens. Sie sind dem tätigen Denken zugänglich, sie bestimmen es jedoch nicht im Sinne irgendeines Einflusses, sie lassen als solche (das heißt als reine Ideen im Kontrast zu deren Vorstellungsform; siehe dazu weiter unten Abschnitt 1.4) auch keine Spuren in demselben zurück, sondern sie erweisen sich als aktuell einsehbar und als durch sich selbst bestimmt; darüber hinaus sind sie dem aktuellen Denken verfügbar für individuelles Erkennen und Handeln. Sie lassen sich über die Aktualitätsphase des Denkens hinaus nicht als solche (das heißt als reine Ideen) festhalten.

Mit diesen denkenden Überlegungen zur allgemeinen Natur des Denkens erledigen sich auch alle Spezialfälle derartiger Einwände, wie etwa die Behauptung einer grundsätzlichen Abhängigkeit des Denkens vom Gehirn. Die laute Forderung nach einer Naturalisierung des Denkens (und allgemeiner des Erkennens mit der ganzen Erkenntnistheorie) gehört genau in dieselbe Kategorie von Behauptungen: Hier müssten für X alle durch Sinneserfahrungen und/oder physikalische Messungen materiell-energetischer Vorgänge zustande kommenden Erkenntnisse, insbesondere also alle naturwissenschaftliche Erkenntnisse, eingesetzt werden. Nun ist jedoch diese Forderung, über ihre Inkonsistenz bezüglich einer Fundierung des Denkens hinaus (jede solche das Denken naturalisierende Spezialbehauptung steht im Widerspruch zur universellen Funktion des Denkens als nicht umgehbare, nicht hinterfragbare Vorbedingung jeder Art von Behauptung), auch *dogmatisch*, denn sie beruht auf unbeweisbaren und doch unausweichlich als Bedingung der Möglichkeit von Erkenntnis überhaupt geforderten metaphysischen Postulaten, wie: Es gibt nur sinnlich oder materiell-energetische Tatsachen; Ideen sind auf Gehirnvorgängen supervenierende mentale Gegenstände etc.

Der letzte Komplex der hier zu besprechenden Einwände betrifft die (absolute) Subjektivität des Denkens im Sinne eines Konstrukts des subjektiven Bewusstseins (oder von was sonst auch immer). Dazu ist zunächst zu sagen, dass zum Beweis einer Behauptung dieser Art eine direkte Erfahrung des ununterbrochenen Hervorgehens oder der Genese eines

Denkvorganges und damit einer Idee aus einem nicht-denkartigen oder nicht-ideellen Erfahrungskomplex nachgewiesen werden müsste. Meines Wissens liegt ein solcher Tatsachenhergang bisher nicht vor. Dabei müsste berücksichtigt werden, dass es sich bei einem Denkvorgang nicht um einen aufzufindenden Verlauf, ein Ereignis handelt, sondern um einen *Vollzug*, der nicht einfach bloß vorgefunden werden kann, sondern hervorgebracht werden muss. In der Regel wird aus dem Vorliegen gewisser Denkerfahrungen (übrigen meistens aus dem Reservoir des Vorstellens oder Gedanken-Habens), die bloß als Indizien gedeutet (!) werden, zurückgeschlossen auf naturwissenschaftlich erfassbare Prozesse (also auf Abläufe oder Ereignisfolgen und nicht auf Vollzüge), wodurch diese mit einer gewissen Wahrscheinlichkeit *hätten* hervorgerufen werden *können*. Als auf zumindest bisher rein hypothetischen Verfahren beruhend, müssen diese Ergebnisse demnach nicht als ernsthafte Erkenntnisse zur Natur des Denkens akzeptiert werden, da zudem ohnehin wiederum das als subjektives Konstrukt dekonstruierte Denken für die Gediegenheit und Gewissheit dieser Argumentationen herbeigezogen werden muss. Man könnte einwenden, dass auch in der Naturwissenschaft solche indirekten Verfahren zulässig sind (bei Phänomenen des Elektromagnetismus und der Kernkräfte), warum also nicht auch bei der Untersuchung des Denkens? Ja, wenn es keine anderen Verfahren gäbe! Aber es gibt sie: die Selbstuntersuchung des Denkens durch Introspektion; siehe (2).

Entscheidend für das Konstruktionsargument ist jedoch die Tatsache, dass eine solche Konstruktion (welcher genauen Art auch immer) ein *bewusster* Akt sein müsste, falls man sich nicht auf (unzugängliche und damit wiederum auf nicht direkt beweisbare oder widerlegbare, also auf rein hypothetische) nicht bewusste Vorgänge (Prozesse, Abläufe, Ereignisfolgen) berufen möchte, was für *Vollzüge* irgendeiner Art ohnehin nicht in Frage käme. Bei einem bewussten Akt jedoch müsste man explizit wissen oder planen, was man konstruieren möchte. Das geht jedoch nicht ohne Denken und insbesondere nicht ohne Ideen, womit man wieder bei der Grundstruktur aller dieser Argumente angelangt ist: Sie setzen notwendig das voraus, was sie zu dekonstruieren, zu reduzieren oder auch ganz zu eliminieren versuchen.

Damit können alle Gegenargumente zur hier angestrebten Untersuchung des Denkens und des Selbst als hinreichend widerlegt gelten. Das Feld ist frei für die Untersuchung des Denkens selbst.

1.4 Methodik der denkenden Betrachtung: Ausnahmezustand und Gesetz des reinen Denkens

Zum Schluss dieses Kapitels folgt eine knappe Zusammenfassung der wichtigsten methodischen Schritte zur Untersuchung des Denkens anhand gegebener Beobachtungen des Denkens, mit anderen Worten: der Methode der aktuellen denkenden Betrachtung und Ideenbildung aufgrund von Erfahrungen aus den dieser Betrachtung vorangehenden Denkakten. Bei Steiner wird diese Methode «Ausnahmezustand» genannt.[40]

Der *erste Schritt* besteht darin, auf Beobachtungen des reinen Denkens aufmerksam zu werden, zu bemerken, dass man Erfahrungen dieser Art von Denken gemacht hat, welche nicht nur den gedachten Inhalt (etwa die Idee des Kreises) betreffen, sondern auch die Art und Weise der Betätigung des Denkens sowie der Qualität (Art des Daseins, spezifische Kennzeichen) der untersuchten Inhalte. Bei der weiteren Untersuchung des reinen Denkens geht es nur um die beiden Letzteren, denn die entsprechenden Ideeninhalte wurden ja bereits durchdacht (ansonsten handelte es sich gar nicht um Beobachtungen des reinen Denkens – und damit wären die Vorbedingungen dieser Untersuchung nicht erfüllt), und deren weitere *inhaltliche* Untersuchung würde ihre Erfahrung einfach nur wiederholen oder bestenfalls inhaltlich weiterführen.

In einem *zweiten Schritt* können diese Beobachtungsinhalte näher charakterisiert werden: Ihrer Daseinsform nach sind sie gegeben, sie sind auffindbar, sobald das aktuelle Denken vorbei ist, es sind Spuren des vorangehenden Denkens, die einfach da sind, ohne dass sie in dem Moment hervorgebracht werden (und ohne dass früher unmittelbar für deren Auftauchen gesorgt wurde – nur mittelbar, indem aktiv gedacht *wurde*). Ihrem Inhalt nach enthalten sie Erfahrungen zum Vollzug des Denkens, zur Art der Präsenz der untersuchten Ideen etc. (auf weitere Elemente dieser Beobachtungen wird in den Abschnitten 2.3, 2.5 und 2.6 eingegangen).

In einem *dritten Schritt* können nun diese Erfahrungen mit Hilfe der aktuellen denkenden Betrachtung, das heißt mit einer aktuellen, durch sie angeregten Ideenbildung ergänzt werden. Dabei müssen elementare Tatbestände in einen Zusammenhang gebracht werden: Die gedachten Ideen sind nur insofern anschaubar und damit in ihrem Zusammenhang entwickelbar gewesen, und dann durchschaubar präsent geblieben, als sie tätig hervorgebracht wurden. Ihre Hervorbringung war kein Erzeugen: Sie wurden angeschaut und in diesem tätigen Anschauen durchschaut. Falls es nicht zu diesem *tätigen* Anschauen gekommen ist, blieben die Relationen dunkel, dogmatisch, unklar, ungedacht und damit ungeprüft.

Weiter zeigt sich, dass die tätige Hervorbringung von Ideen auch keine Veränderung derselben mit sich bringt: Veränderte Ideen sind *Folgen* individuell variierter Denkperspektiven, veränderter Denkwege und -schwerpunkte – keine Veränderung der Ideeninhalte selbst. Diese sind jeweils Invarianten der Denkbewegung: Sie haben ein eigenes (kein durch die Hervorbringungstätigkeit geborgtes) Sein, das der Denktätigkeit *begegnet*, durch diese jedoch nicht betroffen ist. Darüber hinaus zeigen sie erfahrbar auch keine Selbstveränderung (wie die Inhalte von Sinneswahrnehmungen): Sie bleiben, was sie sind.

Im *vierten Schritt* können die Ergebnisse festgehalten werden. *Gesetz des reinen Denkens*: Reines Denken ist eine reine Ideen (Inhalte von Gesetzmäßigkeiten) anschauende Tätigkeit. Die *Tätigkeit* des reinen Denkens ist eine notwendige Bedingung seines Auftretens: Alles, was nicht in der Form dieser Tätigkeit auftaucht, gehört nicht zum hier gemeinten reinen Denken. (Dass diese Tätigkeit eine solche des innersten Wesenszentrums, des Ich des Menschen, ist, wird sich im Laufe der weiteren Untersuchungen ergeben; siehe insbesondere Kapitel 4 und 5.) Die *Inhalte* des reinen Denkens treten in der *Form* dieser Tätigkeit auf. Innerhalb dieser Form zeigt sich: Die Denktätigkeit begegnet den angeschauten Ideen, erlebt sie als in sich zusammenhängend und zusammenstimmend (was Klarheit und Durchschaubarkeit zur Folge hat), als eigenseiend und als unveränderlich (ewig).

Im *fünften Schritt* werden diese ideellen und als solche universellen Ergebnisse auf die gemachten konkreten Denkerfahrungen in Beobachtungsform rückbezogen (das heißt an den Erfahrungen individualisiert) und damit bestätigt im Sinne eines Erkenntnisurteils. Das kann jedoch nur jeder Erkennende in einem individuellen Akt selbst vollziehen.

Und im *sechsten Schritt* werden diese Ergebnisse als reine Ideen festgehalten und dienen der weiteren Denkentwicklung als Richtschnur. Dies bedeutet, dass diese Ideen nicht zum

Urteilsbilden verwendet werden, sondern nur dazu, den Blick zur Erkundung der aktuellen Denkerfahrung zu führen (siehe dazu ausführlicher Abschnitt 4.2).

2. Selbstbewusstwerdung: Gedachtes Selbst

2.1 Vorbetrachtungen

Mit der Untersuchung des Denkens in Kapitel III seines Werkes *Die Philosophie der Freiheit* tritt Steiner gleich in das zentrale Gebiet seiner Untersuchungen ein, in die Erkundung des tätigen Denkens, ohne sich groß mit Vorbereitungen und Schwierigkeiten einer Übung und Verwirklichung desselben auseinanderzusetzen.[41] Entsprechend hält sich Steiner auch bei der Untersuchung des Selbst nicht bei der Betrachtung *elementarer* Vorstufen der Selbsterfahrung auf, sondern steigt am Beginn seiner systematischen Analyse im Kapitel III des genannten Werkes gleich in der «Mitte» ein, beim Erfahren des Selbst im Denkprozess. Hinweise auf Vorstufen finden sich zum Teil erst in späteren Kapiteln. Allerdings skizziert er zunächst einige Ausschnitte des Problemfeldes in der Vorrede sowie in den Kapiteln I und II.

Gleich in der Vorrede wird, ausgehend vom Menschen als Ganzem mit seiner umfassenden Lebenswelt, auf sein Suchen nach Erkenntnis und Freiheit als einer zentralen Lebensäußerungen geblickt.[42] Es ist ein und derselbe Mensch, welcher diese Tätigkeiten ausübt und sie zugleich für sich zur Frage nach ihrem Wesen erheben kann. Antworten müssen durch aktiv durchlebte Erfahrungen und denkende Bearbeitung des Erlebens gesucht werden, nicht durch theoretische Spekulationen.[43] Denn insbesondere für die Auseinandersetzung mit der Freiheit ist es entscheidend, nicht nur nach Ursachen, nach Beweggründen des Handelns im Allgemeinen zu suchen, sondern nach solchen, welche dem Selbst bewusst sind, welche das Selbst erkennt und durchschaut:[44] Nur ein differenzierter Blick auf diejenigen Beweggründe, welche dem Selbst bekannt sind, welche es als seine (an-)erkennt, ergibt eine hinreichende Grundlage, um die Freiheitsfrage zu stellen.[45] Damit ist die Frage nach der Freiheit des individuellen Menschen auf das Erkenntnisproblem zurückgeführt, und der aus «Erkenntnis Handelnde» kommt ins Blickfeld.[46] Nur wenn das eigenständige Selbst ein Wissen von den Beweggründen seines Handelns hat, wenn es verfolgen kann, wie der Entschluss in ihm entsteht,[47] kann es über seine Freiheit Aufschluss erhalten.

Durch seine Erkenntnisentwicklung, durch seine Fragen gliedert sich das Selbst aus dem Weltganzen (totaler Erfahrungsinhalt) heraus, es stellt sich als «Ich» der Welt gegenüber[48] und entwickelt daran die Sehnsucht nach einer Wiedervereinigung.[49] Diesen Gegensatz kann das Selbst in bewusster Gestaltung überwinden, wenn es seine Rolle bei der Entstehung desselben durchschaut und in sich selbst das tätig-verbindende Element, sein Denken, entdeckt.[50] In diesem Aufwachen für das Selbst wird Vertrautes entdeckt: Das Selbst ist bereits Teil des naiven Bewusstseins und kann nun Schritt für Schritt zur bewussten Ich-getragenen Tätigkeit voranschreiten.

Die Überwindung dieses Gegensatzes ist das zentrale Anliegen des gesamten geistigen Strebens der Menschheit in Religion, Kunst und Wissenschaft. Was ist nun das Besondere des hier an die wissenschaftliche Tätigkeit anschließenden Ansatzes, in welchem «die Aufgabe des wissenschaftlichen Forschers allerdings viel tiefer aufgefasst wird, als dies oft geschieht»?[51] Es ist die erkennende Auseinandersetzung mit dem denkenden Selbst, seine Berücksichtigung und seinen Einbezug zum einen, das Erkenntnisleben und dessen Weiterentwicklung zum anderen – ebenfalls zentrale Themen des vorliegenden Buches.

2.2 Denken und Fühlen

Die Behandlung des Gefühls in Kapitel III des Werkes *Die Philosophie der Freiheit* zeigt deutlich, dass es sich beim Erleben von Gefühlen und beim aktiven Erleben des Denkens um ganz verschiedene Dimensionen des Selbsterfahrens handelt. Zunächst treten Gefühle – im Gegensatz zum aktuellen Denken – in ihrer Gegenwärtigkeit genauso in Beobachtungsform, also in bereits gegebener oder vorliegender, für das Selbst bloß auftretender Form auf, wie der sie veranlassende sinnliche oder seelische Erfahrungsinhalt (Weltvorgang). Entscheidend ist nun, dass man, gemäß Steiner an dieser Stelle, durch das Auftreten konkreter Gefühle etwas von seinem Selbst erlebt und kennenlernt, nicht jedoch durch das Auftreten des Denkens, insbesondere nicht durch das hervorbringende Anschauen konkreter Ideen.[52] Von diesem Gesichtspunkt aus erfährt der Mensch zunächst also nichts über sich selbst, schon gar nichts über seine eigene Existenz, wenn er denkt,[53] wohl aber (anhand entsprechender Bewusstwerdungsmaßnahmen; siehe hier Kapitel 1) über die Existenz des Denkens, von der aus alle anderen Existenzformen erst in Betracht gezogen werden können.

Offensichtlich hat Steiner bei dem Hinweis auf die besondere Erlebnisqualität des Fühlens eine ganz bestimmte Dimension des Selbst im Auge, die hier *seelisches Selbst* genannt werden soll (das im Kapitel VI ganz ins Zentrum der Untersuchungen gestellt werden wird; siehe hier Kapitel 3, insbesondere Abschnitt 3.4), und möchte diese Perspektive an dieser Stelle scharf von anderen möglichen Perspektiven auf das Selbst, welche das Erleben des aktiven Denkens einbeziehen, abgrenzen. Beim Fühlen handelt es sich um ein beobachtend erlebtes Verhältnis des Selbst zur außerhalb seiner selbst daseienden Welt, zum gefühlten Gegenstand; beim aktiven Denken steht das Selbst seiner Tätigkeit nicht gegenüber, sondern tätig erlebend mittendrin.[54] Hier deutet sich ein neuer Gesichtspunkt an, der im folgenden Abschnitt 2.3 aufgegriffen wird.

2.3 Beobachtungen des Selbst

Wird man darauf aufmerksam, dass Beobachtungen des Denkens nicht nur vom Ablauf und vom Inhalt vergangenen Denkens zeugen, sondern auch von der (vergangenen) Beteiligung des Selbst am Denkprozess, so tritt man in den von Steiner so genannten «Ausnahmezustand»[55] bezüglich des Selbst ein. Dies bedeutet: Man bearbeitet Beobachtungen am vergangenen denkenden Selbst mit seinem aktuellen Denken (das nicht Gegenstand *dieser* Beobachtung sein kann), während sich im Normalzustand das denkende Selbst mit anderen Gegenständen (Sinneswahrnehmungen, Gefühle etc.) und nicht mit sich selbst beschäftig. Man kann es auch so sagen: Insofern man in der aktuellen denkenden Bearbeitung von Beobachtungen des vergangenen Denkens auch Beobachtungen des vergangenen denkenden Selbst einbezieht, ist der Ausnahmezustand bezüglich des Selbst ein Teilprozess des Ausnahmezustandes für das Denken (zu Letzterem siehe hier Abschnitt 1.4). Ein entsprechendes Ergebnis dieser Untersuchung hält Steiner im «Zusatz zur Neuauflage (1918)» zu Kapitel III fest: Das denkende Selbst, dort «Ich» genannt, erlebt sich mit dem Denken in Einheit, es steht ihm nicht gegenüber:

«*nur* in der Betätigung des Denkens [weiß] das ‹Ich› bis in alle Verzweigungen der Tätigkeit sich mit dem Tätigen als *ein* Wesen. [...]. Man muss sogar sagen, *wegen* der hier geltend gemachten Wesenheit des Denkens erscheint dieses dem Beobachter als durch und durch *gewollt*.» Das Denken kann vom Selbst also nicht bloß gewollt und dann nicht betätigt werden, sondern sein Wollen ist *zugleich* seine Realisierung und umgekehrt.[56] Aber auch hier weist Steiner die Verknüpfung oder gar den Vergleich des tätigen Denkens mit dem bloß auftretenden Wollen (Wünsche, Begehrungen) des gewöhnlichen Seelenlebens scharf zurück: Dies hat «mit der Kennzeichnung des Denkens, wie sie in diesen Ausführungen gemacht ist, nichts zu schaffen». Beim Denken und Wollen handelt es sich im Rahmen des ersten Teiles des Werkes *Die Philosophie der Freiheit*, das heißt in den Kapiteln I bis VII, um zwei ganz verschiedene Prozesse oder Dimensionen des Selbsterlebens. Das ändert sich erst mit dem zweiten Teil dieses Werkes (siehe hier Kapitel 4 und 5).

2.4 Subjekt und Objekt

Subjekt und Objekt sind Ideen, welche das Denken hervorbringt, ihre Bestimmung ist der Bestimmung desselben nachgeordnet; erst muss die Natur des Denkens bestimmt werden, bevor irgendetwas anderes bestimmt werden kann.[57] Aber wie kommt es überhaupt zu diesen Ideen, wo ist ihre Erfahrungsgrundlage? Sie knüpft sich an den Gegensatz zwischen der Erfahrung der Welt in Beobachtungsform, in welcher sie dem denkenden Selbst als Gegenstand gegenübersteht, und der Erfahrung des Denkens, das (vermöge des Ausnahmezustandes) als eine Tätigkeit bestimmt werden kann, in welcher

43

das Selbst mitten im Geschehen steht. In diesem Sinne wird der Gegenstand des Denkens als *Objekt* dem denkenden *Subjekt* gegenübergestellt.[58] Daraus ergibt sich, dass das Denken zwar eine Tätigkeit des Subjektes und nur durch dieses jeweils erlebbar ist, aber weder eine bloß subjektive Angelegenheit im Gegensatz zu objektiven Tatsachen ist noch eine bloß subjektive Tatsache im Gegensatz zu wahren oder universellen Tatbeständen. Denn das Denken bestimmt sich selbst überhaupt erst als Subjekt. Damit steht es als Quelle *jeder* Bestimmung jenseits von Subjekt und Objekt.

2.5 Selbstbewusstwerdung: Bewusstwerdung des denkenden Selbst

Ebenso wie Subjekt und Objekt sind Bewusstsein und Bewusstwerdung Ideen, die erst bestimmt werden können (auf der Grundlage entsprechender Erfahrungen), wenn die Natur des Denkens bestimmt worden ist; seine Bestimmung ist also keine Vorbedingung zur Kennzeichnung des Denkens.[59] Wenn es jedoch um die der Bestimmung des Denkens nachgeordnete Bestimmung des denkenden Selbst geht, so gehört die Bestimmung von Bewusstsein und Bewusstwerdung notwendig mit dazu.

Steiner greift dieses Thema am Anfang von Kapitel IV auf: «Das menschliche Bewusstsein ist der Schauplatz, wo Begriff [Idee] und Beobachtung einander begegnen und wo sie miteinander verknüpft werden. [...] Es ist der Vermittler zwischen Denken und Beobachtung.»[60] Dieses Bewusstsein ist eigentlich eine Bewuss*twerdung*, eine Tätigkeit, sein Charakter ist kein bloßer Zustand, kein bloßer Ablauf, kein vorüberziehendes Ereignis, sondern ein *Vollzug*. Aber eben ein reiner, selbstloser Vollzug, der den Inhalten von Beobachtung und Denken nichts hinzufügt, sondern sie nur in ihrem eigenen Gehalt zur Offenbarung und Begegnung bringt. Ein Sonderfall des allgemeinen Bewusstseins und der allgemeinen Bewusstwerdung ist das Selbst- oder Subjektbewusstsein bzw. die Selbstbewusstwerdung. An dieser Stelle grenzt Steiner diesen Sonderfall noch dadurch dramatisch ein, dass er nicht alle Selbsterfahrungen (an Leib, Seele und Geist) einbezieht, sondern nur die Beobachtungen am *denkenden* Selbst, also die im Ausnahmezustand bezüglich des Selbst (Abschnitt 2.3) untersuchten Erfahrungen des Selbst: «[Der Mensch] betrachtet den Gegenstand als Objekt, sich selbst als das denkende *Subjekt*. Weil er sein Denken auf die Beobachtung richtet, hat er Bewusstsein von den Objekten; weil er sein Denken auf sich [das heißt auf sein denkendes Subjekt in Beobachtungsform] richtet, hat er Bewusstsein seiner selbst oder *Selbstbewusstsein.*»[61]

Falls der Mensch überhaupt Bewusstsein, oder genauer: Bewusstwerdung vollzieht, verwirklicht er auch sein Denken und schafft gerade dadurch Tatsachenmaterial für eine Untersuchung von Beobachtungen des Denkens *und* des Selbst (Ausnahmezustand) und damit die Vorbedingungen der Selbstbewusstwerdung im spezifischen Sinne einer Beobachtungsbewusstwerdung des (vergangenen) denkenden Selbst. Für diese Einschränkung der Selbstbewusstwerdung auf das (vergangene) *denkende* Selbst gilt: «Das menschliche Bewusstsein muss notwendig zugleich Selbstbewusstsein sein, weil es *denkendes* Bewusstsein ist.»[62] Auch wenn man der Ansicht sein kann, dass dieser Satz, isoliert für sich genommen, eine umfassendere Bedeutung hat, so kann an dieser Stelle, in diesem Kontext, streng genommen nicht von einer Bewusstwerdung des *aktuell* denkenden Selbst die Rede sein, sondern

nur von einer Bewusstwerdung der Beobachtungen des gedacht habenden oder eben des vergangenen denkenden Selbst.
Denn es handelt sich an dieser Stelle noch nicht um eine gegenwärtige Bewusstwerdung aktueller Denktätigkeit, sondern
erst um eine Beobachtungsbewusstwerdung über vergangene
Denktätigkeiten desselben. Ersteres ist erst Thema des zweiten
Teils des Werkes *Die Philosophie der Freiheit* (Kapitel 4).

Steiner hält im Kapitel IV und darüber hinaus bis zum Kapitel VII radikal an diesem Beobachtungsgesichtspunkt für
das Selbst fest. Deshalb heißt es ein paar Zeilen weiter unten:
«Das Subjekt denkt nicht deshalb, weil es Subjekt ist; sondern es erscheint sich als ein Subjekt, weil es zu denken vermag. [...] Ich darf niemals sagen, dass mein individuelles Subjekt denkt; dieses lebt vielmehr von des Denkens Gnaden.» [63]
Da die Bestimmung der universellen Natur des Denkens als
Vorbedingung *aller* weiteren Bestimmungen an dieser Stelle
noch im Vordergrund der Untersuchungen steht, ergibt sich
ein Blick auf ein Selbst, das sich bloß an Beobachtungen seiner
(vergangenen) denkenden Tätigkeiten orientiert. Es findet
sich hier noch keinerlei Hinweis auf eine (intuitive) Bewusstwerdung der aktuellen Denktätigkeit oder gar auf ein *Erleben*
des Selbst oder des Ich als Quelle seiner Denktätigkeit. Das in
dieser Textstelle genannte «individuelle Subjekt» ist genau
dasjenige, das im Kapitel VI über «Die menschliche Individualität» im Zentrum der Betrachtungen stehen wird und
in seinen weiteren seelischen Dimensionen entfaltet werden
wird (Kapitel 3).

Man kann in diesem Zusammenhang von einer Doppelna-
tur des Denkens sprechen. Es ist eine Tätigkeit des Subjekts,
vielleicht auch zunächst dem Inhalt nach subjektiv – falls es
sich bloß in Vorstellungen bewegt –, es kann aber über seine
Subjektivität hinauswachsen und zum universellen Erkennt-

nisinstrument werden. Damit kann es sich selbst dann wieder «rückwärts» als denkendes Subjekt im Gegensatz zu dem für dieses Denken gegebenen Objekt bestimmen.

2.6 Zusammenfassung und Ergebnis: Ausnahmezustand und Gesetz des Ich

Zum Schluss dieses Kapitels seien die zentralen Schritte und das Resultat der denkenden Betrachtung der Beobachtungen des Selbst knapp zusammenfassend dargestellt.[64]

In einem *ersten Schritt* gilt es, auf die Beobachtungen des Selbst im Rahmen der Beobachtungen des Denkens (Abschnitt 1.4) aufmerksam zu werden. Mit den Denkbeobachtungen verbunden sind Erfahrungshinweise auf die Quelle der stattgehabten Tätigkeit, auf das denkende (genauer: gedacht-habende) Ich.

Im *zweiten Schritt* zeigt sich die formale Verwandtschaft der Beobachtungen des Ich mit den Beobachtungen des Denkens: Sie treten (im Nachhinein) ebenso bloß auf und sind nicht das Resultat einer sie gegenwärtig hervorbringenden Tätigkeit, sondern Resultat einer in der Vergangenheit stattgehabten Tätigkeit. Sie zeugen von der Beteiligung des Ich am reinen Denkprozess.

Im *dritten Schritt*, der aktuellen denkenden Betrachtung dieser Beobachtungen, zeigt sich die (vergangene) Präsenz desselben Ich in jeder Beobachtung des Denkakts. Zwischen diesen Akten ist allerdings das Ich nicht nachweisbar, da auch entsprechende Beobachtungen des Denkens fehlen (da eben zwischenzeitlich nicht gedacht wurde). Die Gleichartigkeit und Gleichursprünglichkeit des Ich in allen Akten ergibt sich somit aus keiner diese Akte reell überbrückenden Ich-Erfahrung, sondern bloß aus dem Abgleich von Beobachtungen unterschiedlicher Ich-Denk-Akte, die bezüglich des Ich keine Unterschiede zeigen, sondern immer jeweils auf das denkende (gedacht-habende) Ich verweisen. Andernfalls müsste der denkende Mensch eine multiple Persönlichkeit haben oder ein allein an den Fäden der Mit- und Umwelt hängendes Bündel von psychischen Zuständen sein, ohne irgendeine Art von Eigensein. Beides verträgt sich jedoch nicht mit dem als selbstständig und eigenständig erkannten und weiterentwickelbaren reinen Denken.

Im *vierten Schritt* werden die Ergebnisse der denkenden Betrachtung des Selbst in Ideenform festgehalten. Da dasjenige, was vom Ich in jeder Beobachtung eines Denkaktes erfahrbar ist, auf dasselbe hinweist, muss das Ich (so die Schlussfolgerung) ein relativ zu diesen Akten Dauerndes sein, das mit diesen Akten nicht hervorgebracht wird, sondern bloß durch diese erscheint, weil es sie selbst hervorbringt.[65] Die Existenz, das Sein des Ich, hängt somit nicht am Denken (oder an irgendetwas anderem). Es hat ein Eigensein, das durch Ich-Denk-Akte zur Bewusstwerdung kommen kann. Damit kann aus den vorliegenden Beobachtungen folgende ideelle Konsequenz gezogen werden. *Idee des Ich*: Das individuelle Ich ist ein sich selbst erhaltendes[66] und das individuelle Denken hervorbringendes Wesen.

Damit ist die ideelle (denkbare) Kontinuität des Ich relativ zu seinen Denkakten gesichert. Damit teilt es auch die Ideen zuerkannten Eigenschaften (Abschnitt 1.2): Klarheit der Struktur, Eigensein und Unveränderlichkeit. Wie sich das mit seiner Entwickelbarkeit verträgt, wird weiter unten untersucht werden (siehe insbesondere Abschnitt 8.3). Nicht weniger, aber auch nicht mehr kann aus den Beobachtungen des Ich entnommen werden. Auf die Frage seiner reellen (erfahrbaren) Kontinuität wird weiter unten zurückzukommen sein (siehe Kapitel 5 und 6 sowie zusammenfassend insbesondere die Abschnitte 8.3 und 9.5).

Die konkrete Prüfung dieser Ergebnisse in Ideenform hinsichtlich der vorliegenden konkreten Ich-Beobachtungen als *fünfter Schritt* muss individuell als Erkenntnisakt vollzogen werden. Dies bedeutet, dass untersucht werden muss, ob das in universell-ideeller Form festgehaltene Resultat auf die tatsächlich vorliegenden Beobachtungen hin individualisiert werden kann.

Im *sechsten Schritt* werden diese Ergebnisse in Ideenform festgehalten und als intentionaler Ausgangspunkt der weiteren Ich-Bewusstwerdungsentwicklung zugrunde gelegt. Sie dienen als blicklenkende Faktoren in der Erkundung der *gegenwärtigen* Ich-Erfahrung (siehe dazu Abschnitt 5.3).

49

3. Selbstwahrnehmung und Selbstbestimmung: Persönliches Selbst

In diesem Abschnitt wird anhand bisheriger Hinweise auf das Selbst und der Ausführungen in Kapitel VI über «Die menschliche Individualität» in dem Werk *Die Philosophie der Freiheit* eine Übersicht verschiedener, insbesondere seelischer Dimensionen des Selbst (oder seelische Perspektiven auf das Selbst) entwickelt.

Grundlegend ist die Unterscheidung von Selbstwahrnehmung und Selbstbestimmung:[67] Selbstwahrnehmungen betreffen ausgewählte Erfahrungsbereiche und konkrete Erfahrungsinhalte, während die Selbstbestimmung – allerdings auch mit ausgewählten Ideen – dieselben in einen größeren Zusammenhang einbettet. Diese Art der Untersuchung ist eine Konsequenz der in diesem Werk entwickelten Erkenntnisauffassung und liegt methodisch dem ganzen hier vorgelegten Kapitel zugrunde. Zur Bestimmung des Selbst müssen einerseits die zum Selbst gehörenden Erfahrungen aus dem Gesamtbestand aller Erfahrungen, insofern diese bereits gegeben sind, ausgewählt oder, falls sie noch nicht vorliegen oder nicht genügend deutlich sind, überhaupt erst durch Tätigkeit in die Erscheinung oder ins Licht der Bewusstwerdung gebracht werden (Wahrnehmungsperspektive auf das Selbst). In einem weiteren Schritt werden diese Erfahrungen durch das Denken mit geeigneten Ideen, das heißt aus dem Gesamtbereich der Ideen im Hinblick auf diese Erfahrungen ausgewählten Ideen (ideelle Perspektive auf das Selbst), in einen durchschaubaren und sachgerechten Zusammenhang gebracht. Gerade an der herangezogenen Stelle[68] betont Steiner jedoch wieder den

Vorrang des erkennenden Denkens über das Selbsterleben und kennzeichnet damit seinen Hauptgesichtspunkt für die Kapitel V und VI: «Mein Selbstwahrnehmen schließt mich innerhalb bestimmter Grenzen ein; mein Denken hat nichts zu tun mit diesen Grenzen. [...] Unser Denken ist nicht individuell wie unser Empfinden und Fühlen. Es ist universell. Es enthält ein individuelles Gepräge in jedem einzelnen Menschen nur dadurch, dass es auf sein individuelles Fühlen und Empfinden bezogen ist.»[69]

Damit wird noch einmal deutlich, dass das *aktuelle* Erleben, genauer der *Vollzug* des *tätigen* Denkens, hier nicht als Teil der Selbsterfahrung einbezogen wird. Was im Vordergrund steht, ist die *universelle* Erkenntnisfunktion des Denkens hinsichtlich der Selbstbestimmung individueller Erfahrungen des Selbst. Was hier *individuell* genannt und mit Fühlen und Empfinden als Prozesse oder als Ereignisse des beobachtbaren, bloß ablaufenden Seelenlebens in Zusammenhang gebracht wird (und was in den folgenden Abschnitten des Kapitels 3 im Vordergrund stehen wird), ist nicht zu verwechseln mit derjenigen Dimension des Denkens, welche für den *Vollzug* des Denkens verantwortlich ist. Dieser Vollzug wird definitiv erst in Teil II des Werkes *Die Philosophie der Freiheit* über die «Wirklichkeit der Freiheit» untersucht (Kapitel 4 und 5).

3.1 Dimensionen des leiblichen Selbst

Äußere Erfahrungen des Körpers gehören zu den elementarsten Selbsterfahrungen. Der physische Leib ermöglicht ein aktuelles Sinneserleben, ein im Sinnes-Schauen sich verlierendes Erleben von totaler Gegenwärtigkeit und Selbstvergessenheit. Sie betreffen insbesondere seine tastbaren, riechbaren, schmeckbaren, sichtbaren und hörbaren Aspekte. Sie sind unmittelbar verbunden mit dessen Standort und Orientierung im Raum (Gleichgewichtssinn), seinen Begegnungen und Berührungen (Tastsinn) sowie mit seinen Bewegungen (Eigenbewegungssinn). Steiner gibt in dem Werk *Die Philosophie der Freiheit* nur indirekte Hinweise auf diese Dimension eines *Körper-Selbst*, wenn er etwa die Abhängigkeit von Sinneswahrnehmungsinhalten vom Beobachtungsstandort vermerkt,[70] die man mit einem Hinweis auf deren Abhängigkeiten vom Beobachtungszeitpunkt ergänzen könnte. Das Individuelle des Körper-Selbst, das man seiner Grundstruktur nach mit allen anderen Menschen gemeinsam hat, zeigt sich in seiner konkreten Gestalt, insbesondere in der Physiognomie und der ganzen Kopfform.

Eine weitere Dimension des Selbst, die etwa *Lebens-Selbst* genannt werden könnte, tut sich mit der Beachtung der Lebendigkeit des Leibes auf, seiner organisch-physiologischen Dimension.[71] Die organisch-physiologische Dimension zeigt sich dem Selbsterleben anhand von Sinneswahrnehmungen, wenn Modifikationen der Qualität des Erlebnisinhaltes bemerkt werden,[72] beispielsweise das Erlebnis verschiedener Farbnuancen beim Sehen durch das rechte oder linke Auge, die Abnahme der Seh- und/oder Hörfähigkeit bei Ermüdung und/oder Alterung, die Variationen der aktuellen Wärmewahrnehmung durch vorangehende Wärmeerlebnisse etc. – Von den Erlebnissen des Lebens-Selbst, insofern sie sich in Sinneserfahrungen zum Ausdruck bringen, können Ausdrucksformen und Tätigkeitserlebnisse der meist rhythmisch ablaufenden Lebens- und Bewegungsprozesse wie Atmung, Wärmehaushalt, Verdauung, Schmerz, Wohlgefühl unterschieden werden. Sie heben das Selbst-Erleben noch deutlicher von der Umgebung ab als die auf den Leib ausgerichteten Sinne und die Leibesformen, vermittelt durch das Körper-Selbst. Das Individuelle der Lebens-, Rhythmus- und Bewegungsorganisation drückt sich aus im Zusammenhang von Mimik, Gestik und von rhythmischen Bewegungen wie Tanz oder Eurythmie sowie von musikalisch-lautlichen Ausdrucksformen wie Singen, Sprechen, Musizieren.

Setzt man sich einer intensiven Farbwahrnehmung aus, so tritt zusätzlich zum Erlebnisgehalt, vermittelt durch das Körper-Selbst und dessen Modifikationen durch organische Prozesse, das heißt durch das Lebens-Selbst, eine Reaktion auf, deren Folgen die Gegenwärtigkeit des Erlebens überdauern. Die intensive Farbwahrnehmung wird zunächst nach einigen Sekunden zunehmend trüber oder stumpfer. Wendet man sich dann einer farbneutralen hellen Fläche zu, so zeigt sich eine Gegenfarbe (etwa bei anfänglichem Rot ein zartes Grün), die eine kurze Zeit erhalten bleibt und dann langsam verblasst und verschwindet. Man kann dieses so genannte *physiologische Nachbild*, das von Steiner in dem Werk *Die Philosophie der Freiheit* nicht explizit erwähnt wird, im Sinne eines Nacherlebnisses einer aktuellen Sinneswahrnehmung noch zur «Leiblichkeit», wenn auch zu deren Rande, rechnen. Sie soll hier wegen ihrer über die Präsenz des aktuellen Sinneserlebens hinausgehenden Regung des leiblichen Selbst *reaktives* oder *bewahrendes Leibes-Selbst* genannt werden. Hier manifestiert sich also eine Reaktion der leiblichen Dimension des Selbst, die zumindest für kurze Zeit, über die Präsenz des auslösenden Eindrucks hinaus, Bestand hat.[73]

Beim Lebens-Selbst wurde bereits neben den Formen und Inhalten des *Erlebens* auch auf erlebte *Tätigkeiten* oder Prozesse aufmerksam gemacht. Eine etwas differenziertere Betrachtung kann auch bei den beiden anderen Dimensionen des leiblichen Selbst Unterschiede des bloßen *Erlebens* und des (ablaufenden) *Handelns* oder Tätig-Seins auffinden. Einige entsprechende Hinweise finden sich in Tabelle 1.[74]

	Erleben	Handeln
Körper-Selbst	Sinneserlebnisse, raum- und zeit-abhängig, äußere Leiberfahrungen (Tastsinn, Gleichgewichtssinn, Bewegungssinn)	Reflexe auf die den Leib unmittelbar bedrohenden Gefahren
Lebens-Selbst	innere Leiberfahrungen (Lebenssinn, Lebensprozesse), organische Modifikation von Sinneserlebnissen	Lebensfunktionen, Überlebenstriebe (Hunger, Durst, Sexualität)
Reaktives Leibes-Selbst, Bewahrendes Leibes-Selbst	Physiologische Nachbilder der Sinneserlebnisse	leibbezogene Fähigkeiten und Gewohnheiten (z. B. Sucht), automatische konventionelle Umgangsformen, Rituale

Tabelle 1: Dimensionen des leiblichen Selbst

3.2 Dimensionen und Komponenten des seelischen Selbst: Ein strukturierter Vorblick

Der Grundcharakter des *seelischen Selbst*, der den folgenden Differenzierungen zugrunde liegt, ist sein Bezug (Intentionalität) auf die durch den Leib vermittelten Erfahrungen: Seelisches Erleben ist zunächst dadurch ausgezeichnet, dass es unmittelbar mit leiblich bedingten Erfahrungen verknüpft ist und diesen dadurch Selbst-Erlebnischarakter verleiht; darüber hinaus kann es diesen eine vorübergehende und indirekte Beständigkeit ermöglichen. Im letzteren Fall also bewahrt, vertieft und erhält es leibliche Erlebnisse und gibt diesen dadurch mittelbar eine gewisse über die aktuelle Erlebnisgegenwart hinausgehende Dauer.

Bevor mit der eigentlichen Untersuchung begonnen wird, sollen die zentralen Gesichtspunkte, durch welche das seelische Selbst weiter differenziert werden kann, genannt werden: einerseits die Art und Weise des *Bezugs der Seelenerlebnisse auf die leiblich bedingten Vorgänge* und andererseits der *Grad der Beteiligung und Bewusstwerdung des Menschen* an diesem Geschehen. Wie im Folgenden anhand von Beobachtungen des Seelenlebens ausführlich gezeigt werden soll, führt Ersteres zu den Gliedern des Seelenlebens, dem Vorstellen, Fühlen und Wollen, die hier *Komponenten* des Selbst genannt werden sollen: *vertikale* Gliederung des Seelenlebens (*Kolonnen* in den Tabellen 2 und 3). Letzteres, der Grad der Beteiligung und Bewusstwerdung des Menschen an diesem Geschehen, führt zu den *Dimensionen* des Selbst: *horizontale* Gliederung des Seelenlebens (*Zeilen* in den Tabellen 2 und 3). Dies ergibt eine erste formale Skizze zur Struktur des seelischen Selbst gemäß Tabelle 2.

Für die Unterscheidung der *Dimensionen des Selbst* werden sich folgende Differenzierungen mit den zugehörigen Benennungen als sachgemäß erweisen: Die sich noch im (Selbst-) Erleben verlierende Dimension des seelischen Selbst wird *erlebendes Selbst*, die sich von ihren Erlebnissen absetzende, sich ihnen gegenüber erlebende Dimension des seelischen Selbst wird *Gegenüber-Selbst* und die sich auf sich selbst kritisch beziehende, ihre Erlebnisse reflektierende Dimension des seelischen Selbst wird *bewusstes Selbst* genannt.

Komponenten des seelischen Selbst

	Vorstellendes Selbst	*Fühlendes Selbst*	*Wollendes Selbst*
Erlebendes Selbst: im Erleben aufgehendes Selbst			
Gegenüber-Selbst: sich der Welt gegenüber erlebendes Selbst	Seelisches Selbst		
Bewusstes Selbst: sich und die Welt reflektierendes Selbst			

(Zeilenbeschriftung links: **Dimensionen des seelischen Selbst**)

Tabelle 2: Grundstruktur des seelischen Selbst: Dimensionen (Zeilen) und Komponenten (Kolonnen) des seelischen Selbst (siehe dazu die Vervollständigung in Tabelle 3)

Die Übersicht in Tabelle 2 ist nur ein struktureller Vorentwurf, der hier angeführt wird, um sich in den folgenden seelen-phänomenologischen Untersuchungen besser zurechtfinden zu können. Er nimmt deren Ergebnis in abstrakter Form voraus und wird im weiteren Verlauf der vorliegenden Auseinandersetzungen mit dem Seelenleben konkretisiert und ausgefüllt werden bis hin zum Ergebnis in Abschnitt 3.8 (Tabelle 3). Die Unterscheidung von Dimensionen und Komponenten des Selbst ist für alles Folgende fundamental. Sie wird durch die weiteren Ausführungen noch klarer in ihrer Bedeutung hervortreten.

In Abschnitt 3.3 geht es zunächst nur um die elementaren Dimensionen des Selbst bezüglich Vorstellen und Fühlen. Anschließend werden die drei Dimensionen des seelischen Selbst jeweils für die drei Komponenten des seelischen Selbst im Einzelnen aufgegriffen: für das Fühlen in Abschnitt 3.4, für das Wollen in Abschnitt 3.5 und für das Vorstellen in den Abschnitten 3.6 und 3.7.

3.3 Elementare Dimensionen des seelischen Selbst

Eine leicht zu übersehende Komponente des erlebenden Selbst ist das *Erleben* oder *Empfinden* des Sinneswahrnehmungsinhalts im Kontrast sowohl zum durch das leibliche Selbst vermittelten *Inhalt* (Wahrnehmung) selbst als auch von sich daran anschließenden Gefühlen und Willensimpulsen. Die Inhalte kommen und gehen, ihre tatsächliche Gegenwärtigkeit entzieht sich dem direkten erlebenden Zugriff und hängt von diesen Inhalten selbst und der Funktionstüchtigkeit der Sinnesorgane ab. Das *Empfinden* dieser Inhalte begleitet alle wachen Sinneserfahrungen in derselben Weise. Im Rahmen dieses Empfindens weiß das Selbst, *dass* es sinnlich erlebt, dass ihm etwas (eben der durch das leibliche Selbst vermittelte Inhalt) begegnet, was es nicht selbst erzeugt; es weiß jedoch nicht notwendigerweise auch, *was* es erlebt, in welchem Zusammenhang diese Erlebnisse untereinander stehen[75] und was es dabei fühlt oder will. Jenes Empfinden kann im Rahmen der Dimension des erlebenden Selbst, das heißt in der elementarsten Dimension des seelischen Selbst (Tabelle 2), als der elementarste Aspekt der *fühlenden Komponente des seelischen Selbst* bestimmt werden; die zuletzt genannten Erlebnisse gehören dann zu weiteren Dimensionen der Komponente des fühlenden Selbst, die in den folgenden Abschnitten näher untersucht werden (Tabelle 3).

An dieser Stelle muss die Eigenqualität von Sinneswahrnehmungen sowohl gegenüber Empfindungen als auch gegenüber Vorstellungen (und Ideen) hervorgehoben werden. Zunächst ist Empfindung die seelische *Form*, in welcher der durch die Sinnesorgane vermittelte Wahrnehmungs*inhalt* präsent ist. Es gibt keinen *direkten* Erfahrungshinweis, dass dieser Inhalt durch die Empfindungsform oder auch durch irgendeine Dimension des leiblichen Selbst erzeugt wird. Dagegen kann eine Modifikation des bewussten Inhalts (je nach der Art und Intensität der eventuell wiederholten Zuwendung) nicht ausgeschlossen werden; diese Abhängigkeiten systematisch zu untersuchen ist Aufgabe der Sinnespsychologie, die hier nicht entfaltet werden kann.

Im Weiteren kann kein einziger Sinneswahrnehmungsinhalt auf einen anderen solchen Inhalt (oder gar auf nicht wahrnehmbare «Tatsachen») reduziert oder hinreichend ursächlich (in welchem Sinne auch immer) zurückgeführt werden. Sie können wohl alle in einen durch denkendes Erkennen zu eruierenden Zusammenhang gebracht werden, nicht aber auseinandererklärt oder abgeleitet werden. So stehen tatsächlich alle so genannten sekundären Sinnesqualitäten (qualitative Erlebnisse wie Farben, Wärme, Töne etc.) mit den physikalisch-physiologisch untersuchbaren so genannten primären Sinnesqualitäten (quantitative Messparameter wie Wellenlängen, Frequenzen, Amplituden etc.) in einem einseitigen konditionalen Zusammenhang: Wenn sekundäre Sinnesqualitäten anwesend sind, dann sind auch primäre Sinnesqualitäten messbar. Aber die Umkehrung gilt nur bei Anwesenheit eines erkennenden Subjekts.

Die Schwierigkeit, die vorangehend beschriebene elementarste Dimension der fühlenden Komponente des Selbst zu entdecken, liegt in der Tatsache begründet, dass sie wie verdeckt wird durch eine weitere Komponente der Dimension des erlebenden Selbst, nämlich die elementarste Dimension der *vorstellenden Komponente des seelischen Selbst* (Tabelle 3): Mit Wahrnehmungen zusammen treten immer bereits Kenntnisse auf, innere Orientierungen über ihre Bedeutung und den Gehalt des Erlebten. Dieser Aspekt des Selbst weiß immer *vor* jeder näheren Auseinandersetzung schon, *was* es erlebt. Man spricht deshalb in diesem Zusammenhang auch von Vorurteilen, Voreingenommenheit oder im wissenschaftsphilosophischen Kontext von der Theorie-Beladenheit der Wahrnehmungen. Eine Besonderheit dieser Erlebnisse ist, dass sie auch unmittelbar über die Dauer der aktuellen Wahrnehmung hinaus eine Zeit lang Bestand haben, falls keine Unterbrechung der Aufmerksamkeit stattfindet: Sie sind als *psychische Nachbilder* des aktuellen Wahrnehmungsinhaltes erlebbar, die von später (nach dem Vergessen) auftretenden Erinnerungen unterschieden werden müssen. Diese am seelischen Selbst auftretenden elementarsten Erlebnisse der vorstellenden Komponente dieses Selbst (siehe dazu mehr in Abschnitt 3.6) werden von Steiner *Vorstellungen*,[76] später im Kontext des Erkennens auch *subjektive Wahrnehmungen*[77] oder *subjektive Repräsentationen*[78] genannt. Durch jede solche Erfahrung erweitert sich der aktuelle Inhalt dieses seelischen Selbst. Daran erlebt dieses Selbst am unmittelbarsten den Kontrast von Innen- und Außenwelt.[79]

Die Bezeichnung *psychisches Nachbild* ist in bewusster Analogie zum physiologischen Nachbild gewählt worden: Beide umfassen einen neuen Erlebnisinhalt, relativ zum bereits vorhandenen Wahrnehmungsinhalt; beide sind durch diesen veranlasst, aber nicht erzeugt; beide überdauern den veranlassenden Faktor; und beide können für eine mehr oder weniger lange Zeitdauer präsent bleiben, auch wenn der veranlassende Faktor verschwindet. Der entscheidende Unterschied ist: Das physiologische Nachbild ist von derselben Qualität wie die es auslösende Sinneswahrnehmung – es ist ebenfalls eine auch leiblich vermittelte Wahrnehmung, während das psychische Nachbild eine seelische Wahrnehmung ist. Letzteres zeigt sich etwa daran, dass das seelische Nachbild in eine sich rein in der seelischen Innenwelt abspielende Phantasie-Komposition integrierbar ist, was weder mit Sinneswahrnehmungen noch mit physiologischen Nachbildern möglich ist.

Mit diesen Unterscheidungen lässt sich nun auch die Eigenqualität, der eigenständige Charakter der Sinnesqualitäten nicht nur gegenüber Empfindungen, sondern auch gegenüber Vorstellungen nachweisen.[80] Dieser Charakter zeigt sich an der relativen Unveränderlichkeit dieser Inhalte gegenüber dem Selbst (für sich genommen unterliegen sie natürlich einer dauernden Veränderung), an ihrer dem wahrnehmenden Selbst begegnenden eigenständigen (nicht von irgendeiner Dimension des Selbst erzeugten) Seinsweise – insofern sie als aktuell anwesende Erfahrungsinhalte untersucht werden.

Die dritte Komponente der elementarsten Dimension des seelischen Selbst, das elementare Wollen, wird im Abschnitt 3.5 besprochen.

3.4 Fühlende Komponente des seelischen Selbst

Das Kapitel VI des Werkes *Die Philosophie der Freiheit* über «Die menschliche Individualität» könnte auch den Titel tragen: Die seelische Konstitution des Menschen, oder: Fühlendes, wollendes und vorstellendes Selbst. Diese drei bekannten Seelenqualitäten werden hier (im Kontrast zu den seelischen *Dimensionen* des Selbst) *Komponenten* der Seele oder des seelischen Selbst genannt (siehe Tabelle 3). Im Folgenden wird in weiterer Untergliederung der Komponenten nach Dimensionen auf *unterschiedliche* Dimensionen dieser fühlenden (Abschnitt 3.4), wollenden (Abschnitt 3.5) und vorstellenden Komponenten (Abschnitt 3.6 und 3.7) des seelischen Selbst hingewiesen.

Man beachte, dass Steiner hier, wie im gesamten ersten Teil des genannten Werkes, die Ausdrücke «individuell» und «Individuum» für die *seelische* Eigenart des Menschen (seelische Dimensionen des Selbst) verwendet und *nicht* für seine geistige Eigenart (geistige Dimensionen des Selbst) und schon gar nicht für den einzigartigen Wesenskern, das Ich des Menschen. Erst im zweiten Teil dieses Werkes wird eine entsprechende Umdeutung dieses Ausdrucks vollzogen (siehe dazu Abschnitt 5.3).

Wird Denken nicht bloß als Instrument der Welterkenntnis betrachtet, sondern als beobachtbarer Ausdruck des menschlichen Daseins (Abschnitt 2.3), so tritt neben diesen universellen Weltbezug vermöge der Ideen ein individueller Weltbezug durch das Fühlen,[81] dem sich das Wollen (Abschnitt 3.5) und das Vorstellen (Abschnitte 3.6 und 3.7) an die Seite stellen.

Die *fühlende Komponente des seelischen Selbst* ist einerseits mit sich selbst beschäftigt, verbindet sich jedoch andererseits (seelisch) individuell mit dem Weltgeschehen und macht dadurch das Selbst einzigartig. Ergänzend zu der in Abschnitt 3.3 genannten elementarsten (ersten) Dimension der fühlenden Komponente des seelischen Selbst, dem bloßen Empfinden der Präsenz einer Sinneswahrnehmung, kann nun auf eine zweite Dimension desselben aufmerksam gemacht werden, die des Fühlens im engeren oder gewöhnlichen Sinne, des erlebten intentionalen Bezugs auf Wahrnehmungen.

Der grundsätzliche Charakter des im engeren Sinne fühlenden Verhältnisses des Selbst zur Wahrnehmungswelt ist kein gedachter ideeller, sondern ein *erlebter* reeller Bezug, mit der Richtung von der Wahrnehmung auf das Selbst, der sich (grob klassifiziert) in Antipathie und Sympathie äußert.[82] Der Erlebnisinhalt der fühlenden Komponente des Selbst in allen seinen Dimensionen besteht gerade in diesen reellen Bezügen. Es gilt jedoch insbesondere auch für das antipathische und sympathische Fühlen, dass sich das Selbst nur indirekt andeutet: Es erlebt sich nur in seinem *Bezug* (Intentionalität) auf diese Gefühle, tritt aber nicht direkt mit einem eigenen, explizit von diesen Gefühlen unterscheidbaren Inhalt in den seelischen Erfahrungshorizont. Es erfährt sich als der durch das Fühlen vermittelte Bezugspunkt, als dasjenige, welches fühlt oder Gefühle hat. Dieser Bezugspunkt selbst erschöpft sich zwar nicht im Inhalt des Fühlens (sonst wüsste man nicht von seinen *eigenen* Gefühlen): Er ist bei allem Fühlen (und Wollen, Vorstellen) *mit* präsent; jedoch ist er *ohne* irgendwelches Fühlen (oder Wollen, Vorstellen) in den seelischen Dimensionen des Selbst *nicht* erfahrbar.

Eine dritte Dimension der fühlenden Komponente des seelischen Selbst zeigt sich, wenn sich Gefühle nicht nur an gegebene Wahrnehmungen anschließen, sondern auch an selbstständig hervorgebrachte Ideen oder Erkenntnisse, wenn also auch zu Resultaten des Denkens und Erkennens ein individuell-persönliches fühlendes Verhältnis stattfinden kann. Diese Art von Gefühlen ist unterschiedlich innerhalb der verschiedenen Erkenntnisfelder eines einzigen Menschen.[83] Leben dieselben Erkenntnisinhalte bei verschiedenen Menschen, so können sie sowohl dem Auftreten als auch dem Inhalt der Gefühle nach voneinander differieren.[84] Der Mensch wird über *diese* Dimensionen seelischer Erlebnisse erst zu einer «wahrhaften Individualität».[85]

Gemäß Abschnitt 3.2 werden die drei Dimensionen des seelischen Selbst, nach welchen die fühlende Komponente des Selbst gegliedert wurde, hier *erlebendes Selbst, Gegenüber-Selbst*[86] und *bewusstes Selbst* genannt (Tabelle 3). Mit ihnen können sowohl die wollenden Komponenten als auch die vorstellenden Komponenten des seelischen Selbst gegliedert werden. Das ist Thema der beiden folgenden Abschnitte.

3.5 Wollende Komponente des seelischen Selbst

Die *wollende Komponente des seelischen Selbst*, insofern das Wollen beobachtbar und nicht aktuell-ideeller Natur (Vollzug) ist, hat eine ganz ähnliche allgemeine Struktur (Intentionalität) wie die fühlende Komponente des seelischen Selbst, nur geht beim Wollen die Richtung des erlebten Bezugs in umgekehrte Richtung als beim Fühlen: vom Selbst zur Wahrnehmungswelt.[87] Die das beobachtbare Auftreten von Gefühlen, Vorstellungen und Willensimpulsen bedingende individuelle

Beschaffenheit des Menschen nennt Steiner (im Anschluss an Eduard von Hartmann) «charakterologische Anlage».[88] Sie «wird gebildet durch den mehr oder weniger bleibenden Lebensgehalt unseres Subjekts, das ist durch unseren Vorstellungs- und Gefühlsinhalt».[89]

Je nach der Art der *Triebfeder* der Willensbildung, das heißt desjenigen Faktors der Willensbildung, welcher aus möglichen Zielen (Vorstellungen, Ideen) tatsächliche Handlungsziele (Motive) macht, ist eine jeweils andere Dimension der wollenden Komponente des seelischen Selbst beteiligt: Beim Trieb knüpft sich der Willensimpuls übergangslos an eine Wahrnehmung,[90] er gehört zur elementarsten (ersten) Dimension der wollenden Komponente des seelischen Selbst und trägt weitgehend automatisierte Züge[91] (Tabelle 3; siehe dazu und zum Folgenden auch Abschnitt 4.6).

Ist zweitens ein Gefühl, ein Gewissenseindruck oder ein als unumstößlich erlebtes Moralprinzip als Triebfeder für das Auftreten eines Willensimpulses (das heißt für den Übergang von einer bloßen Absicht zu einem tatsächlich verfolgten Handlungsziel) verantwortlich,[92] so ist man bei einer weiteren Dimension der wollenden Komponente des seelischen Selbst angelangt.

Stehen schließlich drittens umfassende Gedanken und Vorstellungen sowie gegenseitige Vergleiche und Abwägungen von Moralprinzipien und Normen, oder von Folgen und Konsequenzen des so oder so gearteten Handelns, im Vordergrund der Willensbildung (das heißt etwa für den Übergang von einer Idee zu einem Ideal),[93] so ist man bei der fortgeschrittensten Dimension der wollenden Komponente des seelischen Selbst angelangt.

Diese drei Dimensionen des seelischen Selbst, nach welchen die wollenden Komponenten des Selbst gegliedert wurden, sind wieder die bereits im vorangehenden Abschnitt im Zusammenhang mit der Gliederung der fühlenden Komponente des seelischen Selbst genannten Dimensionen: *erlebendes Selbst*, *Gegenüber-Selbst* und *bewusstes Selbst* (Tabelle 3).

3.6 Vorstellende Komponente des seelischen Selbst

Den fühlenden und wollenden Komponenten des seelischen Selbst ist gemeinsam, dass ihre Erlebnisse sich unmittelbar an Sinneserfahrungen anschließen, dass ein Bezug geschaffen wird, der dem Selbst einen individuellen Inhalt gibt, der über die Präsenz der Wahrnehmungen hinausgeht. Sich an Wahrnehmungen anschließende Gefühle und Willensimpulse bleiben noch eine Zeit lang bestehen, wirken nach, auch wenn Erstere verschwinden.[94]

Von derselben Struktur sind nun die Erlebnisse der *vorstellenden Komponente des seelischen Selbst* (Tabelle 3). Die elementarste Dimension der vorstellenden Komponente des seelischen Selbst, die Dimension des erlebenden Selbst, wurde bereits weiter oben im Zusammenhang mit psychischen Nachbildern charakterisiert (Abschnitt 3.3). Zu dieser Dimension der vorstellenden Komponente des seelischen Selbst gehören auch Einfälle und Denkgewohnheiten, insofern diese automatisch in Vorstellungsform ablaufen, es sich also um Erlebnisabläufe handelt, über deren Inhalt man sich unmittelbar (weitgehend) im Klaren ist.

Eine weitere Dimension der vorstellenden Komponente des seelischen Selbst, die Dimension des Gegenüber-Selbst, ergibt sich aus der Analyse der Vorstellungs*bildung* im Zusammenhang mit einem Erkenntnisakt,[95] das heißt der tätigen Verknüpfung von Sinneswahrnehmung mit Ideen. Dazu gehören insbesondere die Fähigkeiten der Theoriebildung, der Phantasie zur Anpassung der Theorie an die konkreten Erfahrungen sowie der Experimentierkunst. Als *Resultat* einer solchen Erkenntnisbemühung in der Form eines Erkenntnisurteils bleibt einerseits eine subjektive Wahrnehmung,[96] ein individuelles Gepräge[97], eine subjektive Repräsentation[98] des Wahrgenommenen zurück; andererseits wird durch diese tätige Auseinandersetzung mit der Wahrnehmung Erinnerung ermöglicht, nämlich die Fähigkeit, eine Art inneres Bild des früher Erlebten zu einem späteren Zeitpunkt, das heißt nach dem Vergessen, in sich zum Erleben zu bringen.[99] Ob nun die psychischen Nachbilder der elementarsten Dimension des vorstellenden Selbst auf nur teilbewussten Vorstellungsbildungen oder zur Gewohnheit gewordenen Erkenntnisroutinen beruhen, soll hier offen gelassen werden. Entscheidend ist ihr unmittelbares, durch keine direkte Vorstellungtätigkeit indiziertes Auftreten im Kontrast zur vorangehend beschriebenen Vorstellungs*bildung*.

Eine dritte Dimension der vorstellenden Komponente des seelischen Selbst (Tabelle 3), die Dimension des bewussten Selbst, besteht in der aktiven Auseinandersetzung mit nicht-sinnlichen Beobachtungen des Denkens und des Selbst im Modus des Ausnahmezustandes (siehe Abschnitt 1.4) sowie mit den damit zusammenhängenden Untersuchungen der Bedeutung und Tragweite des Denkens und Erkennens. Ersteres ist in dem Werk *Die Philosophie der Freiheit* der Einstieg in die Selbstbewusstwerdung und wurde deshalb bereits in den Abschnitten 2.3, 2.5 und 2.6 behandelt. Letzteres ist Thema des folgenden Abschnitts 3.7.

3.7 Fragendes Selbst

Sobald das Selbst sich auf seine Tätigkeiten besinnt, sich insbesondere mit den Beobachtungen seiner Denktätigkeit beschäftigt, bemerkt es zunächst seine Rolle im Ideenbildungsprozess für das Erkennen und Handeln. Es erfasst sich dabei als Erkennendes nicht nur im Vollzug der Verknüpfung von Welttatsachen mit Ideen, sondern auch in der Herstellung der Vorbedingungen dieses Erkenntnisurteils. Zunächst muss man sich klarmachen, dass es für das Selbst (und nicht für die beteiligten Weltinhalte) und seine Bewusstwerdung ein großer Unterschied ist, ob eine solche Verknüpfung hergestellt wird oder nicht.[100] Dann erst ist der Blick frei für die Tatsache, dass selbst der Schnitt zwischen Wahrnehmung und Denken eine Folge der Art der menschlichen erkennenden Zuwendung zur Welt ist und keine Eigentümlichkeit der Welt, das heißt der Gegenstände des Erkennens.[101]

Die Erklärung eines Tatsachenbestandes durch das Erkennen besteht nämlich gerade darin, die dem menschlichen Erfahren als isoliert, also nicht bereits als zusammenhängend gegebenen Erfahrungsdinge durch das Denken in einen sachgemäßen Zusammenhang zu bringen, wodurch der genannte Schnitt konkret überwunden wird. Das zeigt sich vielleicht am deutlichsten daran, dass Menschen Fragen haben.[102] Die Welt, die Natur hat keine Fragen, sie ist nur für den Menschen fragwürdig, aber nicht durch und für sich selbst. Die erfahrene Ganzheit der Welt wird also erst durch Fragen des Denkens zerbrochen, also muss und kann sie auch durch dasselbe wieder zu einer Ganzheit gemacht werden. Die *Möglichkeit* des Fragens beruht auf dem Gegensatz zwischen der Erfahrung von Harmonie, von Zusammenhang *innerhalb* des Denkens und den als diskret, nebeneinander liegend erlebten Wahrnehmungsinhalten. Das Wissen um die tatsächliche und generelle Existenz von denkend erfahrenem ideellem Zusammenhang ermöglicht und rechtfertigt Fragen nach dem zunächst erlebnismäßig nicht vorliegenden (als fehlend erlebten) konkreten gedanklich-ideellen Verhältnis der gegebenen Wahrnehmungsinhalte. Das begründet zugleich die prinzipielle Beantwortbarkeit jeglicher Frage und widerlegt damit sowohl die Behauptung von Erkenntnisgrenzen als auch die Behauptung eines Abgrundes zwischen Erfahrung und Denken (oder Sein und Bewusstwerdung). Denn das, wonach gefragt wird, ist gerade ein gedanklich-ideeller Zusammenhang, und solche erschließen sich (im Prinzip) immer und nur dem Denken.[103]

Das sich über die Natur seiner Fragen und seines Erkennens Rechenschaft gebende Selbst ist das bereits im Abschnitt 2.5 angeführte *bewusste Selbst*, insbesondere die dritte Dimension der *vorstellenden Komponente des seelischen Selbst* (Tabelle 3). Dieses macht auch bei seinen Moralprinzipien nicht Halt und fragt nach deren Quelle und Begründbarkeit,[104] stellt fest, dass solche Prinzipien von Situationen und Individuen abhängen und somit nicht universeller, sondern relativer Natur sind (dritte Dimension der wollenden Komponente des Selbst, Tabelle 3). Damit ist das bewusste Selbst auf sich zurückgeworfen und kann die Antwort auf die Frage «Was soll ich tun?» letztlich allein bei sich selbst suchen.[105] Hierdurch kommt das seelische Selbst an seine Grenzen, das Selbst muss nun seine geistigen Dimensionen entdecken und entwickeln (Kapitel 4 und 5).

3.8 Zusammenfassung und Ergebnis:
Leibliche und seelische Dimensionen des Selbst

Der Leib als Ganzes kann folgendermaßen charakterisiert werden: Auf der *leiblichen Stufe* lebt das Selbst unmittelbar verbunden mit seinem Erleben. Es «weiß» von sich nur in der Form eines dumpfen oder träumenden Miterlebens, und nicht in einer klaren, auf sich selbst fokussierten Anschauung. Im Rückblick auf vergangene Erlebnisse, im reflexiven Nachblick, in der Form von Erinnerungen kann das Selbst als unterschieden von seinen Erlebnisinhalten erfasst und erkannt werden. Dies ist jedoch kein Akt des leiblichen Selbst mehr. Das leibliche Selbst als solches ist weder Akteur des Geschehens noch intentionaler Bezugspunkt, sondern ein unmittelbar und notwendig mit den Erlebnissen Verbundenes und diese zugleich Ermöglichendes. Dabei versteht sich von selbst, dass aufgrund des wechselvollen Charakters dieser Erlebnisse des leiblichen Selbst denselben nichts Bleibendes zugeschrieben werden kann (Tabelle 3).

Zusammenfassend: Das leibliche Selbst ermöglicht aktuelles sinnliches Erleben der Welt und seiner leiblichen Dimensionen. Charakteristisch ist die Gegenwärtigkeit des Erlebens, das unmittelbare Stehen im Erlebnisraum, ohne Zeitgefühl und ohne Trennung zwischen Selbst und Welt.

In seiner Ganzheit auf *seelischer Stufe*, in seiner *Persönlichkeit*, zeigt sich das Selbst in den bezugnehmenden oder intentional strukturierten Seelenerlebnissen, welche dem sinnlichen (und geistigen) Erleben indirekt Dauer verleihen.[106] Gefühle drücken einen sich in Sympathie und Antipathie auslebenden Bezug der Wahrnehmungsinhalte auf das Selbst aus, Willensimpulse einen erlebbaren Bezug vom Selbst in die Welt; Gedanken oder Vorstellungen drücken ein ideelles und nicht gerichtetes Verhältnis vom Selbst zum beobachteten Gegenstand aus.

Das *seelische Selbst* lässt sich gliedern in die Komponenten des *vorstellenden, fühlenden* und *wollenden Selbst*. Durch die Dimensionen des seelischen Selbst, das *erlebende Selbst*, das *Gegenüber-Selbst* und das *bewusste Selbst*, lassen sich diese «vertikalen» Komponenten weiter «horizontal» untergliedern, wie in den vorangehenden Abschnitten ausgeführt und zusammenfassend in Tabelle 3 dargestellt.

Sucht man den Kern des seelischen Selbst, so fällt auf, dass dieses sich insbesondere in den Erinnerungen unmittelbar und erlebnisstark auf vergangene Ereignisse bezogen erlebt und daraus das Bewusstsein seiner (relativen) Kontinuität während des Erdenlebens schöpft. Die Sicherheit dieser Kontinuität steht und fällt jedoch für eine kritische Bewusstwerdung mit der Sicherheit, die man überhaupt Erinnerungen zuzuschreiben gewillt ist. Diese Bezüge sind zwar gegenwärtig intensiv erfahrbar, das Selbst bleibt dabei jedoch mehr oder weniger inhaltloser, bloßer Bezugspunkt, um den sich seelische Erlebnisse zwar konzentrieren, der sich darüber hinaus aber nicht in weiteren Erlebnisinhalten zu offenbaren scheint.[107]

Der Kern des seelischen Selbst zeigt sich also in dem einen Pfeiler der intentional strukturierten Seelenerlebnisse: in demjenigen «Erlebnispunkt», auf den die aktuellen Seeleninhalte erlebnismäßig bezogen sind. Das Dasein dieses «Punkts» steht und fällt mit diesen Erlebnissen. Schweigen sie, oder fällt der Mensch in den Schlaf, so scheint dadurch auch der Kern des seelischen Selbst ausgelöscht zu sein.

Dies ist von großer Tragweite: Der unmittelbare Erlebnisgehalt und die daran erarbeitete Gewissheit des gegenwärtigen Erlebens wird durch den Schlaf nicht in Frage gestellt, wohl aber der den Schlaf überdauernde Wirklichkeitsgehalt

Komponenten des seelischen Selbst

Dimensionen des seelischen Selbst	Vorstellendes Denken: *Vorstellendes Selbst*	Erlebendes Fühlen: *Fühlendes Selbst*	Auftretendes Wollen: *Wollendes Selbst*
Erlebendes Selbst	spontane Vorstellungen, psychische Nachbilder, Denkgewohnheiten, reflexive Automatismen, Erinnerungen, Einfälle [3.3; 3.4]	Empfindung von Sinneswahrnehmungen [3.3; 3.4]	unmittelbar an Wahrnehmungen anschließende Impulse (Trieb, Takt) [3.5]
Gegenüber-Selbst	Tendenz zur Spekulation, Theorien, Vorurteile, fixe Weltanschauungen, an die Sinneserfahrung gebundene Gedanken, assoziative Phantasie [3.6]	Sympathischer oder antipathischer Erlebnisbezug von Sinneserfahrungen oder Erinnerungen auf das Selbst [3.4]	Gefühl, Gewissen und feste Moralvorstellungen als verlässliche Vermittler von Zielgedanken und Willensimpulsen [3.5]
Bewusstes Selbst	Reflexion von Beobachtungen des Denkens, Selbst- und Weltbefragung, produktive oder exakte Phantasie [2.6, 3.6, 3.7]	Gefühle an Inhalten und Beobachtungen des Denkens und anderer selbsttätig hervorgebrachter nichtsinnlicher Erfahrungen [3.4]	Tendenz zu weltumspannenden Zielen; Abwägung, Relativierung und Beurteilung von Moralprinzipien (Normen) [3.5]

Tabelle 3: Dimensionen und Komponenten des seelischen Selbst oder der Persönlichkeit [Hinweis auf Abschnitte in diesem Buch, in welchen die Themen behandelt werden]

dieser Erlebnisse: Sie haben über den Schlaf hinaus keine eigene, sondern nur eine geborgte Wirklichkeit. Sie beruhen entweder auf vergangenen Erlebnissen (Erinnerungen) oder auf dem zwar erlebten, aber bloß formalen Bezug auf gegenwärtige Erlebnisse. Dadurch erweist sich einerseits das seelische Selbst zwar als bloß vorübergehender Schein, andererseits jedoch, wie sich weiter unten zeigen wird, als ein befreiter Raum, der ein Feld für das aktive geistige Selbst offen lässt.

Zusammenfassend: Das seelische Selbst oder die menschliche Persönlichkeit ist ein erlebnisbewusstes, die Vergangenheit integrierendes, sich an der Gegenwart beteiligendes und auf sie bezugnehmendes und sich auf Zukunft beziehendes und Zukunft ermöglichendes Selbst. Es erlebt gegenwärtige Anteilnahme und Abstoßung, erinnert sich an Vergangenes, ersehnt oder fürchtet die Zukunft. Es nutzt seine Begabungen und schafft sich Erlebnisse für Fortschritte in die Zukunft.

4. Übergänge der Bewusstwerdung: Idee und Entwicklung der epistemischen und der moralischen Intuition

4.1 Vorblick

In diesem Kapitel geht es um die Entwicklung vom seelischen zum geistigen Selbst. Deshalb kommen die im Vorangehenden unterschiedenen Dimensionen und Komponenten des seelischen Selbst wieder vor, nun aber in einem zu den Dimensionen des geistigen Selbst hinführenden Kontext.

Die moralische Intuition ist eine Grundidee des zweiten Teiles des Werkes *Die Philosophie der Freiheit*. Im ersten Teil wird er vorbereitet durch die an der konkreten Erfahrung anknüpfende, auf den Erkenntnisprozess ausgerichtete Intuition, hier *epistemische Intuition* genannt.[108] Letztere wird dann weiterentwickelt zur *Intuition* überhaupt, bis zuletzt die konkrete gegenwärtige Entfaltung von Mensch und Welt auf der Grundlage *moralischer Intuitionen* als zentrales Entwicklungsziel ins geistige Auge gefasst wird. Auf menschlich-persönlicher Ebene kann der sachlichen Ideenentfaltung der moralischen Intuition im Textverlauf im Leser selbst eine Erscheinungsentwicklung der Intuition parallel gehen. Diese Entwicklung kann in ihrer immer differenzierteren Entfaltung bis hinein in das Seelenleben und damit auch in das Leibesleben reichen und so rückwirkend zu Konsequenzen für das intuierende individuelle Ich führen. Dadurch wird sowohl eine Erscheinung als auch eine Wesensentwicklung des Ich selbst veranlagt.

Mit anderen Worten: Die als Keim in jedem Menschen veranlagte Fähigkeit zur Intuition kann aktuell aufgegriffen, im Erkenntnisleben gepflegt werden und so die seelisch-geistige Entwicklung des menschlichen Handelns zur Freiheit impulsieren. Damit wird Philosophie zur Grundlage von Lebenskunst und Lebenswandlung, zum Ausgangspunkt bewusster seelisch-geistiger Entfaltung, und Freiheit zum zentralen Thema der Menschheitsevolution.

4.2 Erfahrung, Beobachtung und Intuition des Denkens

Der Übergang vom vorstellenden zum reinen Denken wurde in den Abschnitten 1.1, 3.6 und 3.7 genauer herausgearbeitet. Die Untersuchung des Denkens im engeren Sinne, also des reinen Denkens, muss naturgemäß durch eine Betrachtung der *Methode* seiner Untersuchung begleitet werden (siehe Abschnitt 1.4). Denn diese Betrachtung gehört selbst zu den charakteristischen Tätigkeiten des Denkens. Steiners Untersuchung des Denkens ist eine empirische, keine spekulative.[109] Die Erfahrung des Denkens in allen seinen Facetten steht am Ausgangspunkt der ganzen Untersuchung; eine diesen Erfahrungen zugrunde liegende (naive) Praxis des Denkens ist deren Vorbedingung. Diese Praxis liegt bei jedem Menschen in mehr oder weniger reicher Qualität vor. Zwei Formen der Untersuchung des Denkens werden besonders hervorgehoben und entwickelt: das *Beobachten des Denkens* und die *Intuition des Denkens*. In ihrer kritischen Durchleuchtung und systematischen Handhabung erweisen sie sich als nicht alltägliche Verrichtungen. Und doch: Die Keime dieser Beobachtungen bzw. Intuitionen des Denkens sind im Alltagsleben des Denkens zu finden; es sind keine künstlichen Konstruktionen zur Aufklärung des Denkens und seiner allfälligen Hintergründe, sondern Teil der bekannten (wenn auch nicht gewohnten) Denkpraxis.

Elementare Denkerfahrungen hat jeder Mensch, der eine einfache Rechnung durchführen muss, deren Resultat er nicht von vornherein kennt oder auswendig gelernt hat, oder bei einem Denkinhalt, den er sich erst zurechtlegen muss, um ihn vollkommen zu verstehen ohne irgendeinen Bezug auf äußere oder innere Autoritäten (Gewohnheiten, feststehende Überzeugungen, Glaubensinhalte, innere Stimme). Daraus ergibt sich eine Empfindung über den Unterschied des Denkens zur übrigen Erfahrung: Denken hat etwas mit Anstrengung, Selbstständigkeit und Einsicht zu tun, ist also etwas, was nicht vorliegt und bloß zur Kenntnis genommen, sondern hervorgebracht werden muss.

Woran kann nun angeknüpft werden, um diese Empfindung zu einer bewussten Einsicht zu führen? Erstens an die Tatsache, dass Erfahrungen des Denkens *auch* in Beobachtungsform vorliegen, das heißt in einer Erfahrungsform, die tatsächlich ein bloßes Zur-Kenntnis-Nehmen ist, und zweitens an die Tatsache, dass die naturwissenschaftliche *Methode* der aktuellen Ideenbildung an der Wahrnehmung, die «denkende Betrachtung»[110], nicht notwendigerweise Inhalte aus Sinneserfahrungen zur Vorbedingung hat, sondern auf alle Erfahrungsinhalte in Beobachtungsform angewendet werden kann. Da die naturwissenschaftliche Methode im *Normalfall* (gewöhnlicher und wissenschaftlicher Alltag) nicht systematisch auf erstere Inhalte, das heißt auf Beobachtungen vergangener Denkakte – denn andere Denkakte liegen nicht bloß vor, sondern müssen erst hervorgebracht werden –, angewendet wird, schreibt Steiner von einem «Ausnahmezustand».[111]

Die Ausnahme betrifft demzufolge nicht die Methode, sondern den *Inhalt* dieser Art von Selbstanwendung der denkenden Betrachtung (Abschnitte 1.4, 2.5, 2.6).

Als Resultat einer solchen Untersuchung ergibt sich eine ideelle Bestimmung des reinen Denkens, eine Charakterisierung seiner Gesetzmäßigkeit (Abschnitt 1.2, 1.4): Sie besagt unter anderem, dass reines Denken eine Tätigkeit ist, die Ideen hervorbringt und zugleich deren Inhalte anschaut. Ideen unterscheiden sich sowohl in ihren Inhalten (Gesetzmäßigkeiten) als auch in ihrer Form (tätiges Anschauen) von allen übrigen seelischen Ereignissen (Vorstellungen, Einfälle, Assoziationen, Gefühle, Triebe, Wünsche).[112]

Wird die denkende Betrachtung weitergeführt, so zeigt sich das produktive reine Denken in dreifacher Qualität herausgehoben aus dem gewöhnlichen rezeptiven Seelenleben, aus dem bloßen Gedanken-Haben oder Einfälle-Haben: Seine Inhalte sind klar und durchschaubar («lichtdurchwoben»), seine Form ist Verwirklichung («Wirklichkeit»), und durch seine Hingabe («Liebe in geistiger Art») verbindet es sich aktuell mit der Welt.[113] Das wird in den folgenden Abschnitten weiter ausgeführt.

Ergänzend zur *reflexiven* Untersuchung der Natur des Denkens im Ausnahmezustand kann direkt eine Ausweitung der *aktuellen* Denkerfahrung angestrebt werden. Dazu bedarf es einer Anknüpfung an das jedem denkenden Menschen bekannte Erlebnis im denkenden Durchschauen einer Idee (zum Beispiel: Kreis, Verhältnis von Teil und Ganzem, etc.) – nicht an das Erleben der Vorbereitung des Durchschauens, sondern an dieses selbst. Die klärende Aufmerksamkeit ist hier ganz den Denkinhalten, den Ideen, gewidmet. Die spezifische Erfahrung von Ideeninhalten wird «Intuition» genannt.[114]

Intuition umfasst also zunächst nur die aktuelle Erlebnisart

76

von Ideeninhalten. Die intuitive Qualität des reinen Denkens bezieht sich dementsprechend vorderhand nur auf die Inhalte von Ideen, nicht auf deren Form. Nun kann jedoch die aktuelle Erlebnisart der Intuition ausgedehnt werden auf die oben genannten inneren Qualitäten des reinen Denkens mit Hilfe der vorerst reflexiv gewonnenen Einsicht in die dreigegliederte Natur des Denkens und wird damit zu einem umfassenderen Geschehen als die bloße Gewahrwerdung von Ideeninhalten.[115] Dies bedeutet, dass mit dieser Einsicht als fokussierender Faktor auf die während des Denkens auftretenden Erfahrungselemente geblickt wird. Die kraft des Ausnahmezustandes erlangten Fähigkeiten erlauben es, nach einiger Übung, den Blick nicht nur auf die Ideeninhalte, sondern auch auf das tätige Hervorbringen derselben auszudehnen, und zwar *während* des Hervorbringens. Dadurch wird das aktuell erlebende Denken zugleich zum Inhalt seiner Erfahrung *und* zum Gegenstand seiner ideellen Bestimmung. In der umfassenden Intuition, das heißt in der selbstgestalteten Erfahrungsweise des aktuellen Denkens treten Idee und Wahrnehmung des Denkens am selben «Ort» auf, sind zwei Facetten ein und derselben Sache, eines Denkaktes; hier zeigt sich die konkrete, gesetzmäßig durchwirkte Gestalt des Denkens als Urbild jeder weiteren Wirklichkeit.[116]

Die umfassende *Methode der Intuition* ist also die der aktuellen Untersuchung, der nicht verzögerten Prozessbegleitung, der geistesgegenwärtigen Verfolgung des eigenen reinen Denkens nach Form und Gehalt. Mit ihr erweitert das Denken seine Aufmerksamkeit von seinen Inhalten auf seine Tätigkeit.

Man kann textlich den Übergang von der beobachtenden (Ausnahmezustand) zur intuitiven Untersuchung des reinen Denkens im «Zusatz zur Neuauflage (1918)» des VIII. Kapitels ausmachen, der dann in den ersten sechs Absätzen des Ka-

pitels IX – die ebenfalls aus der Umarbeitung von 1918 stammen – weitergeführt wird. Von den Formulierungen her ist es
allerdings nicht immer ganz eindeutig, ob Steiner an diesen
und folgenden Stellen der Untersuchung auf die Anwendung
der beobachtenden oder der intuitiven Methode hinweist:
Da die rein ideell festgehaltenen Ergebnisse in beiden Fällen
dieselben sein müssen, hat dies auf den rein systematischen
Gehalt dieser Ausführungen zur Natur des reinen Denkens
keinen unmittelbaren Einfluss. Es wird dadurch deutlich, dass
bis an diese Stellen beide Methoden sachgemäß sind. Vom
Gesichtspunkt der Entwicklung zur Freiheit dagegen sieht
die Sache anders aus: Ohne gegenwärtige Bewusstwerdung
der Ziele des eigenen Tuns kann es kein freies Handeln geben.
Dieser Bewusstwerdungsschritt muss also vollzogen werden,
wenn die zunächst im Erkenntnisbereich geübte Intuition für
den Bereich des Handelns als moralische Intuition fruchtbar
gemacht werden soll (siehe dazu die Abschnitte 4.6 und folgende).

4.3 Erkenntnisintuition und intuitives Denken

Die elementare Untersuchung des Denkens beginnt im Kapitel III mit dem Denken im Dienste der Welterkenntnis. Mit
dem 8. Absatz[117] geht die Untersuchung im Wesentlichen auf
das Denken selbst über. Hier wird praktiziert, was zugleich
Thema der Untersuchung ist: die Erschließung der Gesetzmäßigkeit des reinen Denkens auf der Grundlage von Beobachtungen des Denkens. Die übende Auseinandersetzung mit
dem Denken durch die Methode des Ausnahmezustandes
(Abschnitte 1.4, 2.5, 2.6, 3.7) macht deutlich, dass jede Anwendung des Denkens auf Beobachtungen eine Ideenbildung

zur (nicht notwendigerweise zeitlichen) Vorbedingung hat, durch welche Beobachtungen inhaltlich (und nicht nur formal) miteinander verbunden werden können. In diesem Sinne kann der Ausnahmezustand im Besonderen als Übungsfeld für aktuelle Ideenbildungen an gegebenen Erfahrungen verstanden werden.

Erst im Kapitel V führt Steiner für die besondere Qualität der aktuellen reinen Ideen- oder Gedankeninhaltserfahrung den Terminus «Intuition»[118] ein; die Sache selbst wurde bereits im Kapitel III dargestellt. Im Zusammenhang mit der Ausarbeitung des Erkenntnisprozesses und der Vorstellungsbildung in Kapitel VI wird es tatsächlich an dieser Stelle notwendig, die Form der aktuellen reinen Denkerfahrung auch terminologisch von der übrigen Erfahrung abzugrenzen.

Lag der Schwerpunkt der Darstellung zur Entwicklung der Intuition in den Kapiteln V und VI beim aktuellen Erleben von Ideen, also den Inhalten des Denkens, so wird die Aufmerksamkeit im Zusatz zur Neuauflage 1918 zum VIII. Kapitel explizit auf das Erleben zweier weiterer Komponenten des aktuellen reinen Denkens gerichtet: Auf die Tätigkeit und die «in der Denkbetätigung selbst dahinfließende [...] Kraft, welche Kraft der Liebe in geistiger Art ist». Auch hier wird an das im Dienste des Erkennens stehende Denken angeknüpft, mit seiner «warm in die Welterscheinungen untertauchenden Wirklichkeit». Das «intuitive Erleben» des Denkens wird jedoch zunächst in seiner eigenen, auf sich selbst beruhenden Qualität herausgearbeitet, die es auch im Rahmen eines Erkenntnisaktes in der Form einer epistemischen Intuition verwirklicht, aber als eigenständige Fähigkeit zum intuitiven Denken weitertragen kann: als Erstes in die Erfahrung seiner eigenen Ich-Wesenheit[119] und dann in die der moralischen Intuition.[120]

Im Gang des Werkes *Die Philosophie der Freiheit* dient also die Erübung der Erkenntnisintuition oder der epistemischen Intuition, das heißt der Ideenintuition im Dienste des Selbst- und Welterkennens, der Vorbereitung und Vertiefung der Intuition des Denkens, welche dann zur moralischen Intuition, das heißt dem intuitiven Denken im Dienste des freien Handelns, weitergeführt werden kann.[121]

Epistemische Intuitionen dienen der Erfassung des Zusammenhangs von gegebenen, das heißt gewordenen spezifischen Welterscheinungen in universell-ideeller Form, der Erkenntnis von Vorgängen und Zuständen, die bereits vorhanden, in Erscheinung getreten sind. Sie müssen sich auf die offenbaren konkreten Gegebenheiten ausrichten, an sie angepasst werden und stellen in der Form allgemeiner Gesetzmäßigkeiten für spezifische Erfahrungsinhalte im Rahmen der Bewusstwerdung einen Abschluss des Weltprozesses dar.

Moralische Intuitionen dagegen stehen am Ausgangspunkt von Weltprozessen: Auf ihrer universellen Grundlage werden durch den Menschen Weltprozesse initiiert und individualisiert, in Gang gesetzt und bis in konkrete Erscheinungen hinein begleitet. Das ist jedoch keine Fähigkeit, die man entweder hat oder nicht hat. Sie hat Vorstufen, und ihre Entfaltung ist zentraler Bestandteil der individuellen Bewusstseinsentwicklung, was ab Abschnitt 4.6 näher ausgeführt werden wird. Eine solche Bewusstseinsentwicklung gibt es jedoch auch für die Erkenntnisintuition oder die epistemische Intuition, was im folgenden Abschnitt 4.4 thematisiert wird.

4.4 Aspekte der Erscheinungsentwicklung
der Erkenntnisintuition

Für eine Charakteristik der *menschlichen Organisation* im Allgemeinen kann der Blick auf all dasjenige gerichtet werden, was das ohne unser Zutun gegebene Erleben ermöglicht (nicht: erzeugt) sowie dem Erleben eine relative Dauer gibt, die über den aktuellen Erlebniszeitraum hinausreicht. Im Sinne des Kapitels 3 umfasst dies die Dimensionen des leiblichen und des seelischen Selbst. Dazu gehört das ganze Spektrum von Sinneswahrnehmungen, spontanen Vorstellungen (Vorurteile, unmittelbares Wissen), Einfällen, Erinnerungen, Gefühlen, Wünschen, Trieben etc.[122] Weiter gehören dazu sowohl die angeborenen, mitgebrachten (nicht erarbeiteten) naiven Fertigkeiten als auch die automatisierten, früher im Leben angeeigneten und nun zur Gewohnheit gewordenen Fähigkeiten der elementaren Dimensionen des seelischen Selbst (Kapitel 3). Letztere sind zugleich die im Sinne von Ausgangspunkten eine Entwicklung erst ermöglichenden, sie aber auch in ihren Tendenzen zur Erstarrung und Fixierung verhindernden Funktionen der Organisation. Wenn es nur diese Anteile der Organisation gäbe, käme es zu immer weitergehenden Anpassungen an Innen- und Außenerlebnisse. Dies ist jedoch erfahrungsgemäß nicht der Fall: Der menschlichen Organisation gehören auch der Erkenntnistrieb, die Neugierde an, die sie im Verein mit ungewollt an den Menschen herantretenden neuen Erfahrungen zur Erschließung neuer Horizonte, zur Öffnung für neue Fähigkeiten veranlassen. Damit umfasst die menschliche Organisation die Vermittlung all derjenigen Elemente, welche rezeptive Vorbedingungen von Entwicklung sind. Es muss bereits etwas da sein, was durch eine Entwicklung aufgegriffen und weitergeführt werden kann, und etwas, was Entwicklung zugleich herausfordert und hemmt, sich ihr entgegenstellt, wodurch erst konkrete Vielfalt durch das schließliche Eingreifen der produktiven Elemente der Entwicklung zustande kommen kann.

Der Weg zu einer mit Bewusstsein durchdrungenen Erkenntnis auf der Grundlage von Beobachtung und Denken beginnt demnach bei mitgebrachten Eigenschaften und äußeren Bedingungen (hier rezeptive *Aneignung* genannt) einerseits und inneren und äußeren Notwendigkeiten, welche eine Erschließung neuer Erfahrungs- und Denkfelder veranlassen (hier rezeptive *Erschließung* genannt), andererseits.[123] Auf diesem Weg werden insbesondere die elementaren Dimensionen des vorstellenden Selbst (Abschnitte 3.6, 3.7, 3.8) aufgegriffen. Zur Ersteren, zur rezeptiven Aneignung, gehören Denkgewohnheiten und naive Handhabungen des Denkens (etwa das Aufsuchen von Ideen und Ideenverbindungen[124] durch die denkende Betrachtung[125] von ohne unser Zutun gegebenen Gegenständen und Vorgängen), Erinnerungen (etwa die Inhalte der Beobachtungen des Denkens), Vorurteile, in konstitutive Eigenschaften übergegangene erworbene Fähigkeiten und durch Erziehung und soziales Umfeld bedingte Verhaltensweisen (etwa die Beschränkung der denkenden Betrachtung auf Sinnesbeobachtungen). Zu Letzterem, zur rezeptiven Erschließung oder Öffnung, gehören der Erkenntnisdrang oder Erkenntnistrieb,[126] die Ausdruck einer inneren Notwendigkeit zur Überbrückung des Gegensatzes von Ich und Welt sind,[127] sowie die Verarbeitung neuer Erfahrungen.[128] Wie in Kapitel 3 gezeigt, repräsentieren diese Arten des Umgangs mit Beobachtung und Denken verschiedene Facetten der menschlichen Organisation und offenbaren sie zugleich in ihrer Grundstruktur hinsichtlich des Erkenntnislebens: Die Organisation vermittelt (nicht: erzeugt) Beobachtungs- und

Denkinhalte als Grundlage und Widerlager für die selbstständige Ergreifung des Erkennens.

Im *rezeptiven* Modus von Aneignung und Erschließung erscheint das Erkenntnisprinzip zunächst in einfachen und einseitigen Vorformen (Vorurteile, einseitige/selektive Beobachtungen und Ideenbildungen, theoretische Modelle, bloße Materialsammlungen). Diese bilden jedoch notwendige Bedingungen seiner Selbstergreifung vermöge *produktiver* (selbstbestimmter) Erschließung und *produktiver* Aneignung durch das aktuelle Ich.

Der *Ausnahmezustand* ist ein Akt produktiver Erschließung (Abschnitte 1.4, 2.5, 2.6, 3.7): Die denkende Betrachtung wird ausgedehnt auf Beobachtungen des Denkens und führt so zur Selbsterkenntnis des Denkens. Es ist zugleich ein Akt produktiver Aneignung, insofern die im Keim gegebene Fähigkeit des denkenden Betrachtens selbstbestimmt weiterentwickelt, ausdifferenziert wird und dadurch ausgeprägter zur Erscheinung kommt. Die Ausdehnung dieser Art produktiver Erschließung auf das Erkennen überhaupt offenbart die allgemeine Funktion der ideellen Intuition im Rahmen des Erkenntnisurteils.[129] Zugleich zeigt sich dadurch die wiederholt geübte naturwissenschaftliche Denkweise in neuem Licht (produktive Aneignung durch Rekapitulation): Ihre Methode der ideellen Durchsetzung aktueller Erfahrungen ist universell gültig, ihre Beschränkung auf Sinneserfahrungen nicht.[130]

Die Ausdehnung der Ideenintuition auf die Intuition des Denkens und Erkennens (Abschnitt 4.2) ist ein weiterer Akt produktiver Erschließung im Verein mit produktiver Aneignung: Es wird auf höherer Stufe (Intuition) etwas «wiederholt», «rekapituliert», was auf der vorangehenden Stufe, im Ausnahmezustand, für das Denken bereits erarbeitet wurde, nämlich die aktuelle Einsicht in seine Gesetzmäßigkeit; zugleich erschließen sich im neuen Bewusstwerdungslicht Erfahrungen, die bisher nur erahnt, vorgestellt oder bloß theoretisch als möglich erachtet wurden.

Aus den Gesichtspunkten der Erscheinungsentwicklung ergeben sich weitere Blicke auf Funktionen der menschlichen Organisation sowie auf die zentrale Stellung des individuellen Ich für die Denk- und Erkenntnisentwicklung (Kapitel 5). Die weittragende Bedeutung dieser Organisation zeigt sich allerdings erst, wenn sie im Rahmen der Wesens- oder Bewusstseinsentwicklung des individuellen Ich näher angeschaut wird (Kapitel 6, 7 und 8).

4.5 Vertiefung der Intuition durch Seelenentwicklung

Wie in den vorangehenden Abschnitten gezeigt, wird zu den seelischen Qualitäten oder Ausdrucksformen des Denkens, das heißt insbesondere zum Gedanken-Haben, Vorstellen, Assoziieren und Kombinieren von Gedanken im ersten Teil des Werkes *Die Philosophie der Freiheit* ein aktives Denken hinzuentwickelt. Dieses greift die seelischen Anregungen auf, erweitert und erneuert sie und emanzipiert sich zugleich davon. Ähnliches geschieht für die seelischen Qualitäten des Wünschens oder Wollens im zweiten Teil des genannten Werkes: Ihren bloß auftretenden Ausdrucksformen wird ein tätiges Wollen hinzugesellt, das sich ausgehend von diesen unfreien Formen der Willens- oder Zielbildung zu einem freien Wollen weiterentwickelt (siehe Abschnitt 4.6 und folgende). Wie im vorliegenden Abschnitt gezeigt werden soll, wird auch eine entsprechende Entwicklung der seelischen Qualitäten des Fühlens (Freude, Leid, Begeisterung, Sympathie, Antipathie etc.) vor dem Hintergrund einer Vertiefung der Entwicklung der Intuition angeregt.

Die Unterscheidung der Art des Auftretens des tätig-produktiven Denkens und seiner Beobachtung von der Art des Auftretens des Fühlens spielt eine zentrale Rolle in der Charakterisierung dieses Denkens. Im Gegensatz zum Denken ist das aktuelle Auftreten eines Gefühls (etwa des Zornes) in genau demselben Sinne beobachtbar wie der wahrnehmbare Anlass des Gefühls selbst: «Ich bin mir auf das Bestimmteste bewusst, dass der Begriff [die Idee] einer Sache durch meine Tätigkeit gebildet wird, während das Gefühl in mir auf ähnliche Art durch einen Gegenstand erzeugt wird, wie z. B. die Veränderung, die ein fallender Stein in einem Gegenstand bewirkt, auf den er fällt.» Zugleich erfahre ich etwas über meine *seelische* Persönlichkeit, «wenn ich das Gefühl kenne, das ein bestimmter Vorgang in mir erweckt».[131] Ich trete dadurch zu dem Vorgang in ein persönliches Verhältnis.[132] Im «Zusatz zur Neuauflage (1918)» zum Kapitel III macht Steiner noch einmal auf den «bedeutungsvollen Unterschied zwischen dem Denken und allen anderen Seelentätigkeiten» aufmerksam, «als auf eine Tatsache, die sich einer wirklich unbefangenen Beobachtung ergibt».[133] Entscheidend ist dabei, «dass *nur* in der Betätigung des Denkens das ‹Ich› bis in alle Verzweigungen der Tätigkeit sich mit dem Tätigen als *ein* Wesen weiß. Bei keiner andern Seelentätigkeit ist dies restlos der Fall.»[134]

Kapitel VI des Werkes *Die Philosophie der Freiheit* ist der menschlichen Individualität gewidmet, die gleichbedeutend ist mit der hier so genannten seelischen Konstitution oder dem seelischen Selbst des Menschen (Abschnitte 3.2 und folgende). Nach einem vorläufigen Abschluss der Untersuchung des Vorstellens wird insbesondere das Gefühl in seiner allgemeinen Bedeutung für die Persönlichkeit aufgegriffen. Wirkt eine Wahrnehmung «auf unsere besondere Subjektivität, auf unser individuelles Ich», so drückt sich dieser Bezug als Gefühl aus, «das sich als Lust oder Unlust auslebt».[135] Dabei ist «das *Fühlen* das, wodurch wir uns in die Enge des eigenen Wesens zurückziehen»,[136] es «führt uns in uns selbst zurück, macht uns erst zum Individuum».[137] Dem bloßen Fühlen, das «doch nur für mein Individuum diese reichere Bedeutung hat», wird die denkende Verarbeitung «dieser Wahrnehmung an meinem Selbst» an die Seite gestellt, um es auf diesem Wege dem Weltganzen einzugliedern.[138]

Im Abschnitt 3.4 wurde darauf hingewiesen, dass Steiner an diesen Stellen die Ausdrücke «Individuum» und «individuell» für die seelische Konstitution oder das seelische Selbst des Menschen verwendet. Außerhalb der expliziten Zitate Steiners schließt sich der vorliegende Text dieser Verwendungsweise *nicht* an, sondern reserviert «Individuum» und «individuell» für die geistigen Dimensionen des Selbst, insbesondere diejenigen, welche unmittelbar mit der Entfaltung des Menschen-Ich zusammenhängen (siehe dazu Abschnitt 5.3).

Wie bereits in Abschnitt 3.4 ausgeführt, ergibt sich eine weitere Dimension des Gefühlslebens, wenn die ohne unser Zutun gegebenen und sich an Wahrnehmungen knüpfenden Gefühle ergänzt werden durch Gefühle, welche durch selbsttätig hervorgebrachte Ideen und Erkenntnisse *veranlasst* werden: «Eine wahrhafte Individualität wird derjenige sein, der am weitesten hinaufreicht mit seinen Gefühlen in die Region des Ideellen.»[139]

Mit anderen Worten: Für ein harmonisches und ausgewogenes Seelen- und Geistesleben darf sich die Entwicklung des tätigen reinen Denkens nicht von der Seele abkoppeln,

sondern muss sich auf deren Grundlage und in Auseinandersetzung mit ihr weiterentwickeln: «Ein völlig gedankenlee-
res Gefühlsleben müsste allmählich allen Zusammenhang
mit der Welt verlieren.»[140] Die Entwicklung des intuitiven
Denkens hat nicht die Loslösung desselben von der Seele zum
Ziel, sondern, durch Integration und Verwandlung, eine Ver-
seelung des Geistes und eine Vergeistigung der Seele.[141]

Mit dem vorläufigen Fazit, dass das Gefühl «das Mittel
[ist], wodurch die Begriffe [Ideen] zunächst konkretes *Leben* gewinnen»[142], wird in Kapitel VI die Untersuchung des
gewöhnlichen *Gefühlslebens* (das heißt die fühlende Komponente des seelischen Selbst) abgeschlossen und zugleich auf
deren Weiterentwicklung ins Geistige hingewiesen. Das geschieht explizit erst im «Zusatz zur Neuauflage (1918)» von
Kapitel VIII, wo das «*Leben im Denken*» in Zusammenhang
gebracht wird «mit einer in der Denkbetätigung selbst dahinfließenden Kraft, welche Kraft der Liebe in geistiger Art ist».
Diese Art von Erlebnis ist Teil des intuitiv erlebten wesenhaften Denkens.[143] Die Liebe in geistiger Art ist nun selbst eine
hingebungsvolle *Tätigkeit*, ein aktiver *Vollzug*, kein bloßes das
Individuum überkommendes Geschehen mehr, kein bloßes
Ausleben von Sympathie oder Antipathie, das sich an Welter-
eignisse oder an selbst Hervorgebrachtes einfach anschließt
und von selbst abläuft. Es entspringt aus derselben Quelle, aus
der auch die Denktätigkeit stammt, aus dem individuellen Ich.
Seine Reinheit ist durch die Reinheit des mit ihr zusammen
auftretenden Denkens bedingt.

Die Entwicklung des Gefühlslebens im Verein mit der Entwicklung des intuitiven (reinen) Denkens geht also vom rezeptiven Gefühlserleben über dessen Pflege und Erweiterung
bis in das aktive Erkenntnisleben, dann in die gedankliche
Verarbeitung der Gefühle als Wahrnehmungen am eigenen

Selbst bis hin zur Entfaltung des produktiven Stroms der geistigen Liebe im Hervorbringen von Intuitionen.[144] Ein weiterer Schritt hinein in die Weltergreifung kann dann mit der Entwicklung des freien Handelns verwirklicht werden, durch welche dieser Liebesstrom bis in die konkrete Verwirklichung hineinwirkt (Abschnitte 4.8 und 4.9).

Mit diesem Blick auf das sich im Verein mit dem Denken entwickelnde Gefühlsleben bis hin zum produktiven Liebesstrom im reinen, intuitiven Denken grenzt sich Steiners Auffassung des Denkens sowohl von kaltem Rationalismus als auch von emotional aufgeladenem Irrationalismus ab. Liebe und Wärme liegen in ihrem Kern innerhalb und nicht außerhalb des Denkens.

Es wird sich später herausstellen, dass sowohl die rezeptiven als auch die produktiven Elemente insbesondere der menschlichen Seelen-Organisation die Impulse zu ihrer Gestaltung und Verwandlung nicht aus sich selbst heraus mitbringen. So generieren zwar die produktiven Seelenfunktionen des Erkennens (und Handelns) vielfältige und weitgehende Ergänzungen und Erneuerungen zunächst rezeptiv gesteuerter Entwicklungsprozesse, sorgen jedoch nur für ein ausgedehntes und vielseitiges Weiterkommen auf der Grundlage gegebener Verhältnisse, nicht aber für eine harmonische und konzentrierte Erweiterung, Vertiefung und Neuordnung der Individualentwicklung vermöge einer konkreten Integration und Umwandlung der rezeptiven Funktionen. Dazu bedarf es der organisierenden und Gleichgewicht schaffenden Kraft des Menschen-Ich, das im Erscheinungsentwicklungsgang zwischen Erschließung und Aneignung, zwischen Rezeption und Produktion immer mehr zu sich selbst findet (Abschnitt 4.9, Kapitel 5 bis 8).

4.6 Vorbereitungsstufen der moralischen Intuition: Stadien moralischer Entwicklung

Nachdem ausgehend von der Ideenintuition die Intuition des Denkens bis zum Anfang des IX. Kapitels errungen wurde,[145] muss sie als *moralische* Intuition neu erarbeitet werden.[146] Als Mensch findet man sich vor in mannigfaltigen Handlungssituationen und kann sich daraus Schritt für Schritt zur Freiheit hindurcharbeiten. Dabei muss sich eine grundsätzlich bereits erarbeitete Fähigkeit, die Ideenintuition, in einer neuen Situation, auf höherer Stufe, bewähren, muss ausgebildet und gepflegt werden (Rekapitulation: siehe Abschnitt 4.5).[147]

Die verschiedenen Stufen der Erscheinungsentwicklung der moralischen Intuition werden anhand einer Phänomenologie des seelischen Wollens (wollende Komponente des seelischen Selbst: Abschnitt 3.5) charakterisiert, das sich bis zum geistigen Wollen durch Intuition emporringt und sich dann wieder in bewusster Weise der Arbeit an der Seele zuwendet (siehe dazu auch Abschnitt 4.9 und Kapitel 5, zusammenfassend Abschnitt 5.6). Am Anfang steht die Unterscheidung zweier Aspekte eines Willensaktes: Motiv und Triebfeder. Unter Willensakt ist hier Willensbildung im engeren Sinne als Ziel- oder Motivbildungsprozess zu verstehen, im Kontrast (aber nicht in Abtrennung) zum Handlungs- oder Verwirklichungsprozess. Denn die Freiheit des Menschen entscheidet sich bei der Willensbildung: Ist diese frei, kann es auch die dadurch impulsierte Handlung sein; ist sie es nicht, kann es die entsprechende Handlung unter keinen Umständen sein.[148] Denn eine Freiheit des Handelns, eine Freiheit des Tun-Könnens, was man will, ist ohne eine Freiheit des Wollens, des Wollen-Könnens, was man will, bloß eine halbe

Sache, welche die Bezeichnung «Freiheit» nicht verdient.[149] Mit ihr zusammen allerdings umfasst sie ein weitreichendes Entwicklungspotenzial.

Motive machen den Inhalt einer Handlung aus, was gleichbedeutend mit deren konkretem Ziel ist; durch Triebfedern werden Vorstellungen oder Ideen zu Motiven gemacht, wodurch ein Willensakt zustande kommt. Die Gesamtheit aller möglichen Triebfedern wird *charakterologische Anlage* genannt. Die Quelle möglicher Motive sind Vorstellungen und Ideen, stammen also sowohl aus dem rezeptiv gegebenen als auch aus dem produktiv erarbeiteten Gedankenleben. Hier können vier Arten von Vorstellungen und Ideen unterschieden werden, die alle zu Motiven werden können.

(1) Die elementarste Klasse von Vorstellungen, die (leicht) zu Motiven werden können, beziehen sich explizit auf das eigene oder auf fremdes Wollen, Letzteres im Sinne indirekter Faktoren des eigenen Wohls.[150]

(2) Auf einer nächsten Stufe werden solche inhaltlich bestimmten Vorstellungen durch ein System vorgegebener ethischer Prinzipien ersetzt, deren Begründung äußeren oder inneren Autoritäten überlassen bleibt.[151]

(3) Beginnt ein Mensch, sich mögliche Handlungsziele selbst aus allgemeinen Gründen oder Maximen (wie dem Gesamtwohl der Menschheit) abzuleiten, so ist dies ein Schritt in Richtung selbstständiger Willensbildung aus Einsicht.[152]

(4) Wird schließlich eingesehen, dass auch allgemeine Maximen noch vorgegebene Inhalte sind, und in Frage gestellt, ob sie für *jede* Situation angemessen sind, bleibt kein vorgegebener und vorausgehend «moralisch» abgeklärter konkret inhaltlich leitender Gesichtspunkt mehr übrig.[153] Damit werden die *seelischen* Dimensionen des wollenden Selbst (Abschnitt 3.5) verlassen und ein Schritt in Richtung der

geistigen Dimensionen des Selbst vollzogen (Abschnitt 5.1, 5.3). Mögliche Motive können in diesen Fällen nur aus einem aktuellen und individuellen Denken stammen, das in seiner ideenbildenden (intuitiven) Tätigkeit von vornherein durch keine autoritativ und/oder sozial vorgegebenen und vorabgeklärten Inhalte (Vorstellungen, Einfälle, Regeln, Vorschriften, Maximen etc.) oder Weltverhältnisse (wahrnehmbarer Handlungskontext) mehr geprägt ist.[154]

Damit die beschriebenen, in unterschiedlicher Weise gegebenen Vorstellungen und Ideen zu Motiven werden können, müssen sie durch Triebfedern ergriffen werden.[155] Hier macht Steiner auf vier Stufen von Triebfedern aufmerksam. Im hier entwickelten Kontext entsprechen die ersten drei seiner Stufen den drei Dimensionen der wollenden Komponenten des seelischen Selbst (Abschnitt 3.5) und die vierte der elementaren Dimension des geistigen Selbst (Abschnitt 5.3). Steiners vier Triebfeder-Stufen sind die folgenden:

(1) Zunächst der Trieb: Im Kontext einer bestimmten Situation macht er aus einer der ohnehin im gewöhnlichen (rezeptiven) Seelenleben gegebenen Vorstellungen ein Motiv, ohne Dazwischentreten eines Gefühls oder irgendwelcher Überlegungen.[156] Eine solche Art der Willensbildung kann auch Resultat einer intensiven Schulung und Übung zum Beispiel für Situationen sein, in welchen es darauf ankommt, schnell und effizient zu reagieren (Berg- oder Höhlen-Rettung, Hilfs- und technische Dienste bei Auto- oder Fahrradrennen, medizinischer Notfalldienst etc.).

(2) In einer nächsten Stufe sind es Gefühle, welche dafür verantwortlich sind, dass aus einer Summe gegebener Vorstellungen eine ausgewählt und zum Motiv gemacht wird.[157]

(3) Es können aber auch ideelle Überlegungen auf der Grundlage bisheriger Erfahrungen oder Traditionen dafür

sorgen, dass aus einer Anzahl gegebener Vorstellungen und Ideen Motive gemacht werden.[158]

(4) Wenn alle diese spontanen gefühls- und vorstellungsartigen Gründe wegfallen, so kann nur noch das aktuelle Denken selbst diesen Bezug herstellen, jetzt allerdings weder in seiner ideenbildenden Funktion (denn diese bringt bereits die konkreten möglichen Motive hervor), noch in seiner urteilenden Funktion (denn diese führt zu Erkenntnissen und nicht zu über das Denken hinausgehenden Handlungen), sondern in seiner tätigen *Hingabe* an den Handlungskontext, in seiner *geistigen Liebeskraft* zur Verwirklichung seines Zieles.[159] Diese Liebe ist kein spontanes Sympathisieren, sondern eine individuelle Kraft, die vermittels des reinen Denkens in reiner Form zum Ausdruck kommen kann und damit zugleich dieses Denken zu einem konkreten Wollen und Handeln erweitert (siehe dazu die Abschnitte 4.5 und 4.9).

Im Sinne der aristotelischen Ursachenlehre ist die Liebe zur Handlung die eigentliche Wirkursache, die *causa efficiens*, welche die Ideen-Intuition, das heißt die formgebende Kraft, die *causa formalis*, zu einer moralischen Intuition oder Zielbildung, also zu einer *causa finalis* macht.

Es ist klar, dass die letzte Art von Triebfeder nicht mehr Teil einer *gegebenen* charakterologischen *Anlage* im engeren Sinne sein kann, denn sie entspringt nicht der bisherigen Konstitution, sondern ist ein aktuell vollzogenes Geschehen, das keiner vergangenheitsbezogenen Bestimmung unterliegt. Allerdings können die Ausdrucksformen dieser Art des Handelns der menschlichen Organisation im umfassenderen Sinne zugeordnet werden, welche auch geistige Anteile enthält (siehe dazu Kapitel 5).[160]

Die Loslösung von vergangenheitsbezogenen Bestimmungen darf nicht missverstanden werden im Sinne einer ständigen totalen und absoluten Neuerfindung. Denn sowohl in den individuellen Fähigkeiten zur Intuition als auch in der Anregung (nicht: Bestimmung) derselben durch das soziale und natürliche Umfeld (im Sinne einer Veranlassungsursache, *causa occasionalis*) ergeben sich mannigfaltige Möglichkeiten einer Anknüpfung an bereits Vorhandenes – ganz abgesehen noch von dem Potenzial der moralischen Technik (siehe dazu Abschnitt 4.8), der Grundlage für die *causa materialis* einer Handlung.

Die beiden letzten oder höchsten (vierten) Stufen der Motivbildung einerseits und der Triebfeder andererseits sind zwei Aspekte ein und derselben Sache, der intuitiven Willensbildung oder *moralischen Intuition*,[161] des intuitiven Denkens im Dienste der Willensbildung. In diesem Sinne kann man sagen, dass Motiv und Triebfeder zusammenfallen,[162] eine konkrete Einheit bilden und keine voneinander abtrennbaren Tätigkeiten sind. Sie sind jedoch keinesfalls identisch. Sie können im Willensakt klar in ihren unterschiedlichen Funktionen unterschieden werden.

4.7 Entfaltung der moralischen Intuition

Zur Charakteristik der moralischen Intuition gehören nicht nur ihre Bestimmung als ideelle Intuition (siehe Abschnitt 4.6), sondern auch ihre konkreten Funktionen im Verwirklichungsprozess des Handelns. Das ist Thema dieses und der beiden folgenden Abschnitte 4.8 und 4.9. In den Kapiteln 5 bis 9 werden die Konsequenzen der Fortentwicklung der epistemischen und der moralischen Intuition für die individuelle Wesensentwicklung des sich zur Freiheit durchringenden Menschen ausführlicher betrachtet.

Zunächst muss klargestellt werden, dass die moralische Intuition[163] dem Akt nach individuell und dem Inhalt nach universell ist.[164] Wie bereits am Ende des vorangehenden Abschnitts 4.6 ausgeführt, ist dieser universelle Inhalt zwar durch eine konkrete Situation (Handlungskontext) veranlasst, jedoch kraft seines intuitiv-reinen Gehalts nicht durch den Inhalt dieser Situation bestimmt.[165] Denn selbstverständlich lässt man sich im Ringen um die individuelle, von keinen Autoritäten abhängige aktuelle Handlungsmaxime von dem Handlungskontext anregen: Dies kann als ein Akt der die eigentliche moralische Intuition vorbereitenden, also *prä-intuitiven moralischen Phantasie* gekennzeichnet werden. Diese kann in unterschiedlicher Weise realisiert werden, zum Beispiel durch Sammeln und Erweitern gegebener Handlungsvorstellungen und Vorschriften (Was könnte man sonst noch tun? Welche Vorschriften lassen sich finden oder ausdenken?) oder durch systematische Variation bekannter und/oder anerkannter Handlungsziele (mit etwa folgenden Fragen: Wie unterscheiden sich diese Ziele? Gibt es Gemeinsamkeiten, übergeordnete Gesichtspunkte, allgemeine Prinzipien? Auf welch unterschiedliche Weise lassen sie sich begründen?). Damit kommt man bereits in eine intensive denkende Tätigkeit, die sich dann nur noch von vorgegebenen Vorstellungsinhalten lösen muss, um zu einer intuitiven Tätigkeit voranzuschreiten.

Die unmittelbare Quelle des Inhalts der moralischen Intuition ist jedoch nicht die gegenwärtige Handlungssituation und deren konkrete kontextbedingte ideelle Bestimmung (Erkenntnisintuition), sondern das individuelle reale Verhältnis des handelnden Menschen zur Ideenwelt, insbesondere zu bestimmten Bereichen derselben, aus welcher die Inhalte der moralischen Intuition selbstständig entnommen und auserwählt werden. Dies ist der erste Aspekt der Individualisierung der moralischen Intuition.

Erst indem die Zielbildung als *Intuition* individuell-tätig anwesend ist, wird sie aktuell mit dem Situationsgehalt verbunden. Mit anderen Worten: Damit die Zielbildung und die Handlung zu einer freien werden, muss der bereits die Zielbildung bewirkende Realbezug des tätigen Menschen eine rein intuitive Phase durchlaufen als Vorbedingung seiner Fortsetzung zu einer freien Handlung. Die intuitive Willensbildung wird damit in die konkrete Verwirklichung (Handlung) hinein fokussiert. Was die konkrete Handlung individuell macht, ist naturgemäß nicht der universell-ideelle Gehalt der moralischen Intuition, sondern der allein durch das Individuum bedingte aktuelle Real*bezug* der intuitiven Zielbildung auf die gegenwärtig gegebene Situation (individueller Akt der moralischen Intuition).[166] Das ist der Kern des *ethischen Individualismus*.[167] Dies ist der zweite (formale) Aspekt der Individualisierung der moralischen Intuition.[168]

Die dazugehörige Methode ist die der *post-intuitiven moralischen Phantasie*, durch welche es im Zuge der Durchführung der Handlung, also der Realisierung der moralischen Intuition, zu weiteren Individualisierungen des intuitiven Handlungszieles kommt (siehe dazu Abschnitt 4.8). Das kann als der dritte (materiale) Aspekt der Individualisierung der moralischen Intuition gekennzeichnet werden.

Die individuelle Erfahrung anderer Menschen ist eine Vorbedingung des bewussten Zusammenlebens und gemeinsamen Handelns. Jeder einzelne Mensch fasst und verwirklicht universelle Ideen auf individuelle Weise. Dabei liegt, wie gezeigt, das Individuelle dieses Fassens nur im Akt und in der Auswahl der Intuition und nicht in ihrem spezifischen Inhalt. Über die Universalität der Ideenwelt kann man sich nur im individuellen Erleben des Denkens Rechenschaft geben: Daraus folgt die prinzipielle Einsicht in die gemeinsame Quelle, also in die prinzipielle Einheit der moralischen Intuitionen aller Menschen. Das ist für das konkrete Verhältnis zu anderen Menschen eine notwendige, jedoch keinesfalls eine hinreichende Bedingung: Man muss auf konkrete Weise von den Intuitionen anderer Menschen durch Beobachtung Kenntnis nehmen, was wiederum bedingt, dass dieselben ihre Intentionen explizit in Beobachtungsform offenbaren, also mitteilen müssen. Ohne aktuelle *gegenseitige* Mitteilung und Kenntnisnahme kann es zu keiner sach- und individuengemäßer Zusammenarbeit mehrerer Menschen kommen. Eine aktuell-beobachtende, nicht bloß auf Spekulation beruhende Kenntnisnahme der Intuitionen anderer Menschen ist möglich und kann mit dem von Steiner später explizit genannten Ideensinn (Begriffssinn, Gedankensinn) in Zusammenhang gebracht werden.[169]

Für die *Gemeinschaftsbildung* ist entscheidend, dass sich das Ziel einer Gemeinschaft als Folge, als Konsequenz der individuellen Ziele der Mitglieder der Gemeinschaft ergibt, und nicht umgekehrt.[170] Für mein eigenes Wollen muss ich mir selbst die Sicherheit über den intuitiven Charakter meiner Ziele gewinnen. In die Freiheitsqualität anderer Menschen kann ich nur Vertrauen haben; ich kann so mit ihnen umgehen, wie wenn sie aus Freiheit gehandelt oder diese zumindest angestrebt hätten.[171]

4.8 Praxis der moralischen Intuition:
Moralische Phantasie und moralische Technik

Aus der Perspektive ideeller Inhalte von Intuitionen kann
es keine Widersprüche oder Ungereimtheiten zwischen den
Handlungen eines einzigen Menschen, zwischen Handlungen
verschiedener Menschen oder zwischen dem ideellen Gehalt
von Handlungen und den Gesetzmäßigkeiten des Handlungskontextes geben. Denn reine Gesetzmäßigkeiten stehen in
rein ideellen Verhältnissen zueinander, sind kraft ihres ideellen Charakters Teil des in sich stimmigen, harmonischen und
widerspruchsfreien Ideenzusammenhangs. Was auf der einen
Seite aufeinanderprallen kann, sind die *Verwirklichungen* unterschiedlicher Ziele desselben oder verschiedener Menschen,
nicht jedoch der ideelle Gehalt derselben. Deshalb ist es wichtig, diesen Gehalt gegenseitig zur Kenntnis zu nehmen, um
aus ihm heraus mit innerem Verständnis auf die unterschiedlichen Auswirkungen der jeweiligen Ziele zu blicken. Dies gehört zum Thema der Gemeinschaftsbildung, des Verhältnisses
von Individuum und Gemeinschaft (siehe Abschnitt 4.7).

Auf der anderen Seite können auch unter den Bedingungen
der vollen Freiheit, das heißt der bewussten Initiierung und
Begleitung einer Handlung durch eine moralische Intuition,
der verwirklichte Zielinhalt und der durch eine Erkenntnisintuition erfasste konkrete Inhalt des Handlungskontextes
aufeinanderprallen.[172] Für die Freiheit einer Handlung ist
die Forderung eines harmonischen Zusammenstimmens von
moralischer Intuition und Handlungskontext nicht von vornherein selbstverständlich erfüllbar, denn dies ist vom *spezifi-*
schen (individuums- bzw. situationsbedingten) Inhalt beider
genannten Komponenten abhängig, kann also nicht Teil der
Bestimmung von Freiheit des Handelns im *allgemeinen* Sin-

ne eines intuitiv geformten Wollens sein. Es gehört *nicht* zu den Bedingungen des freien Handelns, dass diese Harmonie bestehen *muss*, denn das ist, insbesondere was die Folgen des Handelns betrifft, weder vorauszusehen noch im Allgemeinen abklärbar (siehe dazu auch Abschnitt 4.9).

Die der Intuition ihre moralische Qualität verleihende (geistige) Liebe zur Verwirklichung der Intuition, durch welche sich das handelnde Individuum reell und hingebungsvoll mit der konkreten Wirklichkeit verbindet, ist jedoch gerade nicht nur daraufhin ausgerichtet, das *allgemeine Streben* nach einer harmonischen Passung von moralischer Intuition und Handlungskontext zu ermöglichen, sondern diese Harmonie auch konkret anzugehen (ob sie nun erreicht wird oder nicht).

Die Mittel zur Realisierung dieser harmonischen Passung sind die moralische Phantasie und die moralische Technik. Die *moralische Phantasie* hat verschiedene Aspekte oder Funktionen. Sie umfasst auf der einen Seite die Prozesse des Suchens nach einer für das handelnde Individuum geeigneten moralischen Intuition,[173] die von der prä-intuitiven Vorbereitung der Intuition durch Auseinandersetzung mit dem Handlungsumfeld (Abschnitt 4.7) bis hin zur rein intuitiven Auswahl einer spezifischen Intuition aus dem für den jeweiligen Menschen intuitiv zugänglichen Bereich der Ideenwelt reicht. Auf der anderen Seite gehört zur moralischen Phantasie insbesondere die post-intuitive Individualisierung der gewählten moralischen Intuition zu einer konkreten Handlungsvorstellung[174] vermöge der Fertigkeit der exakten Phantasie, das heißt einer Phantasietätigkeit auf der Grundlage einer exakt bestimmten Idee (hier der moralischen Intuition).[175] Beides zusammen ermöglich dem handelnden Individuum eine Beweglichkeit sowohl in der konkreten Zielfindung und -gestaltung als auch in der Form der Spezifizierung der moralischen Intuition zu

Vorstellungen, durch welche es einer Harmonie von Handlungskontext und Handlungsziel zuarbeiten kann.

Die *moralische Technik*[176] dient der sachgemäßen Erkenntnis des Handlungskontextes, angefangen von den Materialien und Prozessen über die eigenen Möglichkeiten und Grenzen bis hin zu den Fähigkeiten und Eigenheiten von beteiligten Mitarbeitern und den Besonderheiten von deren Schicksal. Von ihrer vom individuellen Erkenntnishorizont geprägten Tiefe und Reichweite hängt es ab, ob mit den Elementen des Handlungskontextes so umgegangen werden kann, dass sie unter Aufrechterhaltung ihres Eigenwesens zwar umgestaltet werden können, jedoch nicht nachhaltig zerstört werden.

Auf der Grundlage von moralischen Intuitionen sind also moralische Phantasie und moralische Technik die Gestaltungskräfte, welche ein harmonisches Zusammenleben mit anderen Menschen und ein sachgemäßes Verhältnis im Bearbeiten der übrigen Erfahrungswelt ermöglichen. Ihre weittragende Bedeutung spiegelt sich auch in ihren die Freiheitsentwicklung untergrabenden Abirrungen wider: Moralische Phantasie kann zur Phantastik aufschäumen und moralische Technik zum Automatismus erstarren. Im ersten Fall verliert sich der phantasierende Mensch in der Produktion von Handlungsmöglichkeiten weit jenseits ihrer Realisierbarkeit; im zweiten Fall hält er sich an bewährte Routinen, die eher Vergangenes fortsetzen als neue Impulse für Gegenwart und Zukunft ermöglichen. Die beiden Abirrungen heben sich nicht gegenseitig auf – im Gegenteil: Unterliegt man der einen, so wird man durch das Erleben der anderen geradezu bestärkt, an Ersterer festzuhalten. Es bedarf einer aus der Mitte des Menschen, aus seinem Hingebungsimpuls an die konkrete Welt entspringenden und Gleichgewicht schaffenden Aktivität, um diese Einseitigkeiten von der Wurzel her zu überwin-

99

den. Diese Aktivität ist nichts anderes als die Quelle freier Handlungen, die ihren nicht umgehbaren Ausgangspunkt im individuellen gegenwärtigen Ich (siehe dazu Näheres in den Kapiteln 5 bis 9), ihren inhaltlichen Ursprung in der aktuellen moralischen Intuition (Abschnitte 4.6, 4.7) und ihren wirksamen Ursprung in der Liebe zur Handlung (Abschnitt 4.8, 4.9) hat.[177]

4.9 Freiheit und Liebe

Explizit erwähnt wird die mit dem intuitiven Kern des Denkens verbundene «Liebe in geistiger Art» erst im «Zusatz zur Neuauflage (1918)» in Kapitel VIII. Steiner legt Wert darauf, dass seine Umarbeitungen und Erweiterungen des Werkes für die Neuauflage nicht dessen Grundsubstanz betreffen;[178] deshalb muss davon ausgegangen werden, dass von dieser Liebe im reinen Denken von allem Anfang an implizit die Rede war, wo von der Tätigkeit des Denkens gesprochen wurde. Denn es handelt sich um eine «in der Denkbetätigung selbst dahinfließende Kraft».[179]

Die zuerst mit der Denktätigkeit zusammen erübte und erlebte produktive Qualität der Liebe unterscheidet sich wesentlich von der rezeptiven seelischen Sympathie, wie sich gerade an der Qualität des intuitiven Denkens zeigt. Diese Liebe kennt den Gegensatz zur Antipathie nicht. Ein Antipathie-getragenes intuitives Denken ist ein Widerspruch in sich, ohne aktive liebende Hinwendung können Ideen nicht tätig angeschaut werden. Ein nicht Liebe-getragenes Denken ist kein *reines* oder *intuitives* Denken. Die liebende Hingabe im intuitiven Denken kraftet jenseits des Gegensatzes von Antipathie und Sympathie. Sie zeigt sich mit dem Denken so

verbunden, dass die hingebungsvolle Reinheit ihres Auftretens (nicht: ihrer Quelle) mit der Reinheit des intuitiv tätigen
Denkens steht und fällt (Abschnitt 4.5). Dagegen kann sich
die seelische Sympathie am Erleben des Denkens befeuern,
kann es aber auch beirren, wenn es dazu kommt, dass für Ge-
dankenverbindungen seelische Vorlieben (oder Abneigungen
im Falle der Antipathie) zu bestimmten Gedankeninhalten
anstatt reine Sachverhalte mit eine Rolle spielen.[180]

Die tätige Kraft der Liebe sowohl im reinen Denken als
auch im Erkenntnisakt ist jedoch nur ein Spezialfall der auf
die gegenwärtige Welt hingerichteten «*Liebe* zu dem Objekte, das ich durch meine Handlung verwirklichen will».[181]
Diese Liebe ist die reelle Brücke zwischen Handlungsintuiti-
on und Handlungskontext. Durch sie wird die Ideenintuition
erst zur *moralischen* Intuition, die naturgemäß (besser: liebes-
gemäß) in die Verwirklichung der Handlung einmündet und
auf diesem Wege sowohl für die Entfaltung der moralischen
Phantasie als auch der moralischen Technik sorgt. Sie ist der
erste und letzte Grund oder Ursprung der freien Zielbildung
und damit des freien individuellen Handelns, seine effekti-
ve oder wirksame Ursache (siehe dazu auch Kapitel 9). Die
Liebe ist weder ein seelisch-emotionaler noch ein rationaler,
diskursiver oder rein ideeller Grund (die alle ihrerseits wieder
einer entsprechenden Begründung bedürften), sondern der
reell-kräftige Quell der sich in freien Handlungen auslebenden-
den Zuwendung.[182]

Die hier eingeführte Liebe oder Hingabe in geistiger Art
ist von seelischen Erscheinungsformen der Liebe deutlich zu
unterscheiden. Beiden ist gemeinsam, dass sie nur individuell *erlebt* werden können. – Die *seelische Form der Liebe* ist
darüber hinaus durch drei spezifische Eigenschaften gekennzeichnet: (1) Sie tritt von selbst auf, sie ist ohne individuelle

Eigentätigkeit präsent (sie «überkommt», «berührt», «erfüllt», «überwältigt», «nimmt gefangen» etc.) und verschwindet auf dieselbe Weise, wie sie auftritt: direkt unbeeinflussbar; (2) ihre Quellen bleiben unbestimmt, in der Regel in der gewöhnlichen Bewusstwerdung nicht erkennbar; (3) zu ihr gehört die Gegenwirksamkeit des Hasses, der Antipathie, des Ekels. – Auf direkte Weise sind seelische Liebe und Hass nicht zu beeinflussen, wohl aber indirekt: Indem man sich einem geliebten oder gehassten Wesen, oder allgemeiner: einem sympathischen oder antipathischen Erfahrungsinhalt, immer wieder aussetzt oder sich davon gehaltvolle Phantasievorstellungen bildet, kann das entsprechende Gefühl von Neuem angefacht werden, ohne dass man je auf dessen Auf- oder Abtreten unmittelbar einwirken kann.

Von diesem direkt unbeeinflussbaren Auftreten von Sympathie und Antipathie ist der konkrete Umgang mit denselben zu unterscheiden, wo durchaus unmittelbar wirksame Tätigkeiten möglich sind, etwa im Verhindern oder Ignorieren der veranlassenden Vorstellungen, im Ignorieren der damit auftretenden spontanen Willensimpulsen («Gelassenheit»), in der distanzierten Betrachtung eigener Seelenerlebnisse, wie wenn diese einen anderen (aber engagierten) Menschen beträfen. Das gehört zum Thema der Vertiefung der moralischen Intuition durch Seelenentwicklung.

Die *Liebe in geistiger Art* ist von ganz anderer Qualität. Ihre spezifischen Kennzeichen umfassen: (1) Sie tritt gegenüber gegebenen Erfahrungen nie von selbst auf, sie ist eine Tätigkeit, die aufgebracht werden muss, der eine Bahn geschaffen werden muss, wenn sie in reiner Form konkret präsent sein soll; (2) ihre Quelle ist wohlbestimmt und einzigartig, sie liegt im Zentrum des denkenden Individuums, dem individuellen Menschen-Ich; (3) zu ihr gehört keinerlei Gegenwirksamkeit:

Sie kann nur mehr oder weniger zur Erscheinung, zum Ausdruck kommen; sie kann sich nie in ihr Gegenteil verkehren, da es ein solches nicht gibt. – Ob man sich einer Sache konkret widmet, hängt ganz von der individuellen Aktivität ab. Die Fähigkeit, das Potenzial zur Liebe in geistiger Art ist zwar in jedem Menschen vorhanden, das Hingabepotenzial ist Teil seiner selbst, aber ihr konkretes Ausfließen, ihr konkretes Zur-Erscheinung-Kommen muss individuell und intuitiv denkend und wollend in die Wege geleitet werden.

Beim freien Handeln aus Liebe in geistiger Art gibt es kein Zögern, kein Stehenbleiben bei der bloßen Absicht: Was ich liebend will, das tue ich auch. Dadurch bin ich wirklich und nicht bloß der Möglichkeit nach frei. In dieser liebenden Gegenwärtigkeit fühle ich mich nicht nur deshalb frei, weil ich dasjenige, was ich will, auch lassen könnte – also es eigentlich nicht wirklich will, das heißt es nicht geistig-liebend will –, sondern ich weiß mich frei, weil ich das, was ich will, aus meinem innersten Wesenszentrum heraus will.

«Nur wenn ich meiner Liebe zu dem Objekte folge, dann bin ich es selbst, der handelt. Ich handle auf dieser Stufe der Sittlichkeit nicht, weil ich einen Herrn über mich anerkenne, nicht die äußere Autorität, nicht eine so genannte innere Stimme. Ich erkenne kein äußeres Prinzip meines Handelns an, weil ich in mir selbst den Grund des Handelns, die Liebe zur Handlung gefunden habe. Ich prüfe nicht verstandesmäßig, ob meine Handlung gut oder böse ist; ich vollziehe sie, weil ich sie *liebe*. Sie wird ‹gut›, wenn meine in Liebe getauchte Intuition in der rechten Art in dem intuitiv zu erlebenden Weltzusammenhang drinnensteht; ‹böse›, wenn das nicht der Fall ist.»[183]

Für die Verarbeitung dieser kurzen, aber bedeutsamen Hinweise Steiners auf das Problem von «guten» und «bösen»

Handlungen (nicht: Motiven) ist es entscheidend, sich klar zu werden, dass diese Bemerkungen vor dem Hintergrund *freier* Handlungen aufgrund von «in Liebe getauchte[n] Intuition[en]» gemacht werden. Zunächst stehen Intuitionen im Sinne von rein ideellen Inhalten jenseits von Gut und Böse in irgendeinem Sinne, da reinen Ideen unabhängig von jedem Wahrnehmungsbezug solche Qualitäten nicht zukommen.[184] Im Weiteren darf «gut» nicht mit frei oder «böse» mit unfrei verwechselt oder identifiziert werden. Diese beiden Paare von Bestimmungen sind unabhängig voneinander.

Die grundsätzliche Erkennbarkeit des Handlungskontextes als solchem hängt nicht vom erkennenden Subjekt ab (da es keine prinzipiellen Erkenntnisgrenzen gibt), wohl aber die Art der Verwirklichung des Erkennens. Subjektive Erkenntnisgrenzen sind eine Tatsache, die zusammen mit den unter Umständen gar nicht in den Erkenntnishorizont eintretenden aktuellen freien Handlungen weiterer Menschen dafür sorgen, dass sowohl die unmittelbaren als auch die langfristigen Folgen des eigenen Handelns nicht so ohne Weiteres, zumindest in der Regel nicht kurzfristig, hinreichend erkannt und/oder vorausgesehen werden können, um ein harmonisches Zusammengehen von moralischen Intuitionen und Handlungsumfeld zu garantieren. Mit anderen Worten: Die Qualität der Freiheit einer Handlung garantiert nicht hinreichend deren Harmonie mit dem Weltganzen (siehe dazu und zum Folgenden auch Abschnitt 4.8 und 9.2).[185] Von der Ausbildung und Beherrschung der moralischen Phantasie und der moralischen Technik hängt es ab, inwieweit eine Handlung sich harmonisch in das Weltganze einfügen lässt, also «gut» wirkt, oder ob dies nicht gelingt, die Handlung demzufolge «böse» oder zerstörerisch wirkt.[186] Im Kontext der Freiheitsentwicklung des individuellen Menschen bedeutet dies, dass für eine Förderung des «Bösen» vor allem die Bewusstwerdung und die Ermöglichung von freien Willensbildungen bei einem selbst und/oder bei anderen Menschen verhindert, untergraben oder gar (zumindest für einen gewissen Zeitraum) zerstört werden müsste.

Vor diesem Hintergrund ist es von großer Tragweite, dass eine «böse» Handlung in diesem Sinne (das heißt in bewusster und freier Intendierung des «Bösen») *nicht* möglich ist. Denn für eine solche Willensbildung müsste aus der konkreten gegenwärtigen Situation entnommen werden können, was aktuell freiheitsvermindernd oder -zerstörend (eben «böse») wirkt, und diese Einsicht müsste dann direkt in den Motivinhalt einfließen. Durch diesen konkreten Bezug der Willensbildung auf die Wahrnehmungsinhalte des Handlungskontextes wird jedoch die Autonomie der Zielbildung untergraben, die rein intuitive (wahrnehmungsfreie) Form kann nicht mehr hergestellt werden, und damit wird die Willensbildung, also auch die Handlung, unfrei. Man kann sich also nicht in völliger Freiheit zum «Bösen» entschließen. Man kann dazu nur in unfreier Weise veranlasst oder genötigt werden.[187] Allerdings muss eine freie Tat auch nicht deshalb notwendigerweise «gut» werden, weil sie frei ist, und natürlich muss eine unfreie Handlung nicht deshalb «böse» werden, weil sie unfrei ist.

Wie bereits erwähnt, stellt sich das Problem von «gut» und «böse» im hier gemeinten Sinne nur im Kontext freien Handelns, mit anderen Worten: Die Beurteilung und Verarbeitung «guter» oder «böser» Handlungen muss innerhalb der Freiheitsentwicklung des Menschen untersucht werden.[188] Das kann unmittelbar zweierlei zur Konsequenz haben: erstens die (freiwillige) Übernahme der vollen (unbegrenzten) Verantwortung gegenüber den eigenen freien Handlungen, seien sie nun letztlich «böse» oder «gut», und zweitens die (freiwillige) Verpflichtung zum steten *Anstreben* von «guten» Handlungen. Beides ist allerdings letztlich Ausdruck der sich immer umfassender vom individuellen Menschen-Ich her verwirklichenden «Liebe zur Handlung» und bedarf in seinem Kern keiner zusätzlichen Intention oder Verpflichtung.[189] Denn diese Liebe richtet sich auf die Welt, insbesondere den Handlungskontext, und dient kraft ihrer Natur einer umfassenden Betätigung und Fähigkeitssteigerung sowohl der moralischen Phantasie als auch der moralischen Technik, im Hinblick auf eine möglichst harmonisch in den Weltenlauf einwirkende Handlung. Denn «was man *das Gute* nennt, ist nicht das, was der Mensch *soll*, sondern das, was er *will*, wenn er die volle wahre Menschennatur zur Entfaltung bringt».[190] Die volle wahre Menschennatur hat ihren zentralen Quell in der aktuell durch das intuitiv tätige Denken gereinigten Liebe. Was in ihrer Ausstrahlung geschieht, *kann* letztlich «gut» wirken (siehe dazu auch Abschnitt 9.2).[191]

Wie auch immer eine konkrete Handlung herauskommt, es bleibt meine Handlung, für deren unmittelbares Verwirklichen ich voll und für deren weiteres Wirken ich auf jeden Fall mitverantwortlich bin, da ich sie ja in die Welt gesetzt habe. Der «Wert des Lebens» kann dann «an dem Verhältnis des Erreichten zu dem Erstrebten»[192] bestimmt werden.

Mit der Ausbildung der moralischen Intuition und deren Weiterführung in die moralische Phantasie und Technik ist man bereits weit in die Dimensionen des geistigen Selbst eingedrungen, die nun genauer in Kapitel 5 untersucht werden sollen.

5. Das Selbst im aktuellen Denken: Denkendes Selbst oder geistige Individualität

5.1 Denkender Vorblick: Geistige Dimensionen des Selbst

Die *geistigen Dimensionen* des Selbst zeigen sich nicht unmittelbar und sofort, sie sind kein bloß Gegebenes wie die Dimensionen des leiblichen und seelischen Selbst, sondern müssen erst errungen, erarbeitet und entwickelt werden. Sie sind jedoch als zarte Keime auffindbar: Sie werfen ihren seelischen Schatten voraus und zeigen sich vermittels des durch die bewusste Seele ermöglichten reflexiven Nachblickes. Eine Vorbedingung für die Entfaltung dieser Keime ist die Pflege der Präsenz der geistigen Dimensionen des Selbst in der Form einer autonomen geistigen Aktivität, insbesondere in der Form *reiner Denkakte*, die sich einem mathematischen oder rein ideell-philosophischen Inhalt zuwenden. Es genügt, sich mit einem elementaren Inhalt zu beschäftigen, wie dem Mittelpunktgesetz des Kreises oder der allgemeinen Beziehung zwischen Teil und Ganzem. Entscheidend ist die Konzentration auf dasjenige, was allein durch die Eigentätigkeit offenbar wird, und nicht auf das, an was man sich bloß erinnert oder was einem dazu einfällt.[193]

Wird ein solcher aktueller Denkakt vollzogen, ist zunächst die Aufmerksamkeit ganz auf den Gegenstand des Denkens (Inhalte von Ideen) gerichtet und demzufolge kein Platz mehr für die Erfahrung der Denktätigkeit oder gar des denkenden Menschen selbst.

Für die konkrete Erfassung der geistigen Dimension des Selbst hilft die unscheinbare, aber für die Möglichkeit der Bewusstwerdung des Selbst fundamentale Tatsache der Beobachtbarkeit des Denkens und des Selbst weiter: Im Nachhinein, rückwirkend im Ausnahmezustand, kann denkend betrachtet werden, was eben gerade vollzogen wurde (Abschnitte 1.4, 2.3, 2.5, 2.6 und 4.2). Das aktuelle Denken hat Spuren (psychische Nachbilder) hinterlassen, die postaktuell analysierbar sind. Die Untersuchung dieser Spuren hinsichtlich der Denktätigkeit und des Selbst zeigt, dass tatsächlich eine Tätigkeit stattgefunden hat und diese unmittelbar als eigene Tätigkeit gewiss ist. Zumindest im Rahmen dieser Denkerfahrung ergibt sich kein empirisch zugänglicher Hinweis auf eine außerhalb des Selbst liegende Quelle der Denktätigkeit. Die konsequente Praktizierung des reflexiven Nachblicks führt auf folgendes Erkenntnisresultat: Die vom Selbst ausgehende Denktätigkeit bringt in sich selbst bestimmte Ideen zur tätigen Anschauung; das Selbst erscheint so als denkendes Selbst innerhalb eines dieses Selbst mit umfassenden Ideenkosmos.

Mit dem so gewonnenen Ergebnis kann nun die Blickrichtung von der nach rückwärts gerichteten reflexiven Einstellung (reflexiver Nachblick) auf die nach vorne gerichtete produktive Gegenwärtigkeit (produktiver Vorblick) umgewendet werden. Das zunächst in ideeller Form festgehaltene Ergebnis über die Struktur des Denkens kann, als eine die Aufmerksamkeit leitende Orientierung, für ein gegenwärtiges Erfassen der Denkaktivität fruchtbar gemacht werden (Abschnitt 4.2). Damit wird der Geist nicht nur im seelischen Nachbild (im Rahmen des Ausnahmezustandes), sondern auch in aktueller Gegenwart (im Rahmen des Intuitionszustandes) zugänglich.[194]

Mit diesem neuen Ausblick eröffnen sich zugleich zwei Einsichten: die Bedeutung der Organisation für den Weg bis zum Erwachen zum Geist und die zukünftige Fruchtbarmachung des Geistes für diese Organisation. Das ist Thema des folgenden Abschnitts.

5.2 Gestaltender Vorblick: Von der Selbstbestimmung zur Selbstgestaltung

Die bisherigen Untersuchungen zur Gliederung des Menschenwesens (Kapitel 3) beruhen auf Erkenntnissen über etwas Gegebenes oder Ablaufendes, kurz: auf Feststellungen von Tatsachen oder Prozessen. Im Hinblick auf die in diesem Kapitel zu entwickelnde Ich-Perspektive könnte man mit Blick auf das Bisherige von einer Anthropologie des *inkarnierten* (im Kontrast zum sich *inkarnierenden*) Ich sprechen, von einer Anthropologie, welche die *manifesten* (im Kontrast zu den *manifestativen*) Ausdrucksformen des Ich aufsucht.[195]

Der Aufstieg von der Leib-Erfahrung zur Bewusstwerdung über Struktur und Funktion des Seelenlebens bis hin zum geistbewussten Selbst (Abschnitt 5.3) ist ein Weg zum zu sich selbst erwachenden Selbst, das sich vom Miterleben und Anschauen von Abläufen zum Selbstvollzug, zur aktuellen Geistesgegenwart weiterentwickelt.

Hier liegt der Scheitelpunkt des bisherigen und zugleich der maßgebende Anfang eines neuen und anderen Weges. Zunächst erscheint einem dabei die menschliche Organisation in einem veränderten Licht: Sie ist nicht nur eine Erschwerung und eventuelle Behinderung des Weges zum selbstbewussten Ich, sondern dessen notwendige Vorbedingung, dessen unabdingbare Ermöglichungsgrundlage. Mit anderen Worten: Diese Organisation ist ein Geschenk an den werdenden Menschen zur Bewusstwerdung seines Geistes als selbstbestimmtes und sich selbst und anderes gestaltendes Wesen, kurz zu seiner Ich-Werdung. Dadurch erweist sie sich zugleich als grundlegend verwandt mit diesem Wesenszentrum des Menschen: Sie ist die zum innersten Ich gehörende und von diesem nicht trennbare äußere Umgebung.

Dies bedeutet, dass der Mensch auch bezüglich der Bewusstwerdung und Handhabung der Funktion seiner Organisation ganz am Anfang steht. Sie muss erst zu dem gemacht werden, was sie sein kann: Grundlage des sich selbst gestaltenden, des sich inkarnierenden Ich. In diesen Gestaltungsprozess ist sie dann selbst einbezogen: Sie ist kein gegebenes Instrument mehr, das der weiteren Entwicklung bloß dienen kann, nein, ihre Verwandlung, ihre Ergreifung, ihre Durch-Ichung *ist* die Entwicklung des Menschenwesen.

Das geistbewusste Selbst ist das zu sich selbst erwachte Selbst. Es erarbeitet sich eine Einsicht in seinen seelischen Ursprung, in seine dort hinterlassenen Spuren (seelische Beobachtungen des tätigen Selbst) und gibt damit seiner Vergangenheit eine neue Weihe als Ermöglichung der Zukunft. Es zeigt sich, dass alle Dimensionen des Selbst solche nur sein können im Hinblick auf das individuelle Menschen-Ich: Die leiblichen, seelischen und geistigen Dimensionen des Selbst sind Manifestationen des Ich. Das Ich selbst ist keine Manifestation, sondern ein sich in diesen Dimensionen des Selbst Manifestierendes: Ohne Ich gibt es auch keine Manifestationen.

Damit bewegt sich der seiner selbst sich bewusst werdende Mensch, ermöglicht durch die Organisation, zunächst aus dieser heraus, um sie danach umso tiefer und gründlicher selbst ergreifen, selbst gestalten zu können. Dem Aufstieg zum Geist muss ein Abstieg, oder besser: Einstieg in die Organisation folgen, ein Hineintragen des bewussten Geistes in Seele, Leben und Leib.

Im Folgenden werden daher nicht eigentlich feststehende Tatsachen beschrieben, sondern Aktionen, Verwirklichungen und Aufgaben.

5.3 Geistbewusstes Selbst: Von der Selbstbewusstwerdung zur Selbstintuition

Gleich im ersten Absatz von Kapitel VIII des Werkes *Die Philosophie der Freiheit* wird auf verschiedene Schichten der Selbstwahrnehmung hingewiesen und mit dem Erleben des Denkens ein tätiges Selbst ins Auge gefasst. Das Aufkeimen einer über das seelische Selbst hinausgehenden weiteren Dimension des Selbst wird dort zumindest angedeutet: Durch die «gedankliche Beziehung [...] führen wir ein rein ideelles Dasein. Wir fühlen [das heißt hier: erleben] uns durch sie als denkende Wesen.»[196]

Mit dem Übergang von der Beobachtungsbewusstwerdung zur intuitiven Bewusstwerdung des Denkens (Abschnitt 4.2)[197] im «Zusatz zur Neuauflage 1918» des Kapitels VIII wird die sich dem Weltgeschehen hingebende Kraft des Denkens zum zentralen Erlebnis: «Dieses Untertauchen geschieht mit einer in der Denkbetätigung selbst dahinfließenden Kraft, welche Kraft der Liebe in geistiger Art ist.» Hier erlebt und erfasst sich der Mensch aktuell als ein in liebender Hingabe denkendes Wesen und gibt sich zugleich selbst die Bestimmung des sich der Ideen- und Erfahrungswelt zuwendenden Denkens: Der erkennende Weg der Aufklärung des Denkens ist an seinem Höhepunkt angelangt und wendet sich um in den handelnden Weg zur Freiheit.[198] Bisheriges Vorstellen,

Fühlen und Wollen und damit das ganze gegebene seelische Selbst erscheinen nun in einem neuen Licht. Sie werden im intuitiven Denken in doppeltem Sinne aufgehoben, das heißt bewahrt und erhöht: «Wer nämlich zum *wesenhaften* Denken sich *hin*wendet, der findet in demselben sowohl Gefühl wie Willen, die Letzteren auch in den Tiefen ihrer Wirklichkeit [...].»[199] Denn erstens wird, von der Warte des erlebten tätigen Denkens aus, die spezifische Natur des gewöhnlichen Fühlens, Wollens (und Vorstellens), das heißt die Komponenten und Dimensionen des *seelischen Selbst*, in ihren ideellen (denkbaren) Gesetzmäßigkeiten durchschaut und in ihrer Wirklichkeit erkannt (Kapitel 3); zweitens werden *innerhalb* dieses Denkens die geistigen Erlebnisformen derselben zum aktiven Ausdruck gebracht: tätige Liebe und freies Wollen, oder genauer: die *geistigen* Dimensionen des Selbst (siehe dazu weiter unten).

Demnach erfordert die neue Perspektive auf das Denken auch eine neue Perspektive auf das Selbst. Dieses kann nun nicht mehr bloß *mit* dem Denken angeschaut oder erwartet werden, sondern muss *im* aktuellen Denken hervorgebracht, das heißt aktiv zur Erscheinung gebracht werden. Diese Einsicht ist verbunden mit einer radikalen Umstülpung des bisherigen Gesichtspunktes auf das leiblich-seelische Selbst, hier «leiblich-seelische Organisation» genannt, auf welche Steiner in der Fortführung des genannten Zusatzes zur Neuauflage von 1918 in den ersten sechs Abschnitten von Kapitel IX zu sprechen kommt. Diese leiblich-seelische Organisation geht nun nicht einfach in eine geistige Organisation über – im Gegenteil, die geistige Organisation des Denkens erlebt und entwickelt sich nur in Auseinandersetzung, ja im Ringen mit der leiblich-seelischen Organisation, diese damit ordnend und zurückdrängend.[200] Die leiblich-seelische Organisation dient

einer fortgesetzten Bewusstwerdung und Stärkung des individuellen Denkens. Mit anderen Worten: Mit dem Auftreten
des tätigen Denkens werden bloß gegebene seelische Bewusstseinsinhalte (wie Gefühle, Vorstellungen, Willensimpulse) an
die Seite gedrängt, ja gebändigt, um den damit auftretenden
geistigen Erfahrungen (Denkinhalt und Denktätigkeit) Platz
zu machen. Hier muss beachtet werden, dass kein Scheinge-
gensatz zwischen dieser Organisation und dem sie bearbei-
tenden denkenden Selbst aufgebaut wird. Die Organisation
kann die geschilderten Funktionen nur deshalb übernehmen,
weil sie die dem tätigen Selbst zugehörige äußere Hülle, die
Ermöglichungsumgebung seiner Bewusstwerdung ist. Und
genau an dieser Stelle wird auf ein im Denken mit anwesendes
geistiges Selbst oder Ich hingewiesen: «Dem Wesenhaften,
das im Denken wirkt, obliegt ein Doppeltes: Erstens drängt
es die menschliche Organisation in deren eigener Tätigkeit
zurück, und zweitens setzt es sich selbst an deren Stelle.»[201]
Dieses Wesenhafte kann zunächst als die mit der Intuition des
Denkens zusammen sich erschließende Dimension der Intuition des Selbst bestimmt werden.

Aber bevor dieser Schritt möglich wird, muss erst die der
beobachtenden Denkbewusstwerdung entsprechende Selbstbewusstwerdung entwickelt worden sein (Abschnitte 2.5, 2.6).
So wie die Denkbewusstwerdung, so wird auch die Selbstbewusstwerdung (bei Steiner «Ich-Bewusstsein»[202] genannt)
durch die leiblich-seelische Organisation ermöglicht, und
zwar aufgrund von Beobachtungen des Denkens[203] bzw. des
Selbst,[204] die in der Form von «Gegenbildern» oder «Spuren» in dieser Leibesorganisation bewahrt und damit als Vorbedingungen der Bewusstwerdung zur Verfügung stehen. Die
Inhalte der Beobachtungen des Selbst umfassen die Erfahrungen, dass der sein vergangenes Denken beobachtende Mensch

immer weiß, dass er gedacht hat, dass er sich in diesem Denken aufgehalten und es hervorgebracht hat, sowie dass er mit keiner anderen Tätigkeit so unmittelbar verbunden (gewesen) ist wie mit seinem aktiven Denken – und dieses deshalb nicht wie ein gegebener Gegenstand bloß betrachtet, das heißt beobachtet werden kann.

Die durch die dienende Funktion der leiblich-seelischen Organisation ermöglichte beobachtende Selbstbewusstwerdung im Sinne einer denkenden Verarbeitung der Beobachtungen des Selbst ist jedoch nicht zu verwechseln mit dem nun anstehenden Schritt zur Dimension der *intuitiven Erfahrung* des Selbst (bei Steiner «wirkliches ‹Ich›»[205] genannt) innerhalb der Intuition des Denkens. Die Form des intuitiven Denkens für die intuitive Erfahrung des Selbst ist von weittragender Bedeutung. Kraft der Eigenschaften dieses Denkens (Selbstbestimmtheit, Reinheit: keine Fremdbestimmungen durch leibliche und/oder seelische Ereignisse, siehe Kapitel 1 und 4) teilt auch das intuitiv erfasste Selbst diese Kennzeichen. Das in seiner intuitiven Form erlebte Selbst bedarf der direkten und unmittelbaren Mitwirkung der leiblich-seelischen Organisation nicht mehr – im Gegenteil, es verstärkt sich gerade dadurch, dass es sich mit dieser Organisation auseinandersetzt, sie überwindet und sich dadurch von ihr befreit – wodurch es Kraft gewinnt und steigert, welche sie dann in einer bewussten, gestaltenden und verwandelnden Auseinandersetzung mit dieser Organisation wieder einsetzen kann. Diese Dimension des Selbst offenbart sich in einem dem intuitiven Denken immanenten Erleben des eigenwirksamen Prinzips, des individuellen Ich, welches sich selbst aufrechtzuerhalten und das Denken zu verwirklichen vermag.

Die leiblich-seelische Organisation hat demnach für das aktuelle Denken eine die Beobachtungs-Bewusstwerdung ermöglichende und keine das Denken in seinem aktuellen Dasein in irgendeiner Weise unmittelbar bestimmende oder einschränkende Form. Denn die Entstehung der «Spuren im Leibesorganismus» sind *Folgen* des Auftretens des tätigen Denkens – und nicht umgekehrt. Das zeigt sich daran, dass sich in den Beobachtungen eines früher vollzogenen Denkaktes sehr wohl konkrete Informationen zum Prozess und zum Inhalt dieses vergangenen Denkens finden lassen (als Grundlage einer beobachtenden Bewusstwerdung dieses Aktes), jedoch dieselben für einen aktuellen Akt keine unmittelbar bewirkende oder bestimmende, sondern bestenfalls eine anregende oder veranlassende Funktion haben.[206] Eine *mittelbar* bestimmende Funktion haben sie nur dann, wenn sie zum Gegenstand einer denkenden Untersuchung im Sinne des Ausnahmezustandes (Abschnitte 1.1, 1.4, 2.3, 2.5, 2.6) gemacht werden.

Woran zeigt sich, dass es das im Denken wirkende Ich oder geistige Selbst ist, welches «das *Erscheinen* des Denkens vorbereitet», und nicht einfach das Denken selbst? Zunächst einmal bringen sich die beiden Funktionen des «Wesenhaften, das im Denken wirkt», nämlich einerseits die Zurückdrängung des leiblich-seelischen Organismus (das heißt konkret die Zurückdrängung der Körpererlebnisse, der Sinneswahrnehmungen sowie der seelischen Zuständen wie Gefühle, Vorstellungen und Willensimpulse) und andererseits das Auftreten des Denkens, das heißt der Denkinhalte, nicht in einem zeitlichen Hintereinander zum Ausdruck, sondern gleichzeitig. Zweitens ist das aktuelle und intuitiv erfasste Denken kein durch sich selbst bewirktes Ereignis: Es tritt nicht *für* den Denkenden einfach auf, sondern der Denkende erlebt sich tätig *in* seinem Denken als das dieses bewirkende Agens. Drittens ist das Zurückdrängen der leiblich-seelischen

Organisation eine notwendige *allgemeine* Vorbedingung für das Auftreten *spezifischer* Denkinhalte und -prozesse, ist also ein Ausdruck des spezifische Denkakte hervorbringenden *allgemeinen* Ursprungs *aller* Denkakte *eines* Menschen und kein spezifisches Kennzeichen eines einzelnen Denkaktes. Die charakteristischen Merkmale des spezifischen Denkaktes schlagen sich dann in den übrig bleibenden Spuren im Rahmen dieser Organisation nieder, nachdem das spezifische Denken sich an die Stelle der durch die Organisation bedingten Bewusstseinsinhalte gesetzt hat.

Das Bisherige zusammenfassend, ergibt sich: Das sich *im* aktuell tätigen Denken erlebende, findende und darin erfassende Selbst ist der zentrale Aspekt des hier so genannten *geistbewussten Selbst*, der ersten Dimension des *geistigen Selbst* (siehe die Übersicht in Tabelle 4, Abschnitt 5.7). Diese Dimension markiert den Beginn einer Umstülpung oder Umkehrung des Daseins in einem im Einzelnen unabsehbaren Ausmaß: Der Mensch findet in seinem Denken etwas vor, was für ihn nicht mehr bloß auftritt, sondern was er wirkend selbst *ist* und *wird* und immer wieder neu *werdend hervorbringen* kann. Bevor es zu diesem Erleben in aller Klarheit kommt, ermöglicht ihm die leiblich-seelische Organisation zunächst eine reflexive Selbstbewusstwerdung. Allerdings kann eine solche Reflexion keine aktuelle, im Element der Selbsttätigkeit sich vollziehende Bewusstwerdung liefern. Aber die Selbstreflexion eröffnet und ermöglicht ihm, im Rückblick, in einem ersten Schritt eine Einsicht in den Charakter der durch das denkende Selbst hervorgebrachten Denkakte (bewusstes Selbst) als höchste Dimension des seelischen Selbst (Abschnitte 2.5, 2.6).

Die im Ausnahmezustand bezüglich der Selbstbeobachtung des denkenden Selbst gewonnenen Ergebnisse umfassen nun konkret die Einsicht, dass die Ideen anschauende Tätigkeit einem diese Tätigkeit hervorbringenden (nicht: dieser Tätigkeit unterliegenden) Selbst entspringt: Tätiges Denken ist kein Ereignis für das denkende Selbst, sondern ein *Vollzug* desselben. Diese zunächst theoretisch-spekulative Einsicht aus dem Rückblick auf vergangene Denkakte ist die notwendige Vorbedingung einer *aktuellen* Erfassung des Selbst im tätigen Denken. Diese reflexive Vorbereitung erlaubt es, den Fokus der aktuellen Aufmerksamkeit *im* tätigen Denken auf dessen eigene Tätigkeit, ausgehend von den aktuell angeschauten Inhalten, *auszuweiten*. Sobald dies geschieht, wird die ursprünglich seelische, also bloß reflexive Selbstbewusstwerdung (oder «Ich-Bewusstsein»[207]) aufgehoben, also bewahrt und zugleich auf eine höhere Stufe gehoben, nämlich diejenige, die auf Erfahrungen des aktuell-tätigen Denkens und nicht bloß auf Reflexion von Erfahrungen des vergangenen Denkens beruht, also auf die Stufe des aktuell *geistbewussten Selbst*. In Steiners Worten lautet das so: «Durch die Leibesorganisation entsteht also das Ich-Bewusstsein. Man verwechsle das aber nicht etwa mit der Behauptung, dass das einmal entstandene Ich-Bewusstsein von der Leibesorganisation abhängig bleibe. Einmal entstanden, wird es in das Denken aufgenommen und teilt fortan dessen geistige Wesenheit.»[208]

Nun zu den Konsequenzen: Für die *Erkenntnisfunktionen des geistbewussten Selbst* bedeutet dies, dass sich ein unmittelbarer Zugang zum Gehalt der Gesetzmäßigkeiten des Weltgeschehens auftut (epistemische Intuition). Man erlebt am in sich notwendigen, eigenseienden und beständigen Ideengehalt der Welt dessen Potenz, die Quelle für die konstitutiven Gesetze des Weltgeschehens zu sein (Abschnitte 4.3 und 4.4). – Die Erkenntnisfunktionen des geistbewussten Selbst umfassen also die Vermittlung eines aktuell-tätigen Anschauens von eigenständig seienden Erfahrungsinhalten (Ideen, Gesetze) durch epistemische Intuition, die der Erkenntnis der ideellen Konstitution von Welt und Mensch dient.

Dies hat ebenfalls Konsequenzen für die *Handlungsfunktionen des geistbewussten Selbst*: Durch das aktuelle Erleben des ideell-universellen Gehaltes der individuell gefassten Handlungsziele (moralische Intuitionen) fühlt man sich grundsätzlich in das übrige Weltgeschehen eingebettet (Abschnitte 4.6 und 4.7). Man handelt aus denselben Quellen heraus, aus denen auch die gegebene Welt der Form nach gestaltet wurde und wird (epistemische Intuitionen). Hieraus erwächst der allgemeine Wunsch, diesen umfassenden Prinzipien in seinem individuellen Handeln immer gerechter werden zu können.

Denn die reine Intuition des Denkens ist kein Selbstzweck, sie ist ein *Durchgangspunkt*, eine den Boden der Freiheit bereitende Bewusstwerdung des aktuellen denkenden Selbst. Die Intuition sowohl des Wesens des Denkens im Sinne einer in geistiger Hingabe Ideen anschauenden Tätigkeit als auch des Quells dieser Denktätigkeit, des eigenen Ich, bildet zugleich die lebensvolle und systematische Grundlage für das Erlebnis bzw. die Bestimmung freien Handelns. Dieses Handeln hat seinen zentralen Ursprung (nicht: sein Ziel) in der *moralischen Intuition*, das heißt in der auf die Verwirklichung in einer Tat hingerichteten reinen Ideenbildung.[209] Mit diesem Ausgangspunkt eröffnet sich der weittragende und bedeutsame Bereich verschiedener Individualisierungen der moralischen Intuition, wie bereits in Abschnitt 4.7 ausgeführt wurde. Es ist bereits der in Form von moralischen Intuitionen anwesende Strauß von Ideen, die «Summe der in uns wirksamen Ideen» dasjenige, was den handelnden Menschen individuell macht, «was bei aller Allgemeinheit der Ideenwelt in jedem Menschen individuell geartet ist».[210] Damit das überhaupt stattfindet, muss die *Fähigkeit* zur moralischen Intuition entwickelt, das heißt ausgeweitet und vertieft werden.[211] Hier reift die Einsicht, dass dies ohne eine Auseinandersetzung mit der leiblich-seelischen Organisation und ihre Einbeziehung nicht möglich ist.[212] Es geht letztlich nicht darum, diese Organisation bloß zurück-zudrängen oder hinter sich zu lassen, sondern sie in den Pro-zess der Entwicklung moralischer Intuitionen einzubeziehen, sie mitzunehmen und dadurch zu verwandeln. Dadurch erst kann der Mensch *als Ganzes* zum Individuum werden. Hier wird nun die schrittweise im Kapitel IX vollzogene Umdeu-tung des Ausdrucks «Individualität» durch Steiner mit aller Schärfe offenbar. Während im Kapitel VI «Individualität» bloß seelische Dimensionen umfasste, werden diese Dimensi-onen hier in einem völlig anderen Licht betrachtet; individu-ell ist man nun nicht mehr als vorstellender, fühlender oder spontan wollender Mensch, auch nicht als bloß denkender Mensch, sondern als ein sein intuitives Denken *in* seine leib-lich-seelische Organisation *hineintragender* Mensch.[213] Hier deutet sich schon die nächste Dimension des geistigen Selbst, das *verwandelnde Selbst*, an und damit ein weiterer Schritt der Individualisierung der moralischen Intuition, der zunächst in der «moralischen Phantasie» kulminiert (Abschnitt 4.8 und 5.4).

Die *Bewusstwerdung des eigenen Wesenszentrums*, des indi-viduellen Menschen-Ich, ist Teil der intuitiven Erfahrung des Denkens. Innerhalb des tätigen Denkens zeigt sich das Ich als eigenständiges Tätigkeitszentrum, als Quell der Denktätigkeit, und offenbart dadurch zugleich die universelle Komponente seines Daseins in der Form des universellen Ich-Gesetzes. Ein Ich ist ein sich selbst und das Denken verwirklichendes ewig-lebendiges Prinzip. Denn es bringt das Denken seiner Tätigkeit nach hervor. Nur seine Bewusstwerdung, nicht jedoch sein Sein ist von diesem abhängig.

Die *Gemeinschaftsbildung* ist auf dieser Stufe des geistigen Selbst in erster Linie ein Prozess der gemeinsamen Ideenbildung, der Schaffung eigener Regeln und Umgangsformen, das heißt ein Sich-Finden verschiedener Individuen in der Verarbeitung unterschiedlicher Ziele zu einem gemeinsam erarbeiteten Ziel.[214] Nur ein solches darf mit Berechtigung ein Ziel der Gemeinschaft genannt werden. Dabei spielt die Ausbildung der sozialen Sinne, des Ideensinnes und des Ichsinnes, eine zentrale Rolle.[215] Die Begegnung mit anderen Menschen beruht auf einer anerkennenden Erfassung des anderen in seiner Selbstbestimmungsfähigkeit und findet für die geistbewusste Dimension des Selbst in erster Linie über einen konkreten *Austausch* im Ideenbereich statt, indem man sich nicht bloß als grundsätzlich ideenbildende Menschen zur Kenntnis nimmt, sondern sowohl die selbst hervorgebrachten Ziele den beteiligten Menschen der Gemeinschaft konkret und verständlich *mitteilt*, als auch sich auf die spezifischen Ideen derselben *einlässt*. Auch dies weist bereits über die Dimension des geistbewussten Selbst hinaus zum *verwandelnden Selbst*.

Eine Handlung oder ein Teilaspekt einer solchen wird insofern als frei erlebt, als sie bzw. er aus denkender Zielbildung hervorgeht.[216] Das Zentrum des Freiheitserlebnisses des geistbewussten Selbst liegt demnach im Ursprung des Freiheitsimpulses, im Bewusstwerden der moralischen Intuition.

Diese Einsicht in die eigene Freiheitsfähigkeit ermöglicht zugleich das berechtigte *Vertrauen* in die grundsätzliche Freiheitsfähigkeit jedes anderen Menschen[217] und damit in die konkrete Möglichkeit freier Gemeinschafsbildung mit anderen Menschen, das heißt mit anderen potenziell moralisch individuellen Menschen.[218]

Zusammenfassung: Von seiner Eigenaktivität erfährt das Selbst in konturierter Form erst im Nachblick auf einen reinen Denkakt. Hier kann es durch Selbstreflexion feststellen, aufgrund der empfangenen Beobachtungen des Denkens und seines Selbst: Ich habe gedacht (Selbst-Bewusstwerdung auf Beobachtungsgrundlage). Von da aus kann es eine Idee des Ich bilden: Mein Ich ist ein sich selbst und anderes, insbesondere mein Denken, verwirklichendes Prinzip. Darauf aufbauend kann es seine Aufmerksamkeit ausweiten auf ein gegenwärtig bewusstes Miterleben seiner Tätigkeit im tätigen Anschauen oder tätigen Aufnehmen von Ideen (epistemische Intuition). Allerdings ruht seine Aufmerksamkeit dabei in erster Linie auf dem Charakter der Letzteren. Im Ausbilden der auf reinen Gedanken beruhenden moralischen Intuition (freie Motive, Ziele, Ideale in Form von reinen Ideen) schafft sich das Selbst Zukunftskeime, für deren Realisierung es einen Anfang setzen kann. Es wird sich der Verantwortung gegenüber den Folgen seines eigenen (freien) Denkens und Handelns bewusst. Diese Arbeit bedarf, zumindest vorübergehend, des seelischen Gleichgewichts. Deshalb richtet sich die Aufmerksamkeit des geistbewussten und aktuell tätigen Selbst auch auf die Ordnung des Seelenlebens, etwa durch aktiven Ausgleich von Gegensätzen (zum Beispiel auf die Ausbildung des Mutes zwischen Feigheit und Tollkühnheit).

Auf das Wesentliche konzentriert, zeigt sich, dass im Zentrum des *geistbewussten Selbst*, der ersten Dimension des *geistigen Selbst*, die Praxis intuitiven Denkens zusammen mit der Intuition des Denkens selbst steht. Von diesem Angelpunkt oder von diesem Quellort aus wird alles Übrige betrachtet und *in* dieser Tätigkeit findet es sich selbst. Mit und in dieser Tätigkeit findet es sowohl seine universellen Erkenntnisideen als auch die individuellen Ziele seines Handelns[219] als Grundlagen der Gemeinschaftsbildung und Selbstentwicklung.

Kompositorisch interessant ist die Tatsache, dass Steiner

in Kapitel IX seines Werkes *Die Philosophie der Freiheit* alle weiteren geistigen Dimensionen des Selbst zumindest andeutet, welche dann in den folgenden Kapiteln (zum Teil) weiter ausgeführt und vertieft werden.

5.4 Tätig-hingebendes und sich verwandelndes Selbst

Richtet sich der innere Blick auf den *Ursprung* der Freiheit, auf ihre *Verankerung* im intuitiven Denken, so handelt es sich um den Gesichtspunkt des *geistbewussten Selbst*. Eine weitere Dimension wird sichtbar, wenn darüber hinaus die tätige Aufmerksamkeit auf und Hingabe an die *konkrete* Vereinigung der individuellen Zielbildung mit der konkreten Konstitution des diese bildenden Gesamtmenschen einerseits und mit dem spezifisch erfassten Weltbereich, auf den sich diese Ziele richten, andererseits ins Auge gefasst wird. Diese Dimension des geistigen Selbst soll *verwandelndes Selbst* genannt werden (siehe die Übersicht in Tabelle 4, Abschnitt 5.7). Zentrale Anknüpfungspunkte dieser weiteren Stufe des Selbst – das ebenso wie das geistbewusste Selbst nicht einfach vorgefunden und angeschaut werden kann, sondern aus zarten Keimen überhaupt erst entwickelt werden muss – sind die *aktiv-liebende* Zuwendung des erkennenden Denkens zur Welt[220] und die Selbstfindung im intuitiven Denken auf der Grundlage einer Auseinandersetzung mit der leiblich-seelischen Organisation.[221]

Die *Erkenntnisfunktionen des verwandelnden Selbst* ermöglichen anhand des Vorbildes des Erlebens des eigenen Denkens das aktuelle anschauende Erleben und Bewusstwerden eines durch Tätigkeit anwesenden Prinzips und insbesondere die Erweiterung dieses anschauenden Erlebens auf die übrige

Welt. In dieser Anschauung zeigt sich das eigene Wesen in seiner lichten Klarheit, in seiner Potenz zur erkennenden Hingabe an das außerhalb seiner selbst Angeschaute und in seiner Fähigkeit zur aufmerksamen und gewollten Begegnung mit anderem, in der die *Möglichkeit* liegt, auch anderer wirksamer Wesen inne zu werden. Die für die Erkenntnisfunktion des verwandelnden Selbst charakteristische *epistemische Phantasie* umfasst die hingebungsvolle Suche nach den wirksamen gesetzmäßigen Ursprüngen, den Urbildern oder Urbildnern, der Welterscheinungen (epistemische Phantasie im weiteren Sinne) und nach deren konkreter durch die epistemische Intuition geleitete individualisierte Verbindung mit dem gegenwärtigen Weltgeschehen (epistemische Phantasie im engeren Sinne).

Im Bereich der *Handlungsfunktionen des verwandelnden Selbst* wird vermöge der moralischen Intuition die geistige Liebe in der erkennenden Weltzuwendung ausgedehnt auf eine Liebe zur Tat, eine aktive Hingabe in handelnder Weltzuwendung. Es ist aber eine Sache, sich im Ursprung des Freiheitsimpulses (also nicht in bloßen Absichten oder Vorstellungen) zu bewegen – wie im geistbewussten Selbst (Abschnitt 5.3) –, und eine weitere Sache, diese Impulse in voller Bewusstheit und Differenziertheit bis ins konkrete Leben zu tragen, ohne die ideelle und die individuelle Ursprungsgewissheit zu verlieren. Während beim geistbewussten Selbst das Hauptaugenmerk auf der vom individuellen Ursprung zur Welt gerichteten Zuwendung überhaupt lag, steht nun beim verwandelnden Selbst die Ausarbeitung, Konkretisierung und Vertiefung dieser Zuwendung im Vordergrund, nämlich die Fortentwicklung und Spezifizierung der individuellen moralischen Impulse (moralische Intuitionen) sowohl für den harmonischen Zusammenhang mit der vorliegenden und dem handelnden Menschen begegnenden Natur als auch mit den in das Handeln einbezogenen anderen Menschen.[222] Mit diesem konkreten Sich-Einlassen wird eine Bewusstwerdung einer *Verantwortung* für die Gegenwart und die Zukunft des eigenen Tuns in Gang gesetzt. Dazu gehört die Einsicht, dass sogar im Ursprung freie Taten in ihren Wirkungen nicht notwendigerweise, weil sie frei sind, in einem passenden, harmonischen oder «guten» Zusammenhang mit der Welt und einem selbst stehen müssen (Abschnitt 4.9). Die Realisierung der eigenen Freiheit enthebt einen nicht einer Auseinandersetzung um «gut» und «böse» – nicht im Rahmen der Motivinhalte, die als intuitive Ideen jenseits dieser Unterscheidung stehen, sondern im Rahmen der Handlungsfolgen für Welt und Mensch. Aufgrund eingeschränkter Erkenntnisperspektiven und das Geschehen beeinflussender freier Handlungen anderer Menschen, kann in der Regel die «Güte» einer Handlung weder theoretisch in der Zielbildungsphase noch praktisch in der Durchführung hinreichend beurteilt werden: Es stellt sich erst im weiteren Verlauf des durch eine individuelle Handlung gestalteten Weltgeschehens heraus, welche Qualität sie hat.[223]

Spätestens an dieser Stelle eröffnet sich eine *Entwicklungsperspektive* auf den *ganzen* Menschen.[224] Im Gegensatz zur vorfindbaren Natur sind bei ihm Wahrnehmung und Idee nicht bloß für die erkennende Bewusstwerdung getrennt und werden in ihm vereinigt, sondern die wahrnehmbare Realität des freien Geistes muss überhaupt erst geschaffen, hervorgebracht werden: «Die Summe seines Daseins ist nicht ohne ihn [das heißt den Menschen] selbst bestimmt; sein wahrer Begriff [Idee] als *sittlicher* Mensch (freier Geist) ist mit dem Wahrnehmungsgebilde ‹Mensch› nicht im Voraus objektiv vereinigt, um bloß nachher durch die Erkenntnis festgestellt zu werden.» Der Mensch überwindet diese Grenze, diese

Schwelle zwischen Wahrnehmung und Idee (Begriff) «im Laufe seiner Entwicklung, indem er in seiner Erscheinung seinen Begriff zur Ausgestaltung bringt [...] durch die tatsächliche Verwirklichung des freien Geistes».[225] Dazu gehört, dass der Mensch sein Potenzial, neue aktuell (nicht: universell) gültige «Normen» zu schaffen, individuell ausschöpft.[226]

Die *Bewusstwerdung des eigenen Wesenszentrums* dehnt sich aus über die im intuitiven Denken erlebbare Ich-Präsenz auf die bis in das konkrete Handeln reichende ewig-lebendige Quellkraft der Liebe. Denn diese urständet selbst im Ich, jede Hinwendung des Ich zur Welt hat hier ihren Kraft-Ursprung. Das Menschen-Ich ist mehr als Denkkraft, mehr als Handeln: Es schöpft aktuell aus der jenseits von endlich und unendlich angesiedelten Potenz seiner Liebe.

Allein, für sich selbst, frei zu sein ist noch kein hinreichender Boden für eine umfassende Weiterentwicklung des *ganzen* Menschen – ganz abgesehen von der Unfruchtbarkeit eines mehr oder weniger isolierten Daseins. Die Auseinandersetzung, die freie *Gemeinschaftsbildung* mit anderen sich zur Freiheit emporringenden Menschen ist ein zentraler, auf Gegenseitigkeit angelegter Entwicklungsfaktor.[227] Allerdings geht es in diesem Zusammenhang nicht mehr bloß um eine Auseinandersetzung mit der Idee des Menschseins und der Freiheit im Allgemeinen, sondern um ein Sich-Einlassen auf, ein Sich-Hingeben an ein empfangendes Aufnehmen der konkreten, spezifischen und nicht bloß ideell-gedanklichen Ausdrucksweisen anderer Menschen in ihrer jeweiligen Besonderheit.[228]

Wie kann dies nun alles konkret in Gang gesetzt, in die Verwirklichung gebracht werden? Dazu bedarf es der Ausbildung einer besonderen Fähigkeit, welche in der Lage ist, die allgemeinen Handlungsintuitionen in ein reichhaltiges und differenziertes Spektrum an Umsetzungs- und Übungsmöglichkeiten umzuwandeln: die *moralische Phantasie* (Abschnitt 4.8).[229] Sie ist die Grundlage und zugleich das Instrument jeder aktuell schöpferischen (und nicht bloß absichtsvollen) Kraft;[230] sie liegt jeder Handlung zugrunde, in der wirklich das gewollt und auch konkret getan wird, was das Selbst aus sich heraus intuitiv und in geistig liebender Hingabe will.[231]

Die Entwicklung eines solchen Handelns ruft auch nach Konsequenzen für das Seelenleben. Es kommt darauf an, die freien Impulse bis dorthin zu tragen, das heißt den leiblich-seelischen Organismus und damit den vollen Menschen mit Freiheit, mit selbst gestalteter Ordnung zu durchleuchten.[232]

Im Kapitel XIII wird eine seelische Standortbestimmung angeregt und zugleich ein konkreter Weg aufgezeigt, wie aus seelischen Gegebenheiten heraus, an sie anknüpfend, ein Weg zu Befreiung und Freiheit durchschritten werden kann.[233] Hier findet sich auch eine dramatische Ausweitung des Potenzials der moralischen Phantasie, die sich bereits früher abzeichnete,[234] jetzt aber ohne Umschweife genannt wird: moralische Phantasie als umfassende Fähigkeit zur Hervorbringung (Suche, Entfaltung, Auswahl) moralischer Intuitionen – nicht mehr «nur» zur Individualisierung derselben.[235] Dies führt jedoch bereits über die Dimension des *verwandelnden Selbst* hinaus, und damit in eine weitere Dimension des geistigen Selbst, das *weltgestaltende Selbst* (Abschnitt 5.5; siehe die Übersicht in Tabelle 4, Abschnitt 5.7).

Zusammenfassung: Das sich tätig-hingebende und verwandelnde Selbst weiß sich im Tätigsein verbunden mit den Gesetzmäßigkeiten des Seins (in Form von aktuell angeschauten Ideen) und mit seinem eigenen Ursprung, dem individuellen und ewig-lebendigen Ich. Es schöpft mit der moralischen

Phantasie seine Handlungsimpulse aus dem Ideengehalt der Welt und individualisiert seine Tätigkeiten gemäß den tätigen Mitmenschen und den vorliegenden Weltentatsachen. Es übernimmt Verantwortung für die Folgen seiner eigenen Taten und Gedanken. Das Ich erlebt sich im tätig-hingebenden und verwandelnden Selbst als fähigkeitsbildend und, wenn die entsprechenden Fähigkeiten weitergepflegt werden, als fähigkeitserhaltend. Zugleich erlebt es sich auch in (ererbten) Fähigkeitsströmen drinnenstehend, die bereits gegeben sind und nicht erst aus Anfangsgründen heraus erbildet werden müssen – die jedoch individuell aufgegriffen und betätigt werden müssen, wenn sie sich nicht wieder zurückbilden sollen. Die Ausbildung neuer Fähigkeiten und die Verwandlung alter Fähigkeiten bedarf der Umwandlung oder gar Auflösung von Gewohnheiten. Das ist ein langfristiges Unternehmen, das jedoch zugleich die Fähigkeitskräfte stärkt und damit auch die Lebens- und Bewegungskräfte in den Bereich der geistgemäß umzugestaltenden Organisation aufnimmt.

5.5 Weltgestaltendes Selbst

Lag der Schwerpunkt der ersten Dimension des geistigen Selbst, des *geistbewussten Selbst*, auf der Bewusstwerdung und Handhabung des eigenen geistigen *Ursprungs*, und der Schwerpunkt der zweiten Dimension, das *verwandelnde Selbst*, auf der hingebungsvollen Verbindung des eigenen ideellen und individuellen Ursprungs mit der konkreten Erscheinungswelt, so zielt die dritte Dimension, das *weltgestaltende Selbst*, auf die Verbindung mit dem geistigen Ursprung, oder besser: mit den geistigen Ursprüngen der gesamten Welt.

Für die *Erkenntnisfunktionen des weltgestaltenden Selbst* bedeutet dies, dass nicht nur die Einheit des individuellen Ich mit dem aktuellen Denken erlebt wird und bewusst wird, sondern auch das eigene Ich in seinem individuell-ewigen Eigensein, seiner universellen Qualität sowie seinen individuellen Begegnungen, Fähigkeiten und Perspektiven aufleuchtet (siehe dazu ausführlicher Kapitel 6 bis 8). Dies eröffnet die Aussicht, auch anderen individuellen Ich-Wesen bewusst geistig und differenziert erlebend gegenübertreten zu können.

Für die *Handlungsfunktionen des weltgestaltenden Selbst* zeigt sich die neue Dimension zunächst an der bereits Ende des vorangehenden Abschnitts 5.4 angedeuteten Erweiterung der Kraft der moralischen Phantasie zu einer umfassenden Fähigkeit des Menschen. Mittels dieser Fähigkeit verbindet sich der Mensch weit ausgreifend, aber individuell-eigenständig in seiner schöpferischen Zielbildung mit demselben Ideenbereich, der auch der gewordenen und werdenden Gestaltung der Welt zugrunde liegt. Zugleich wird mit erkennender Zuwendung erstrebt, sich in die im konkreten Handlungsumfeld (Situation) gestaltend wirksamen Ideen einzuarbeiten. Dies ist kein Erkennen allein um des Erkennens willen mehr, sondern ein Erkennen im Dienste des Handelns, im Dienste eines möglichst harmonischen Zusammengehens individueller moralischer Intuitionen und deren Spezifizierung durch die moralische Phantasie (im engeren Sinne) mit der gegenwärtigen Weltkonstitution und den Mitmenschen. Hier ist das Feld, wo, zumindest im Prinzip, alle Ideen zu Idealen, das heißt zu Handlungszielen werden können.

Die dazu notwendige umfassende Erkenntnisfähigkeit[236] wird von Steiner «moralische Technik» genannt (Abschnitt 4.8).[237] Dadurch wird der Mensch zu einem aus Erkenntnis Handelnden, zum erkennenden Mitgestalter der Welt, zum Evolution nicht bloß erleidenden, sondern hervorbringenden,

erhaltenden und in die Zukunft weiterführenden Wesen.[238]
Dann kann der einzelne Mensch auch zu dem werden, wofür
er sich bestimmen kann: zu einer Gattung für sich,[239] in der
alles Persönliche bis hin zum Geschlecht[240] aufgehoben, also
erhalten und in einen umfassenderen Zusammenhang eingebettet wird, das heißt zu einem sein aktives Denken, Erkennen und Handeln zwar färbenden, aber nicht bestimmenden
Faktor wird. Dadurch wird er nicht nur gemeinschaftsfähig,
sondern auch gemeinschaftsermöglichend und -bildend sein
können, indem er nicht nur *sich* in eine Gemeinschaft hinein-
stellt, sondern auch durch Empfänglichkeit für die Impulse
anderer Wesen Gemeinschaft mitgestalten kann.[241]

Darüber hinaus umfassen die Handlungsfunktionen des
weltgestaltenden Selbst die Bewusstwerdung und die Konsequenzen einer weitreichenden Verantwortung gegenüber den
eigenen Handlungen und derjenigen der Mitmenschen. Für
zukünftige Handlungen kann der Entschluss gefasst werden,
nicht nur die Folgen eigener freier oder unfreier Handlungen
aufzugreifen und zu verarbeiten, sondern auch solche Handlungen von Mitmenschen, in die man nicht direkt verwickelt
gewesen ist. Das vertieft die bewusst und in freier liebender
Hingabe angestrebte Harmonisierung der Welt im individuellen Handeln noch um einen wesentlichen Anteil. Solche Entschlüsse sind dann auch Ausdruck der individuellen Hingabe
an die Mitmenschen und der Einsicht in die Notwendigkeit
einer Förderung der Bewusstwerdung von Geistesgegenwart
im Erkennen und Handeln für alle Wesenheiten.

Die *Bewusstwerdung des eigenen Wesenszentrums* geht hier
über in eine Bewusstwerdung seiner ewig-lebendigen Ganzheit
mit der Welt: Es ist ein sowohl wirksam-schöpferischer als auch
ein erleidend-bewirkter Teil von ihr. Das individuelle Menschen-Ich lebt gestaltend mit der Welt, in deren Gestaltung es

zugleich mittendrin steht. Wiederverkörperung und Schicksal können von Denktatsachen zu Lebenstatsachen werden.

Zusammenfassung: Im weltgestaltenden Selbst kulminieren die Umwandlungsimpulse zur geistgemäßen Gestaltung der menschlichen Organisation. Dieses Selbst schöpft ganz aus seinem Zentrum, dem ewig-lebendigen Ich, und möchte diesem ein es möglichst rein zum aktuellen Ausdruck bringendes Feld schaffen. Charakteristisch für das weltgestaltende Selbst ist seine Präsenz, seine absolute Gegenwärtigkeit und Hingabe, die in keiner Weise sich auf abgelegtes Vergangenes oder vorausgenommenes Zukünftiges stützt. Es schöpft aus der Gegenwart, verwandelt Vergangenes und macht Zukünftiges möglich. Zugleich übernimmt es volle Verantwortung für alle Formen seines eigenen Handelns (und möglicherweise auch für Handlungen anderer Menschen), auch solcher, die auf andere (unfreie) Stufen des eigenen oder eines anderen Selbst zurückzuführen sind.

5.6 Erste Zusammenfassung:
Keim und Entwicklung der Funktionen des Geistes

Die Erkenntnis- und Handlungsfunktionen des Geistes sind nicht in derselben Weise bloß auffindbar und erkennbar wie die besprochenen Dimensionen des leiblichen und seelischen Selbst der menschlichen Organisation und deren Funktionen. Dies wird bereits deutlich im Entfalten der im Umfeld des reinen Denkens differenzierbaren Erfahrungen: Sie treten allesamt nicht bloß auf, sondern müssen durch aktuelle Tätigkeit hervorgebracht, zur Erscheinung gebracht werden. Wie schon mehrfach betont, handelt es sich bei den in den vorangehenden Abschnitten beschriebenen Dimensionen des geistigen

Selbst um Keime, die erst einer Entfaltung bedürfen. Dies gilt sogar in einem doppelten Sinne: Erstens muss der dem reinen Denken nahestehende Bereich der drei Dimensionen des geistigen Selbst entfaltet, zur Fähigkeit gesteigert werden, um anwesend zu sein; zweitens umfasst dieser Bereich nur einen kleinen Ausschnitt aus dem Gesamterfahrungsspektrum der höheren Dimensionen des Selbst. Wie kann es zu einer Entfaltung, zu einer Ausbildung und Entwicklung von *geistbewusstem Selbst*, *verwandelndem Selbst* und *weltgestaltendem Selbst* kommen? Zunächst durch Verwandlung der Dimensionen und Komponenten des *seelischen Selbst* (siehe zu Letzterem zusammenfassend Abschnitt 3.8).

Die Entwicklung des *geistbewussten Selbst* aus dem *bewussten Selbst* beruht auf dem Übergang von der reflexiven Betrachtung des reinen Denkens, seiner Erkenntnis anhand der Beobachtungen des vergangenen Denkens im Ausnahmezustand, zu einer aktiven und bewussten Anschauung von Ideen. Das Leben in Vorstellungen wird durch ein Leben in Ideen erweitert. Die Zweifel hinsichtlich der Möglichkeiten und Grenzen des Denkens machen einer erlebten Sicherheit in Ideenform Platz; Fragen um die Sicherheit einer Anschauung von Welt und Mensch führen zur Einsicht in die grundsätzliche Erkennbarkeit derselben ohne objektive Erkenntnisgrenzen; das Erlebnis der Befreiung, die Willkür und die Last der Wahlfreiheit entwickeln sich, zunächst im Rahmen des reinen Denkens und dann darüber hinaus, zum selbstgestalteten und gewollten Freiheitsakt.

Die Entfaltung der Anfänge des *verwandelnden Selbst* aus einer Auseinandersetzung mit dem *Gegenüber-Selbst* beruht auf der aktiven Ergreifung und Durchgestaltung der dort verankerten seelischen Prozesse. Die seelische Lebendigkeit muss zum geistigen Leben erweitert werden: Die assoziative oder naive prä-intuitive Phantasie wird zur epistemischen und moralischen Phantasie; die naiv ablaufenden Denk- und Erkenntnisprozesse werden bezüglich Tätigkeit und Inhalt zu bewusst vollzogenen Akten; gegebene Regeln und Vorschriften werden durch aktuelle Handlungsziele aufgehoben und dann unter Umständen für die Gegenwart (und nur für diese) bestätigt; die Sicherheit der Kontinuität des individuellen Lebens anhand von Erinnerungen an frühere Erlebnissituationen wird durch die Sicherheit vertieften aktuellen Erlebens in der Gegenwart erweitert. Zentraler Bestandteil der Arbeit des Geistes an dem Gegenüber-Selbst ist die aktive Ordnung der Seele, die tätige Gestaltung von Seelenprozessen (wie dem Auftreten von Sympathie und Antipathie) im Sinne von das Erkennen und Handeln vorbereitenden, bereichernden und begleitenden, nicht aber deren Quellen bestimmenden Erlebnissen.

Die Erarbeitung erster Keime des *weltgestaltenden Selbst* geschieht anhand einer Durchdringung der Prozesse des *erlebenden Selbst*. Dabei wird die unwillkürliche Aktualität des Leibes in den Erkenntnis- und Handlungsfunktionen ergänzt durch eine bewusste Aktualität des Ich in diesen Funktionen. Das sich vom Leibesleben kaum entfernende erlebende Selbst wird durch eine leib-unabhängige Instanz, das Ich, ergriffen und in den allgemeinen Entwicklungsprozess der Bewusstwerdung einbezogen. Die naive erfahrungsgesättigte Weltnähe im Erkennen und Handeln wird durch eine aktive, bewusst gestaltete Auseinandersetzung mit der gegebenen Welt und den Mitmenschen (moralische Technik) erweitert. Das bloße Sich-Ereignen von Begegnungen mit anderen Wesen, insbesondere mit Menschen, wird zur bewussten Hinwendung an diese und zur Übernahme von Mitverantwortung gegenüber den eigenen und den fremden Taten gesteigert. Die naive seelisch-sinnliche Präsenz wird zur Ich-Präsenz erweitert.

Die aktive Entfaltung der Dimensionen des Geistes geschieht demnach auf der Grundlage der seelischen Dimensionen mit Einschluss der leiblichen Dimensionen der menschlichen Organisation. Insbesondere können zunächst die drei
Dimensionen des geistigen Selbst, das *geistbewusste Selbst*,
das *verwandelnde Selbst* und das *weltgestaltende Selbst*, als
Umwandlungen, als geistige Weiterentwicklungen der drei
Dimensionen des seelischen Selbst, des *bewussten Selbst*, des
Gegenüber-Selbst beziehungsweise des *erlebenden Selbst*, erfasst werden.[242] Dies bedeutet, dass eine Auseinandersetzung
mit den Dimensionen des seelischen Selbst in Richtung eines
selbstständigen, sich seine eigene Sicherheit erarbeitenden Er-
kennens und eines freien, den individuellen Impulsen und den
Notwendigkeiten der Welt gleichermaßen Raum gebenden
Handelns sachgemäß zur Ausbildung derjenigen Fähigkeiten
Anlass gibt, welche den Kern der Dimensionen des geistigen
Selbst im Rahmen der menschlichen Organisation ausmachen. Dadurch werden die Dimensionen des seelischen Selbst
weder aufgelöst noch unnötig: Sie erscheinen in einem neuen
Licht, werden vom Geist umgestaltet und in ihren Aufgaben
und positiven Funktionen weiter ausdifferenziert.

5.7 Zweite Zusammenfassung: Geistige Dimensionen des Selbst und das Menschen-Ich

Die geistigen Dimensionen des Selbst können zusammenfassend als aktuelle Geistbewusstwerdung, als tätige Verwandlung in der Hingabe an die Welt und als aktive Weltgestaltung charakterisiert werden (siehe zusammenfassend Tabelle
4). Den drei Dimensionen des geistigen Selbst entsprechen
drei Facetten der Individualisierung: die Individualisierung

des Selbst durch aktive Ideenbildung und Verwirklichung, die Individualisierung des Selbst durch tätig-hingebungsvolle Liebe in geistiger Art und schließlich die Individualisierung durch aktive Weltaufnahme und Weltprägung.

Auch wenn hier die drei Dimensionen des geistigen Selbst hintereinander geschildert wurden, liegt es nicht in deren Natur, *nur* hintereinander und in allen Aspekten *nur* in dieser Reihenfolge entwickelt werden zu können. Es muss *nicht* erst die eine Stufe *vollendet* sein, bevor die nächste in Arbeit genommen werden kann. Sie können bis zu einem gewissen Grade, je nach Begabung und Vorarbeit, unabhängig voneinander, oder besser: gemeinsam miteinander in sich gesteigert und entfaltet werden.

Es hat sich gezeigt, dass das Selbst zunächst in seinen geistigen Dimensionen immer mehr zu sich selbst kommt, bis es realisiert, dass es an einem Gipfel, an einem Umschlag- oder Angelpunkt angelangt ist, der eine neue Ausrichtung erfordert. Das Selbst macht es sich jetzt zur Aufgabe, sich immer mehr tätig in die Welt auszubreiten, sich mit ihr zu verbinden. Es verbindet sich mit verschiedenen Fähigkeiten, steigert und verwandelt sich, ist jedoch mit keiner davon identisch. Der innerste Kern des Menschen, das Menschen-Ich, das zugleich mitten in der Welt steht, ist mit keiner dieser Dimensionen identisch, ist überhaupt keine Dimension, die steigerbar, überwindbar oder entwickelbar wäre: Es ist das Dimensionen annehmende, vollziehende, ergreifende und zugleich diese schaffende Quell-Zentrum, das, bildlich gesprochen, «senkrecht» auf diesen Dimensionen steht, also ihnen überhaupt nicht angehört.[243] Es ist im wahrsten Sinne dieser Worte überdimensional, antidimensional oder transdimensional. Relativ zu allem bloß Gegebenen oder bereits Geschaffenen schöpft es aus dem Nichts,[244] aus der Gegenwart des aktiven Geistes, aus seinem eigenen Ursprung, dem von ihm selbst Schaffend-Gegebenes vorangeht und folgen wird, durch welches es jedoch weder bedingt noch beschränkt wird.

Steiner macht in seinem Werk *Die Philosophie der Freiheit* an keiner Stelle explizit auf einen Unterschied der Dimensionen des Selbst und des einer ganz anderen Wirklichkeit zugehörigen (oder besser: *auch* in einer höheren Wirklichkeit schaffenden) Menschen-Ich aufmerksam. Es kann jedoch darauf verwiesen werden, dass etwa zeitgleich mit der Vorbereitung der 2. Auflage des genannten Werkes eine Neufassung und Erweiterung des Aufsatzes «Philosophie und Anthroposophie» vorgenommen wurde, in welchem das Ich-Problem ebenfalls aufgegriffen wird und wo das Ich nicht eigentlich als spezifische Dimension oder Schicht des Selbst behandelt wird (siehe dazu mehr in Abschnitt 6.3). Im Kontext des Werkes *Die Philosophie der Freiheit* sind hier vor allem die für die 2. Auflage neu geschriebenen Abschnitte 4 bis 6 von Kapitel IX relevant. Diese weisen zwar in erster Linie auf den Übergang von der Seele zum Geist, insbesondere vom bewussten Selbst zum geistbewussten Selbst hin (Abschnitte 5.1 bis 5.3), lassen jedoch den Quellpunkt zumindest erlebnismäßig erahnen. Dieser Quellpunkt kann mit keiner der genannten Dimensionen identifiziert werden, er «ist» dasjenige, was identifizierend wirkt, was Identitäten, Dimensionen und Fähigkeiten aufnehmen, schaffen und wieder verlassen kann,[245] was *in* und mit allen diesen geistigen Dimensionen anwesend ist, sie hervorbringend, verwandelnd und auch die leiblich-seelischen Dimensionen mit seinem Licht bestrahlend und in ihnen erstrahlend.

Man kann es auch so sagen: In den hier dargestellten geistigen Dimensionen des Selbst ist das jeweilige Menschen-Ich immer mit dabei. Ohne es gäbe es diese Dimensionen in aus-

	Erkennen
Geistbewusstes Selbst: *im Denken erwachendes Selbst*	*Selbsterkennen*: Intuition des Denkens, gedankliche Erfassung des eigenen Ich als Wesenskern und Ursprung der Geisterfahrung, Intuition des Ich mit der Intuition des Denkens. *Sozialerkennen*: Aktuell verstehendes Erleben der Ziele anderer Menschen in Begegnung und Austausch, Ausbildung von Ideensinn und Ichsinn. *Welterkennen*: Erkenntnisintuition, aktuell-tätiges Anschauen von eigenständig seienden Erfahrungsinhalten (Ideen, Gesetze) durch epistemische Intuition; Erkenntnis der ideellen Konstitution von Welt und Mensch. *Individualität durch aktive*
Verwandelndes Selbst: *im Leben wirkendes Selbst*	*Selbsterkennen*: Intuition des Ich als Quelle der geistigen Liebe; Erlebnis des eigenen Ich als Hingabekraft. *Sozialerkennen*: Umfassende Einbettung des aktuell-gedanklichen erlebenden Verstehens anderer Menschen in einen größeren Zusammenhang (biografisch, welthistorisch) durch moralische Phantasie und moralische Technik; Vertiefung des Ideensinnes. *Welterkennen*: Aktive epistemische Phantasie, hingebungsvolle Erweiterung des erlebenden Bewusstwerdens eines tätigen Prinzips anhand des eigenen Denkens in das allgemeine Welterleben und Welterkennen (epistemische Phantasie). *Individualitä*
Weltgestaltendes Selbst: *für Mensch und Welt handelndes Selbst*	*Selbsterkennen*: Intuition des Ich als Quelle des Eigen- und Weltwirkens; Erlebnis des Ich im Weltgeschehen. *Sozialerkennen*: Hinwendung zu den geistigen Ursprüngen individueller Menschen-Iche anhand des Erkennens der Zielbildung*tätigkeit* anderer Menschen; Vertiefung des Ichsinns; Einbezug von Wiederverkörperung und Schicksal. *Welterkennen*: Hinwendung zu den geistigen Ursprüngen der Welt. *Individualität durch*

Tabelle 4: Dimensionen des geistigen Selbst oder der geistigen Individualität

Handeln

Selbsthandeln: Impuls zur Seelenentwicklung und Ordnung des Seelenlebens als Grundlage des selbstständigen Erkennens und Handelns; Verwandlung des bewussten Selbst.

Sozialhandeln: Gemeinsames Verarbeiten individueller Ziele zu Zielen der Gemeinschaft.

Welthandeln: Handeln aus der Bewusstwerdung individuell gefasster universeller Prinzipien durch moralische Intuition; Freiheit im Denken und Erkennen, Liebe in geistiger Art im Denken.

Ideenbildung und -verwirklichung

Selbsthandeln: Vertiefte Bearbeitung der leiblich-seelischen Organisation; Selbstverwirklichung des ganzen Menschen als freier Geist; Verwandlung des Gegenüber-Selbst.

Sozialhandeln: Gemeinschaftsbildung und gemeinsames Handeln aus Freiheit und Welt- und Menschenverständnis.

Welthandeln: Handeln mit moralischer Phantasie als Individualisierungskraft; Liebe in geistiger Art im Handeln, Verantwortung gegenüber «gut» und «böse»; Übernahme von Verantwortung für die Folgen eigener Taten und Gedanken; Mitgestaltung der Welt in Gemeinschaft mit anderen Wesen, insbesondere Menschen.

durch Liebe

Selbsthandeln: Vollumfängliche Verantwortung für die eigenen Handlungen; Mitverantwortung für gegenwärtiges und zukünftiges Weltgeschehen; Verwandlung des erlebenden Selbst; geistgemäße Umwandlung der ganzen menschlichen Organisation.

Sozialhandeln: Gemeinsame Verantwortung für die Folgen eigener und fremder Handlungen; Ganzheitsbildung mit geistigen Ursprüngen der Welt.

Welthandeln: Handeln aus moralischer Phantasie als weltumspannende Zielbildungskraft, moralische Technik.

Weltgestaltung

gearbeiteter Form überhaupt nicht: Es sind keine *manifest* gegebenen, sondern *manifestativ* hervorzubringende Dimensionen. Nur im Hinblick auf das Menschen-Ich kann es sich dabei um Dimensionen des *Selbst* handeln. Es sind Dimensionen für und durch das Menschen-Ich, die für sich selbst nur rudimentäre Anlagen sind. Keine dieser Dimensionen *ist* das Menschen-Ich, aber ohne dieses Menschen-Ich gäbe es auch diese Dimensionen nicht: Das Ich ist den Dimensionen des Selbst immanent und zugleich transzendent. So wie die Liebe in geistiger Art mit der Denkbetätigung zusammenfließt,[246] ohne mit ihr identisch zu sein, so wirkt das individuelle Ich in den und durch die geistigen Dimensionen des Selbst, ohne mit ihnen identisch zu sein.

Im folgenden Kapitel 6 soll untersucht werden, inwiefern sich in anderen philosophisch orientierten Schriften Steiners Hinweise auf geistige Dimensionen des Selbst und des damit verbundenen Menschen-Ich finden lassen, bevor das Rätsel des Ich in Kapitel 7, 8 und 9 wieder aufgegriffen wird.

6. Ich und Selbst in weiteren philosophischen Schriften Steiners[247]

6.1 Das absolute Ich im Erkennen und freien Handeln

6.1.1 Fichte-Fragment

Im frühesten erhaltenen Brief weist Steiner auf ein durch folgende Schelling-Lektüre angeregtes Erleben hin: «Uns allen nämlich wohnt ein geheimes, wunderbares Vermögen bei, uns aus dem Wechsel der Zeit in unser innerstes, von allem, was von außen hinzukam, entkleidetes Selbst zurückzuziehen und da unter der Form der Unwandelbarkeit das Ewige in uns anzuschauen.»[248] Dazu bemerkt Steiner an seinen Freund Josef Köck am 13. Januar 1881: «Ich glaubte und glaube nun noch, jenes innerste Vermögen ganz klar an mir entdeckt zu haben – geahnt habe ich es ja schon längst [...].»[249]

Ein vergleichbares Erlebnis muss Steiner schon zwei Jahre früher, beim Umschreiben von Fichtes «Wissenschaftslehre» gehabt haben. In diesem ursprünglich unveröffentlichten Fragment von 1879[250] geht es Steiner um die Erlebnis-Quelle der Gewissheit des Erkenntnisaktes; diese kann nicht mit den Mitteln irgendeiner spezifischen Erfahrungswissenschaft gefunden werden, denn es muss dasjenige gefunden werden, was das Wie, was die Form *aller* Erkenntnis begründet. Das kann nur im aktuell erkennenden Ich gefunden werden: Dieses allein ist am Ursprung aller Erkenntnis mit dabei und ist der in der Mannigfaltigkeit der Anschauungen und Akte ruhende und sich gleichbleibende Pol.

In seiner Untersuchung des Ich als den Erkenntnisakt initiierendes Agens (oder besser: Movens) kommt Steiner zu folgenden Kennzeichen des Ich: «Das reine Ich ist ein Unicum. Man halte dieses Ich wohl auseinander mit dem empirischen Ich, von dem wir noch werden zu sprechen haben. Was hier gemeint ist, ist die qualitative und numerische Identität des Ich mit sich selbst, abgesehen von allen Zeitverhältnissen [...]. Das Ich ist in aller Mannigfaltigkeit von Anschauungen, Erkenntnissen u.s.f. jener Brennpunkt, welchen [empirisch] zu ergreifen unmöglich ist, da er immer und immer nach rückwärts entschlüpft, wenn wir ihn ins Auge fassen wollen.» Das empirische oder psychologische Ich entsteht dadurch, «dass ich alle meine Vorstellungen auf einen gemeinsamen Mittelpunkt beziehe, in dem sie sich durchkreuzen, und dieses Bezogensein der Vorstellungen auf einen gemeinsamen Mittelpunkt ist das psychologische Ich. Allein dem Bezogensein geht das Beziehen, der Tat das Tätigsein vorher und kann ohne dieses nicht stattfinden. Dieses psychologische Ich ist daher nicht mehr das ursprüngliche reine, sondern ein durch Reflexion entstandenes Ich, entstanden durch die Tätigkeit des reinen Ich.» Der hier psychologisches Ich genannte Anteil des Selbst ist das im vorliegenden Buch so genannte *seelische Selbst*, das in den Abschnitt 3.2 bis 3.7 einer ausführlichen Analyse unterworfen wurde (siehe insbesondere zusammenfassend Abschnitt 3.8).

«Das reine Ich *ist* weder, noch ist es irgendetwas im strengsten Sinne des Wortes. Sein ganzes ergreifbares Wesen ist gegeben durch sein Tätigsein, wir können nicht wissen, was es ist, sondern nur, was es tut. Wenn Fichte meinte, das reine Wesen des Ich sei das Setzen seiner selbst, so ist dieses sehr willkürlich gesagt, denn das Ich setzt nicht nur sich selbst, sondern es setzt auch noch anderes, wie Fichte selbst zugestehen müsste. In allen Fällen ist es aber immer tätig, sein ganzes Wesen besteht also in seiner Tätigkeit, was zum Ausdrucke gebracht werden kann in dem Satze: Das Ich ist tätig. Alles, was nicht tätig wäre wie das Ich, wäre kein Ich.» Vom Ich ist auch nicht *mehr* erkennbar, als dass es tätig ist. Das Ich ist nichts anderes, «als zu was es sich selber macht. Da wir gesehen haben, dass das Ich nichts ist, was erfahren oder erkannt werden könnte, so kann es nur dasjenige sein, zu dem es sich selber macht. Ohne dass es sich zu etwas macht, ist das Ich gar nichts, es ist so gut wie nicht vorhanden.»

Hier geht Steiner ohne Umschweife und prägnant auf das sich im Denk- oder Erkenntnisakt sowie im freien Handeln aktuell manifestierende reine Ich zu. Er weist auf seine *Einheit* oder *Einzigkeit* («Unicum»), auf seine initiale und unbedingte Schöpfungskraft hin; durch sie und dadurch, was es aus sich macht, welche aktuelle Bestimmung es sich selbst gibt, in was für Beziehungen es sich zu anderen Ich-Wesen und zur übrigen Welt setzt, kann es zu einem spezifischen *Individuum* (im Kontrast zu einem bloßen Unikum) und damit auch zu einer *Ganzheit* werden.

6.1.2 «Wahrheit und Wissenschaft»

Im Kapitel VI über «Die voraussetzungslose Erkenntnistheorie und Fichtes Wissenschaftslehre» in seiner als Buch veröffentlichten Dissertation *Wahrheit und Wissenschaft* geht Steiner auf diesen Zusammenhang noch einmal ein, nun aber unter einer anderen Perspektive. In den vorangehenden Kapiteln III und IV hat er die Erkenntniswissenschaft voraus-

setzungslos begründet anhand einer unbefangenen Untersuchung des Erkenntnisaktes und seiner Gesetzmäßigkeit.
Dabei hat, wie im ersten Teil des Werkes *Die Philosophie der
Freiheit*, die denkende Bestimmung des denkenden Erkennens
(das heißt die Selbstaufklärung des denkenden Erkennens)
systematisch Vorrang vor einer Untersuchung des Selbst oder
Ich, denn die Bestimmung des Letzteren ist bereits eine spezifische Erkenntnisaufgabe, welcher aus systematischen Gründen die Klärung der Form und Tragweite des universellen
Erkenntnisinstrumentes vorangehen muss.[251] Auf dieser bereits geklärten Grundlage kann nun Steiner im Kapitel VI des
genannten Werkes die Frage nach dem reinen Ich im Sinne
eines konkreten Beispiels eines Erkenntnisaktes untersuchen,
erstens ohne in die Gefahr zu geraten, in die *Begründung* der
Erkenntniswissenschaft Spezialerkenntnisse oder subjektive
Gesichtspunkte hineinzutragen, und zweitens mit der aus
dieser Erkenntniswissenschaft folgenden Gewissheit, dass alle
Erkenntnisfragen durch denkendes Untersuchen von Wirk-
und Tatsachenzusammenhängen lösbar sind.

Durch diesen Weg von der universellen Erkenntniswissenschaft zur spezifischen Ich-Erkenntnis wird dem Einwand,
das Ich stünde der Welt bloß gegenüber und alle Erkenntnis
wäre nur eine für das Ich, von vornherein die Spitze gebrochen: Das Ich erscheint dem Denken nur dann als ein von
der übrigen Welt gesondertes oder isoliertes, wenn das Denken das Ich vermöge seiner bestimmenden Funktion aus der
Welt heraushebt. Das tut es jedoch nur, wenn es bereits um
die Untersuchung dieses Ich geht; es ist sachlich nicht notwendig, wenn es um das allgemeine Erkenntnisgesetz, also um
Erkenntniswissenschaft selbst geht. Im ersteren Fall jedoch ist
es genau dasselbe Denken, welches die Ich-Erfahrung von den
Erfahrungen der übrigen Welt unterscheidet – und welches

zugleich die Vorbedingungen herstellt, die ihm eine tätig-bewusste Verbindung der Ich-Erfahrung mit den Erfahrungen der übrigen Welt ermöglicht. Als Vollzogenes ist das Ich Teil der gegebenen Welt; als ein das Denken Vollziehendes stellt es sich selbst überhaupt erst als Schaffendes in diese Welt hinein und kann dort gegenwärtig in seiner sich selbst und anderes bestimmenden Funktion aufgedeckt werden.[252]

Mit anderen Worten: Kapitel VI von *Wahrheit und Wissenschaft* ist neben seiner Funktion einer Auseinandersetzung mit Fichtes Schriften eine exemplarische Ausarbeitung eines Erkenntnisproblems, das bis in seine Wahrheitstiefen verfolgt werden kann: Im erlebenden Erkennen des eigenen reinen Ich kann man nicht nur das inhaltliche Zusammenstimmen einer Idee mit dem dazugehörigen Erfahrungsgehalt kennenlernen, sondern an der Schöpfung dieses Gehaltes aus der wirksamen Idee, hier des sich selbst zum Erkennen bestimmenden reinen Ich, erkennend teilnehmen.

Steiner schaut also mit dem Ergebnis der Erkenntniswissenschaft auf das Erfahrungsumfeld des Erkenntnisaktes und untersucht, inwiefern dort von einem Ich, das den Erkenntnisakt hervorbringt, die Rede sein kann, und welche Kennzeichen (Gesetzmäßigkeiten) dieses Ich ausmachen. Er macht darauf aufmerksam, dass in der freien Verwirklichung des Erkennens durch das Ich dasjenige real verbunden werden muss, was für alle übrige Erkenntnis nur im Hinblick auf die Bewusstwerdung (und nicht für das Sein) getrennt vorliegt: Idee und bloß durch Erfahrung Gegebenes. «Hier ist die Verbindung nur vorhanden, wenn sie in wirklicher Tätigkeit vom Bewusstsein [das heißt hier vom Ich] vollzogen wird.»[253] Der entscheidende Punkt bei der *Durchführung* der erkenntnistheoretischen Grundlegung ist, dass das Ich sich als dasjenige erfasst und bestimmt und damit zu demjenigen macht, was die Idee des

Erkennens verwirklicht: «*Das Ich setzt das Erkennen.*»[254] Es setzt nicht einfach nur sich selbst, sonst bliebe es in seiner eigenen Tätigkeit befangen und käme nicht mehr aus dieser heraus. Durch den Nachweis, dass das Ich überhaupt etwas anderes in freier Weise setzen, das heißt vollziehen kann, was es nicht selbst ist, nämlich in diesem Falle das Erkennen, erweist sich der *Vollzug* des Erkennens des Erkennens (Erkenntniswissenschaft) zugleich als erfahrungsmäßige Grundlegung des *freien* Handelns. «Der Umstand, dass das Ich durch Freiheit sich in Tätigkeit versetzen kann, macht es ihm möglich, aus sich heraus durch Selbstbestimmung die Kategorie des Erkennens zu realisieren, während in der übrigen Welt die Kategorien sich durch objektive Notwendigkeit mit dem ihnen korrespondierenden Gegebenen verknüpft erweisen. Das Wesen der freien Selbstbestimmung zu untersuchen wird die Aufgabe einer auf unsere Erkenntnistheorie gestützten Ethik und Metaphysik sein. Diese werden auch die Frage zu erörtern haben, ob das Ich auch noch andere Ideen außer der Erkenntnis zu realisieren vermag. Dass die Realisierung des Erkennens durch Freiheit geschieht, geht aber aus den oben gemachten Anmerkungen bereits klar hervor. Denn wenn das Unmittelbar-Gegebene und die dazugehörige Form des Denkens durch das Ich im Erkenntnisprozess vereinigt werden, so kann die Vereinigung der sonst immer getrennt im Bewusstsein verbleibenden zwei Elemente der Wirklichkeit nur durch einen Akt der Freiheit geschehen.»[255]

6.1.3 «Der Egoismus in der Philosophie»

In Steiners Aufsatz «Der Egoismus in der Philosophie»[256] aus dem Jahre 1899 spielt Fichte wieder eine prominente Rolle, allerdings eingebettet in eine ganze Reihe weiterer Philosophen, die sich tiefergehender mit dem Selbst oder Ich auseinandergesetzt haben. Steiner macht hier (nicht als Erster) darauf aufmerksam, dass die Rede von einem in der Außenwelt wirkenden Gott, von einem in Natur und Kosmos anwesenden göttlichen Prinzip, bloß eine Projektion der inneren Erfahrungen des Selbst oder Ich in die Außenwelt sei. In konsequenter Fortführung der philosophischen Entwicklung bis hin zu Kant, Fichte, Schiller, Schelling, Hegel, Feuerbach und Stirner plädiert Steiner dafür, dieses Ich doch direkt dort aufzusuchen und zu untersuchen, wo es unmittelbar anwesend ist, im Menschen-Innern selbst, und damit diesem Bewusstwerdungs-Ort auch seinen sachgemäßen Stellenwert (zurück) zu geben, der ihm gebührt. Das Nächstliegende ist dann ein Blick auf die Erkenntnistätigkeit selbst. Und hier verweist Steiner auf seine Bücher *Wahrheit und Wissenschaft* und *Die Philosophie der Freiheit*.

Zusammenfassend ergibt sich: «Die Gedanken, die ich mir über die Dinge mache, produziere ich aus meinem Innern heraus. Sie gehören [...] zu den Dingen. [...] Im Erkenntnisprozess entnehme ich aus mir das Wesen der Dinge. Ich habe also das Wesen der Welt in mir. Folglich habe ich auch mein eigenes Wesen in mir. Bei den andern Wesen erscheint mir zweierlei: ein Vorgang ohne das Wesen und das Wesen durch mich. Bei mir selbst sind Vorgang und Wesen identisch. Das Wesen der ganzen übrigen Welt schöpfte ich aus mir, und mein eigenes Wesen schöpfe ich auch aus mir. [...] Das Ich denkend begreifen heißt die Grundlage schaffen, um alles, was aus dem Ich kommt, allein auch auf das Ich zu begründen. [...] Es erscheint nach diesen Ausführungen fast überflüssig, zu sagen, dass mit dem Ich nur das leibhaftige, reale Ich des Einzelnen und nicht ein allgemeines, von diesem abgezogenes gemeint sein kann. [...] Es ist somit abhängig von dem wirklich Einzelnen.»[257]

Das Ich mit der Qualität der Einzigkeit oder Einheit ist also die erste und letzte Instanz, der Ursprung der Erkenntnistätigkeit und des freien Handelns. Mit ihm steht und fällt jede Art tätiger Weltzuwendung. Es ist mit keiner dieser Arten von Zuwendung oder Zuständen identisch, aber ohne es gibt es auch keine spezifische Hinwendung.

6.2 Wege der Übung

6.2.1 Neue Perspektiven

In den hier zu besprechenden philosophisch orientierten Einführungsschriften in die Anthroposophie als Geisteswissenschaft greift Steiner sein Grundlagenwerk *Die Philosophie der Freiheit* nach der Wende vom 19. ins 20. Jahrhundert unter einer neuen Perspektive wieder auf.[258] Der Schwerpunkt liegt nicht mehr so sehr auf Begründungen und Einsichten, sondern auf Erleben und Seelenentwicklung (Verwandlung der Seele). Wie in den vorangehenden Abschnitten gezeigt, sind die Keime zu dieser Schwerpunktverlagerung durchaus auch in früheren Schriften (und insbesondere in deren späteren Neubearbeitungen) zu finden, stehen aber jetzt deutlicher im Vordergrund.

Und zwar geht es einerseits um den Übergang vom *seelischen Selbst* zum *geistbewussten Selbst* (Kapitel 4, Abschnitte 5.1 bis 5.3), vom gefühls- und vorstellungsbestimmten Denken zum tätigen Anschauen von Ideen als zentralen Elementen eines wirklichkeitsgemäßen Erkennens und freien Handelns. Andererseits steht bei der Entwicklung des geistbewussten Selbst nun die Verwandlung der Seele zu einem höheren, transfigurierten seelischen Selbst im Vordergrund.

Es geht nicht um eine inhaltliche Fortführung oder ein Hinter-sich-Lassen der Gedanken und Methoden des Werkes *Die Philosophie der Freiheit*. Vielmehr steht nun die Vorbereitung und Hinführung zu dessen vertieftem und in seiner weittragenden Bedeutung zu erfassenden Erlebnisgehalt, zu dessen Verwandlungs- und Entwicklungspotenzial für die menschliche Organisation und das Bewusstsein. Wenn auch das Erwachen zum Geiste eindeutig im Vordergrund der philosophisch-anthroposophischen Werke von Steiner steht, so lassen sich die Keime zur Verwandlung, zur Transfiguration von Seele und Leib sowie zur Bewusstseinsentwicklung, die im Zentrum der späteren Anthroposophie stehen, auch schon in diesen Werken finden. Man kann diese späteren Werke, insbesondere die gesamte anthroposophische Christologie, ausgehend von diesen Ausführungen vom Beginn des 20. Jahrhunderts mit neuen Augen lesen und in ihrer Tiefe und Tragweite klarer erfahren und erkennen.[259]

Auffallend ist dabei, dass der Aspekt des produktiven reinen Ich wieder etwas zurücktritt zugunsten des *Weges* vom seelischen zum geistigen Selbst vermöge einer konkreten Verbindung des seelischen Selbst mit den universellen Aspekten der geistigen Welt. Auf diesem Weg soll das persönliche Selbst, das seelische Individuum, überwunden und der Mensch über eine Selbstaufklärung seiner Erkenntnistätigkeit zum universellen Charakter des Ideenbereichs als Teil der Geisteswelt hingeführt werden – als Ausgangspunkt seiner Selbsterkenntnis und Selbstbestimmung und damit einer Ausbildung des geistigen Selbst.

Mit der Betonung von Übergängen und Entwicklungen, von Schwellen und Wiedergeburten wird jedoch indirekt auf ein diese Verwandlungen erlebend-vollziehendes und dann bewusst gestaltendes Wesenszentrum hingewiesen. Denn der solche Übergänge vollziehende Mensch bleibt immer derselbe. Damit dienen diese Untersuchungen und Empfehlungen letztlich ebenfalls der Vorbereitung einer tätig-erkennenden Erfassung seines individuellen Ich, also der seinen eigenen seelischen und geistigen Vorgängen, seinem seelischen und geistigen Selbst, zugrunde liegenden Einheit, seines schöpferischen Zentrums.

6.2.2 «Die Mystik»

In dem Buch *Die Mystik*, vor allem in der «Einführung», steht das Motiv der Seelenverwandlung durch das Aufkeimen des geistigen Selbst (insbesondere in seiner Dimension des *geist-bewussten Selbst*: Abschnitt 5.3) ganz im Vordergrund. Es wird zu einem Geist-Erleben angeregt, das in die Tiefe geht, jedoch die an der Auseinandersetzung mit der Naturwissenschaft der Neuzeit gewonnene methodische Klarheit nicht aufgeben will. Steiner sagt von sich selbst, dass er bereits zur Zeit der Abfassung des Werkes *Die Philosophie der Freiheit* in dieser Ideen- und Erlebniswelt drinnen gestanden habe, ja dass diese Ideenwelt schon ganz in diesem Buch enthalten sei. «Um aber diese Ideenwelt *so* auszusprechen, wie ich es heute tue, und sie so zur Grundlage einer Betrachtung zu machen, wie es in dieser Schrift geschieht, dazu gehört noch etwas ganz anderes, als von ihrer gedanklichen Wahrheit felsenfest überzeugt zu sein. Dazu gehört ein intimer Umgang mit dieser Ideenwelt, wie ihn nur viele Jahre des Lebens bringen können.»[260]

Für den hier verfolgten Zusammenhang sind die mannigfachen Verweise auf die Tragweite der Selbsterkenntnis des Menschen von Bedeutung: das Aufgehen einer «Sonne», das Erleben der «Ätherhöhe des reinen Gedankens», das

Erfahren eines Selbst, das tätig-schaffend das hervorbringt, was man in seinem Innern beobachten kann und welches als «höheres Licht» erscheint, das «jede andere Erkenntnis neu beleuchtet».[261]

Auf diesem Weg geht ein neuer innerer Sinn auf, mit welchem man nicht außerhalb seiner Erlebnisse bleibt, sondern mitten in sie einzieht. «Die Wahrnehmung seiner selbst ist also zugleich *Erweckung* seiner selbst.» Diese Selbsterweckung hat aber nicht nur Bedeutung für einen selbst, sondern beleuchtet schließlich auch das Verhältnis des Selbst zur übrigen Welt. Dadurch wird das Wissen, die Erkenntnis, «auf eine höhere Stufe» gehoben. In Anknüpfung an die im Erkenntnisvorgang den Beobachtungen entgegengebrachten Ideen gilt: «Mit der Erweckung meines Selbst vollzieht sich eine geistige *Wiedergeburt* der Dinge der Welt.» Mit anderen Worten: «Der innere Sinn lässt in sich das äußere Sinnesdasein als geistige Wesenheit auf einer höheren Stufe erstehen.»[262]

Das hier angestrebte Ziel besteht in einer durch das Denken ermöglichten Aufhebung des beschränkten (seelischen) Individuums, des einzelnen gewöhnlichen Ich, in ein allgemeines, universelles Ich, ein «All-Ich».[263] Damit ist *nicht* die Auflösung des Wesenskerns des Menschen, des reinen Ich, in einen All-Geist irgendeiner Art gemeint, sondern Selbsterkenntnis im Sinne der Überwindung der persönlich-subjektiven Aspekte des gewöhnlichen Denkens durch ein auf dessen Verbindung mit der universellen Ideenwelt beruhendes selbstbewusst erkennendes Streben nach Wahrheit. Damit «löst sich seine besondere Wahrheit in die allgemeine Wahrheit auf; diese allgemeine Wahrheit ist in allen dieselbige». Das ist «die Aufhebung des Individuellen, des einzelnen Ich zum All-Ich in der Persönlichkeit [...]». Zusammenfassend und zum freien Handeln führend: «Als geistiger Inhalt kommt der innerste Kern der Welt in der Selbsterkenntnis zum Leben. Das Erleben der Selbsterkenntnis bedeutet für den Menschen Weben und Wirken innerhalb des Weltenkernes. Wer von Selbsterkenntnis durchdrungen ist, vollzieht natürlich auch sein eigenes Handeln im Lichte der Selbsterkenntnis.»[264]

Auch folgendes Zitat zeugt ganz vom universellen Charakter der Ideenwelt, welche sich dem tätig denkenden Menschen erschließt und damit sein Erkennen und Handeln beleuchten kann: «Nur das in jedem seiner Teile von Selbstbeobachtung [oder Selbsterkenntnis] durchglühte Handeln ist ein freies. Und weil die Selbstbeobachtung das individuelle Ich hinaufhebt zum allgemeinen Ich, so ist das freie Handeln das aus dem All-Ich fließende.»[265]

Hier wurde so ausführlich zitiert, um zu zeigen, auf welch unterschiedliche Weise Steiner die Ausdrücke «Individuum» und «Ich» verwendet. Sie verweisen an den zitierten Stellen – wie auch im ersten Teil des Werkes *Die Philosophie der Freiheit* (siehe dazu die Abschnitte 4.5 und 5.4) – vor allem auf die *seelische* Aspekte umfassenden Dimensionen des Selbst, die überhaupt erst durch eine Berührung mit dem «All-Ich» (das heißt hier: mit der universellen Ideenwelt) zu geistigen Dimensionen umgearbeitet, verwandelt werden können.

Was zeichnet nun *Die Mystik* vor dem Werke *Die Philosophie der Freiheit* aus? Aus konzeptioneller Sicht kommt nichts Neues hinzu, im Gegenteil: Der Erkenntnisvorgang und der Freiheitsvollzug werden in ihren strukturellen Eigenschaften nur skizziert und nicht in ihren Details erläutert. Dagegen wird durch die Betonung des Erlebens eine Vertiefung angestrebt, ein Ruhen in der Aktivität. Ein Ruhen, das zu differenzierteren geistigen Erfahrungen führen kann, die weit über das hinausgehen können, was in dem Werk *Die Philosophie*

der *Freiheit* unmittelbar thematisiert wird. Das wirft weiter
ein Licht auf die Bedeutung der sowohl sinnliche als auch
geistige Erfahrungen umfassenden naturwissenschaftlichen
Methode, das heißt der Methode der Ideenbildung an der
unmittelbaren Erfahrung: Sie ist das diese Erweiterung des
Erlebens zusammenhaltende Band, das die Sicherheit und
Verlässlichkeit des Erkennens im Sinnlichen und Geistigen
garantiert. Diese umfassenden Erweiterungen des Erkennens
sind in dem Werk *Die Philosophie der Freiheit* veranlagt, werden dort aber nur für die Entwicklung des Denkens von der
Beobachtung zur Intuition thematisiert, während bereits in
dem Werk *Die Mystik* und dann im *Bologna-Vortrag* weit darüber hinausgeschaut wird.

6.2.3 Bologna-Vortrag

Im so genannten Bologna-Vortrag über «Die psychologischen
Grundlagen und die erkenntnistheoretische Stellung der Anthroposophie»[266] greift Steiner das Thema der Seelenübungen für den Übergang vom gewöhnlichen zu einem höheren
Selbst in unmittelbarem Bezug zum Erkenntnisprozess, der als
ein entwicklungsfähiger Prozess dargestellt wird, auf. Blickt
man insbesondere auf den Bereich der Erfahrungen des Selbst,
so kann es im Rahmen der dort «Inspiration» genannten Er-
kenntnisweise zu einer realen «Selbstanschauung» kommen.
Diese «besteht in einem Leben in gesetzmäßigen Zusammenhängen, und das Selbst fühlt sich nicht wie bei den Naturgesetzen, welche aus den Erscheinungen der Umwelt abstra-
hiert werden, *außerhalb* des Gewebes von Gesetzen; sondern
es empfindet sich *innerhalb* dieses Gewebes; es erlebt sich als
Eins mit demselben».[267] «Es lernt sich dabei das menschliche

Innere kennen, nicht bloß durch Reflexion auf sich selbst als den Träger der Sinneseindrücke und des gedanklichen Verarbeitens dieser Sinneseindrücke, sondern es lernt sich das Selbst kennen, wie es ist, ohne Beziehung auf einen sinnenfälligen Inhalt; es erlebt sich in sich selber als übersinnliche Realität.»[268]

Diese inspirierte «Selbstanschauung» entspricht im Wesentlichen dem Übergang vom *geistbewussten Selbst* zum *tätig-hingebenden Selbst*, der ausführlich in den Abschnitten 5.1 bis 5.4 besprochen wurde. Sie kennzeichnet den konkreten Weg zur Ausbildung der geistigen Dimensionen des Selbst durch Überwindung, genauer Aufhebung und Erhebung, des seelischen Selbst. Sie kulminiert in der intuitiven Erkenntnisart, in der erst das Selbst sich als Quelle seiner eigenen Tätigkeit unmittelbar erlebt. Denn zunächst erscheint dieser inspirierten Erkenntnis «nur das *Verhältnis* einer übersinnlichen Welt zum Selbst; bei der hier charakterisierten Erkenntnisart [Intuition] ist das [bisher erlebte] Selbst vollständig ausgeschaltet. Will man einen dem gewöhnlichen Bewusstsein angepassten Ausdruck haben für diese Seelenverfassung, dann kann man sagen: Das Bewusstsein erlebt sich nunmehr als Schauplatz, auf dem ein wesenhafter übersinnlicher Inhalt nicht vorgestellt wird, sondern sich selbst vorstellt.»[269] Hier erst kommt das Selbst wirklich zu sich selbst und kann seine weltgestaltende Funktion erfüllen (Abschnitt 5.5). Es ist eine Stufe erreicht, in der das diese Selbstvorstellung erlebende Selbst sich in radikaler Weise als verschieden von allen diesem Erleben vorangehenden Vorbereitungsstufen (Dimensionen) der Selbsterfahrung erfährt. Hier vollzieht das Selbst die entscheidenden Schritte, um alle Selbsterfahrungen in ihrem bloß seelisch gegebenen Dasein auszuschalten, oder besser: aufzuheben, um dem aktuell Geistigen Platz zu machen – ein

Kennzeichen des in die Tiefen und Weiten gehenden Vollzugs des Übergangs vom seelischen Selbst zum geistigen Selbst (siehe dazu Kapitel 5).

Auf einen vom gewöhnlichen Selbst oder gewöhnlichen Ich (das heißt dem seelischen und letztlich auch dem geistigen Selbst) zu unterscheidenden «übersinnlich-anschaubaren Wesenskern», das heißt auf ein schöpferisch-gestaltendes reines Ich, macht Steiner in diesem Aufsatz nur im Zusammenhang mit einem knappen Hinweis auf Reinkarnation aufmerksam.[270] Fundamental ist jedoch der zusammenfassende Hinweis auf eine Gliederung des Menschenwesens so, dass man von einem sich im seelischen Selbst «sich ausbildenden, durch Beziehung des Wesenskernes auf die physische Organisation [leibliches Selbst] zur Erscheinung kommenden ‹Ich›» sprechen muss.[271] Mit anderen Worten: Das gewöhnliche (bewusste) seelische Selbst, das empirische oder psychologische Ich (Abschnitt 6.1.1), das manchmal auch einfach als «Ich» angesprochen wird, ist eine Erscheinung des reinen Ich, oder des Wesenskernes, in der leiblich-seelischen Organisation und darf mit dem Letzteren nicht verwechselt werden.

Die im Zusammenhang mit der Entstehung von Beobachtungen des Denkens als Grundlage des Ausnahmezustandes diskutierte Funktion der leiblich-seelischen Organisation, insbesondere zur Erhaltung von Spuren der Denktätigkeit (Beobachtungen des Denkens und des Selbst, siehe die Abschnitte 1.4, 2.3, 2.5, 2.6, 4.2 und 5.1 bis 5.3), wird in diesem Aufsatz als *Spiegelungsprozess* charakterisiert.[272] Damit wird bis in die Formulierungen hinein verdeutlicht, dass diese Organisation weder der Erzeuger noch das Wahrnehmungsorgan für eine direkte Erfahrung des Denkens und des geistigen Selbst ist, sondern bloß eine Ermöglichungsgrundlage für das reflexiv-beobachtende Erleben des Denkens und des Selbst (eben in Beobachtungsform), *bevor* die Fähigkeit zur direkten (intuitiven) Erfahrung hinreichend ausgebildet ist: Die leiblich-seelische Organisation ermöglicht dem seelischen Selbst eine seiner Natur angepasste reflexive Erfahrung seiner selbst. Es kann sich selbst als Beobachtungsgegenstand gegenüberstehen und so sich zumindest zu einer Erkenntnis*idee*, wenn auch noch nicht zu einer aktuellen Erfahrung seiner schöpferischen Tätigkeit durcharbeiten.

Die Klärung der Funktion der leiblich-seelischen Organisation hat eine Klärung der Stellung des Ich im Sinne des Wesenskerns oder des reinen Ich zur Folge. Dieses reine Ich lebt und wirkt zwar in dieser Organisation und hat eine tiefere Verwandtschaft mit ihr (sonst könnte es dort keine Spuren hinterlassen), hat aber dort nicht seine Heimat und seinen Ursprung. Es wirkt, lebt und begegnet der Welt und hinterlässt dort (mit Hilfe derselben leiblich-seelischen Organisation) seine Spuren ebenso wie in der leiblich-seelischen Organisation selbst. In diesem Sinne führt Steiners kurzer Hinweis auf die Reinkarnation des menschlichen Wesenskerns und die Funktion von Karma als Rückwirkungen, das heißt als Reflektionen der Welt auf das Wirken dieses Menschen-Ich, konsequent zu einer der zentralen Aussagen dieses Aufsatzes, die mit folgender zusammenfassender Bemerkung über die Bedeutung des mathematischen Denkens beginnt: «Das heißt aber doch nichts anderes als: Das Ich steht mit seiner mathematischen Vorstellung nicht außerhalb der transzendent mathematischen Gesetzmäßigkeit der Dinge, sondern innerhalb.»[273]

Was bedeutet Steiners Bezug auf das konkrete und bewusste Erleben des elementaren mathematischen (auch: formallogischen, inhaltslogischen und überhaupt rein ideellen) Denkens in diesem zentralen Kontext? Dieser Bezug verweist auf die grundlegende Stellung des sich selbst seiner Tragweite bewussten Denkens und Erkennens, von dem das mathematische Denken nur ein elementarer Spezialfall ist, der nicht nur Ideen für die Welterkenntnis bereitzustellen in der Lage ist, sondern durch das *Erleben* von Ideen und seiner eigenen schöpferischen Kraft tief in das Wesen der Welt und des individuellen Menschen eindringen kann.[274]

Dann fährt Steiner fort: «Und man wird deshalb zu einer besseren Vorstellung über das ‹Ich› erkenntnistheoretisch gelangen, wenn man es sich nicht innerhalb der Leibesorganisation befindlich vorstellt, und die Eindrücke ihm ‹von außen› geben lässt; sondern wenn man das ‹Ich› in die Gesetzmäßigkeit der Dinge selbst verlegt, und in der Leibesorganisation nur etwas wie einen Spiegel sieht, welcher das außer dem Leib liegende Weben des Ich im Transzendenten dem Ich durch die organische Leibestätigkeit zurückspiegelt. Hat man sich einmal für das mathematische Denken mit dem Gedanken vertraut gemacht, dass das ‹Ich› nicht im Leibe ist, sondern außerhalb desselben und die organische Leibestätigkeit nur den lebendigen Spiegel vorstellt, aus dem das im Transzendenten liegende Leben des ‹Ich› gespiegelt wird, so kann man diesen Gedanken auch erkenntnistheoretisch begreiflich finden für alles, was im Bewusstseinshorizont auftritt.»[275]

In konsequenter Fortführung dieses Weges ergibt sich für das Verhältnis des seelischen zum geistigen Selbst: «Man kann somit sagen, dass erkenntnistheoretisch unbefangene Erwägungen die Bahn frei machen für eine richtig verstandene Anthroposophie. Denn sie führen dazu, die Möglichkeit theoretisch verständlich zu finden, dass der menschliche Wesenskern ein von der physischen Organisation freies Dasein habe. Und dass die Meinung des gewöhnlichen Bewusstseins, das Ich sei als absolut innerhalb des Leibes gelegene Wesenheit zu betrachten, als eine *notwendige* Illusion des unmittelbaren Seelenlebens zu gelten habe. Das Ich – mit dem ganzen menschlichen Wesenskern – kann angesehen werden als eine Wesenheit, welche ihre Beziehung zu der objektiven Welt innerhalb dieser selbst erlebt und die ihre Erlebnisse als Spiegelbilder des Vorstellungslebens aus der Leibesorganisation empfängt.»[276]

Worin besteht die *Notwendigkeit* dieser Illusion? Zunächst ist es naheliegend, die leiblichen und seelischen Dimensionen des Selbst (Kapitel 2 und 3) in der leiblich-seelischen Organisation, das heißt im Leibe im umfassendsten Sinne, zu verorten und ohne eigenes direktes Erleben und Erkenntnis der *geistigen* Dimensionen des Selbst auch diese selbst als bloße Tatsache dieser Organisation aufzufassen. Diese Auffassung erweist sich jedoch als *Illusion*, sobald das durch die und in den geistigen Dimensionen des Selbst lebende Ich als Quelle allen Selbsterlebens erkannt wird (Kapitel 4 und 5), das zwar in der menschlichen Organisation wirkt (und deshalb von ihr gespiegelt werden kann), aber dort nicht seinen Ursprung hat.

Die *Illusion* ist Ausdruck der Gegenwärtigkeit des Ich in der leiblich-seelischen Organisation. Sie zeugt von der irdischen Verbundenheit, von seiner tatsächlichen Ankunft auf der Erde in Leib und Seele, das heißt von seiner Inkarnation. Sie geht einher mit seiner Ursprungsvergessenheit und zugleich mit seiner der Bewusstwerdung gemäßen Befreiung und Daseinsgewissheit. Wäre das Ich nicht *in* der leiblich-seelischen Organisation angekommen, so würde es zwar bestenfalls dort (wie von außen) wirken, aber dieses Wirken verschlafen ohne Aussicht auf ein Erwachen. Die leiblich-seelische Organisation schenkt ihm die mit irdischer Gegenstandsbewusstwerdung anschaubaren Folgen (Spuren) dieses Wirkens, und damit ermöglicht sie eine wache Bewusstwerdung dieses Wir-

kens in befreit-reflexiver, also beobachtbarer Form. Erst *nach*
Ausbildung dieser Bewusstwerdungsform seiner selbst kann
der nächste Schritt zur intuitiven Form der Selbstbewusstwerdung vollzogen werden. Das ist keine hypothetische Spekulation darüber, wie es hätte sein können, sondern entspricht
genau dem in Abschnitt 5.3 aufgegriffenen Übergang vom befreit beobachtungsbewussten zum frei geistbewussten Selbst
bis hin zur aktuellen Bewusstwerdung als Menschen-Ich.

Die *Notwendigkeit der Illusion* besteht also darin, dass für
die Entwicklung einer (intuitiven) wachen geist-aktuellen
Bewusstwerdung der Durchgang über die durch die Spiegelung an der leiblich-seelischen Organisation ermöglichte, von
Fremdeinwirkungen befreite Gegenstands- oder Beobachtungsbewusstwerdung (*bewusstes Selbst*: Abschnitte 2.5, 2.6,
3.7, 3.8) notwendig war und ist – sonst hätte kein Erwachen
des wirkenden Ich vom Schlafzustand stattfinden können und
damit auch keine vom Ich ausgehende frei gestaltende Mitwirkung an der Entwicklung von Mensch und Welt.

6.2.4 «Skizzenhaft dargestellter Ausblick auf eine Anthroposophie»

In dem 1914 anlässlich einer Neubearbeitung seiner «Welt-
und Lebensanschauungen im neunzehnten Jahrhundert»[277]
hinzugefügten Aufsatz, «Skizzenhaft dargestellter Ausblick
auf eine Anthroposophie»,[278] greift Steiner auf das im Bologna-Vortrag Erarbeitete zurück und stellt einiges ausführlicher
dar. Im Zentrum steht nach wie vor der Übergang vom seelischen zum geistigen Selbst, genauer in der im vorliegenden
Buch verwendeten Ausdruckweise: der Übergang vom *bewussten Selbst* zum *geistbewussten Selbst* (siehe Tabelle 3, Ab-

157

schnitte 3.8, 5.1 bis 5.3). Für das Selbst verwendet Steiner in erster Linie den Ausdruck «Seele» und für das hier so genannte *seelische Selbst*, insbesondere das *bewusste Selbst*, den Ausdruck «selbstbewusstes Ich». Neu ist der Hinweis auf die Notwendigkeit der eingeschränkten Natur der gewöhnlichen (Selbst-) Bewusstwerdung hinsichtlich des Erkennens der schöpferischen Ursachen der Welt (und nicht bloß hinsichtlich der schöpferischen Ursache des eigenen Ich wie im vorangehend besprochenen Bologna-Vortrag) – als Schutz zur Entwicklung eines selbstständigen Denkens und Handelns.

Steiner beginnt damit, unter Hinweis auf seine Werke *Wahrheit und Wissenschaft* und *Die Philosophie der Freiheit*, den selbstschöpferischen Aspekt des denkenden Erkennens hervorzuheben, durch welchen der Mensch mit seinen Ideen der sinnlichen Welt dasjenige hinzugibt, was deren halbe Wirklichkeit erst als volle Wirklichkeit offenbart. Das der sinnlichen Welt bloß gegenüberstehende selbstbewusste Ich der gewöhnlichen (kraftlosen) vorstellenden Bewusstwerdung (*bewusstes Selbst*, siehe die Abschnitte 2.5 und 3.8) ist eine notwendige Durchgangsstufe, eine vorübergehende Gestalt des Ich, welche für die Erkraftung dieses Ich notwendig ist. «Es wird erkannt, dass dieses selbstbewusste Ich nicht in sich isoliert und außerhalb der objektiven Welt sich erlebt, dass vielmehr sein Losgelöstsein von dieser Welt nur eine Erscheinung des Bewusstseins ist, die überwunden werden kann, überwunden dadurch, dass man einsieht, man habe als Mensch in einem gewissen Entwickelungszustand eine vorübergehende Gestalt des Ich dadurch zu eigen, dass man die Kräfte, welche die Seele mit der Welt verbinden, aus dem Bewusstsein herausdrängt. Wirkten diese Kräfte unaufhörlich in dem Bewusstsein, dann käme man nicht zum kraftvollen, in sich ruhenden Selbstbewusstsein. Man könnte sich als selbstbewusstes Ich nicht erleben. [...] Dieses muss demnach einsehen, dass es seine Selbsterkenntnis einer Tatsache verdankt, welche über die Welterkenntnis einen Schleier breitet. [...] Der Mensch erfühlt sich als ein selbstbewusstes Ich dadurch, dass er mit seinen Sinnen eine Außenwelt wahrnimmt, dass er sich außerhalb dieser Außenwelt erlebt, und dass er zu dieser Außenwelt in einem solchen Verhältnis steht, das auf einer gewissen Stufe der wissenschaftlichen Forschung die ‹Welt als Illusion› erscheinen lässt. Wenn alles dies nicht so wäre, träte das selbstbewusste Ich nicht in die Erscheinung. Strebt man also danach, im Erkennen nur nachzubilden, was schon *vor* dem Erkennen beobachtet wird, so erlangt man kein wahres Erleben in der *vollen*, sondern ein Abbild der ‹halben Wirklichkeit›.»[279]

Was Steiner hier beschreibt, ist im Kern der Weg der Seelenübungen im Bologna-Vortrag und zugleich der Weg der Übungen im Umfeld der Beobachtungen des Denkens im Werk *Die Philosophie der Freiheit*. Denn erwacht das Selbst zum bewussten Erleben des *tätigen Denkens*, so kräftigt es sich zum *geistbewussten Selbst*, wie das im Anschluss an das Werk *Die Philosophie der Freiheit* in den Abschnitten 5.1 bis 5.3 dargestellt wurde. Dies geht einher mit einer Reinigung seiner selbst, einer Ablösung von der leiblich-seelischen Organisation. Ohne nähere Ausführungen an dieser Stelle weist Steiner darauf hin, dass ähnliche Prozesse wie mit der Kräftigung des Denkens auch mit dem Fühlen und Wollen vollzogen werden können. Dass er die spezifischen Grundlagen dazu bereits in dem Werk *Die Philosophie der Freiheit* gelegt hat, wurde weiter oben gezeigt (Kapitel 4 und 5).

Diese Stellung zum Denken führt notwendigerweise auch zu einer neuen Einsicht in die Funktion der leiblich-seelischen Organisation. Hier knüpft Steiner explizit an das im

Bologna-Vortrag Ausgeführte an und zitiert sich selbst hinsichtlich der Stellung des Ich außerhalb dieser Organisation. Rein geistige Wahrnehmung beruht dann auch nicht mehr auf einer Spiegelung an der leiblich-seelischen Organisation, sondern auf einer Spiegelung an rein geistigen Gliedern der Menschen-Wesenheit. Die Seele «gelangt dadurch zu der Fähigkeit, rein seelisch-geistig nicht nur zu erleben, sondern auch das Erlebte in sich so zu erstarken, dass dieses sich gewissermaßen ohne die Hilfe des Leibes in sich selbst spiegelt und so zur geistigen Wahrnehmung kommt. Und in dem so Erlebten kann erst die Seele sich selbst wahrhaft erkennen, kann sie sich in ihrem Wesen bewusst erleben.»[280]

Gelingt es, das Leben in Gedanken zu einem seelisch-geistigen Erleben zu verdichten, so lebt der Mensch in Einheit mit der Welt und entwickelt zugleich sein individuelles höheres geistiges Selbst, das heißt einen «höheren Menschen», der in der leiblich-seelischen Organisation wie in einem zu ihm gehörigen Werkzeug lebt.[281]

Für das hier verfolgte Thema des Selbst ist noch folgender Hinweis Steiners im Kontext der Idee von Reinkarnation und Karma zentral: «Und es wird von diesem Gesichtspunkte aus nicht von einer nebelhaften Seelensubstanz gesprochen, sondern mit einer den naturwissenschaftlichen Ideen ähnlichen Vorstellung gezeigt, wie die Seele deshalb fortbesteht, weil in einem Leben sich keimhaft das nächste vorbereitet, gleich dem Pflanzenkeim in der Pflanze. Es wird in dem gegenwärtigen Leben der Grund des künftigen gefunden. Es wird das Wahrhafte gezeigt, das sich fortsetzt, wenn der Tod den Leib auflöst.»[282] Damit wird darauf hingedeutet, dass die geistigen Dimensionen des Selbst erstens nicht einfach vorgefunden werden können und zweitens keine im Laufe der Reinkarnationen unveränderbare und unveränderliche Substanzen sind.

Es handelt sich vielmehr um entwicklungsfähige Keime, die in ihren das einzelne Leben gestaltenden und die verschiedenen Leben konkret vermittelnden Funktion erst erarbeitet werden müssen.

6.3 Verdichtung und Ausblick: «Philosophie und Anthroposophie»

An keiner früheren oder späteren Stelle kommt Steiner in einer so klaren und präzisen Weise auf das menschliche Ich zu sprechen wie in dem Aufsatz «Philosophie und Anthroposophie».[283] Die Grundfrage, auf die die gesamte Neubearbeitung des Aufsatzes hingerichtet ist, lautet: Wie kann die anhand der Entwicklung zur Naturwissenschaft in der Neuzeit erarbeitete Klarheit des Denkens so weitergeführt werden, dass erstens diese Klarheit nicht verloren geht und zweitens geistiges Erleben integriert werden kann? Die Lösung ist dort zu finden, wo die Frage gestellt wird: im aktuellen Denken des individuellen Menschen.

Dazu muss zunächst die Natur des Denkens und seine Stellung zum Ideenbereich geklärt werden. Was der Sache nach in *Wahrheit und Wissenschaft* und *Die Philosophie der Freiheit* bereits geklärt wurde, wird zusammengefasst mit Hilfe der Terminologie der mittelalterlichen Philosophie des Universalienrealismus: «Der Begriff [die Idee] ist formaliter begründet im Subjekt und fundamentaliter im Objekt; was der Begriff als seine eigene Gestalt hat, kommt vom Subjekt her, was er als Inhalt hat, vom Objekt her.»[284] Dies kann ebenfalls durch das Bild von Petschaft und Siegellack erläutert werden, obwohl Steiner dieses Bild in erster Linie für den Zusammenhang der Vorstellungs*form* mit dem Sinneswahrnehmungs*inhalt* heranzieht.[285] Hier ist es nun der *Inhalt* der angeschauten Idee, das Petschaft, welches durch das Medium des tätigen Subjekts (Siegellack), also durch das geistige Selbst, seine Denk*form* erhält und vom seelischen Subjekt, also dem seelischen Selbst, weiter in der Form von Beobachtungen des Denkens bewahrt wird. Daraus ergibt sich zunächst das in dem Werk *Die Mystik* ausführlich dargestellte Resultat, dass das Subjektivste im Menschen, sein eigenaktives Denken, am objektivsten in die Wirklichkeit führt, sobald das «subjektive Ich» zum «All-Ich» wird (Abschnitt 6.2).

Nur ein Jahr vor der Neuveröffentlichung des Aufsatzes über «Philosophie und Anthroposophie» hat Steiner in «Von Seelenrätseln»[286] ebenfalls auf die Bedeutung der Konzepte des Universalienrealismus für ein tieferes Verständnis der philosophischen Grundlagen der Anthroposophie hingewiesen.[287] Auch hier betont er, wie im Aufsatz «Skizzenhaft dargestellter Ausblick», die Notwendigkeit der gewöhnlichen geistig-kraftlosen Bewusstwerdung als Entwicklungsbedingung für das autonom tätige Selbst mit dem Ziel der Entfaltung einer höheren schöpferischen Selbst- und Weltbewusstwerdung.

Um nun auf einen konkreten Erlebnisgehalt hinweisen zu können, knüpft Steiner an Aristoteles' Gottesidee und an Fichtes Tathandlung an. Das von Aristoteles in Gott Gesuchte: die formgebende Kraft, welche ihre eigene Wirklichkeit hervorbringt, findet Fichte in seinem eigenen reinen Ich: Das Ich im reinen Denken ist reine Aktualität; es bringt mit seiner Aktualität zugleich seine Materie hervor: «Das Abbild dieser reinen Aktualität findet sich nun im Menschen selbst, wenn er aus dem reinen Denken heraus zu dem Begriff [Idee] des ‹Ich› kommt. Da ist er im Ich bei etwas, was Fichte als *Tathandlung* bezeichnet. Er kommt in seinem Innern zu etwas, das, indem es in Aktualität lebt, zugleich mit dieser Aktualität seine Materie mit hervorbringt. Wenn wir das Ich im reinen Gedanken fassen, dann sind wir in einem Zentrum, wo das reine Denken zugleich essenziell sein materielles Wesen hervorbringt. Wenn Sie das Ich im Denken fassen, so ist ein dreifaches Ich vorhanden: ein reines Ich, das zu den Universalien ‹*ante rem*› gehört, ein Ich, in dem Sie drinnen sind, das zu den Universalien ‹*in re*› gehört, und ein Ich, das Sie begreifen, das zu den Universalien ‹*post rem*› gehört.»[288]

Das im reinen Denken erlebbare Ich, das reine Ich, in seinen verschiedenen geistigen Ausdrucksformen, das heißt in seinen geistigen Erscheinungsweisen, wurde weiter oben das *geistige Selbst* genannt, mit den drei anhand des Werkes *Die Philosophie der Freiheit* ausgearbeiteten Dimensionen des *geistbewussten Selbst*, des *verwandelnden Selbst* und des *weltgestaltenden Selbst* (siehe die Abschnitte 5.3 bis 5.5 und zusammenfassend 5.6, 5.7), die an dieser Stelle von Steiner nicht unterschieden werden. Dagegen wird von Steiner an dieser Stelle das Ich «in re», in dem in der im vorliegenden Buch entwickelten Charakterisierung sowohl das seelische als auch das geistige Selbst mit enthalten sind, deutlich abgesetzt von dem eigen- und weltschöpferischen Ich «ante rem», das einer ganz anderen Wirklichkeit angehört.[289]

Der anhand der Betrachtungen des Selbst gewonnene Gedanke des Ich, das heißt die aufgrund der seelischen Erscheinungsformen, der Spiegelbilder des geistigen Selbst in der leiblich-seelischen Organisation gebildete reine Idee des Ich, das Ich «post rem», gehört noch zu den seelischen Dimensionen des Selbst, zum *bewussten Selbst* (siehe Tabelle 3 und insbesondere Abschnitt 3.8). Diese *Idee* des reinen Ich umfasst folgenden Inhalt: Das reine Ich ist ein sich selbst erhaltendes und das Denken hervorbringendes Prinzip (Abschnitt 2.6).

Wenn allerdings dieser Gedanke aktuell gedacht wird, dann sind alle drei genannten Aspekte des Ich anwesend – wenn auch nicht notwendigerweise unmittelbar in ihrer inneren Differenziertheit bewusst. Denn es handelt sich nicht um drei separate Bestandteile des denkenden Ich, sondern um drei Facetten, drei Komponenten der Gesamterfahrung des seinen eigenen Gedanken denkenden Ich: «Aber noch etwas ganz Besonderes ist hier: Für das Ich verhält es sich so, dass, wenn man sich zum wirklichen Erfassen des Ich aufschwingt, diese drei ‹Ichs› zusammenfallen. Das Ich lebt in sich, indem es seinen reinen Begriff [Idee] hervorbringt und im Begriff als Realität leben kann. Für das Ich ist es nicht gleichgültig, was das reine Denken tut, denn das reine Denken ist der Schöpfer des Ich. Hier fällt der Begriff des Schöpferischen mit dem Materiellen zusammen, und man braucht nur einzusehen, dass wir in allen anderen Erkenntnisprozessen zunächst an eine Grenze stoßen, nur beim Ich nicht: Dieses umfassen wir in seinem innersten Wesen, indem wir es im reinen Denken ergreifen.»[290]

Das tätige Denken ermöglicht ein aktuelles Bewusstwerden des reinen Ich (so wie die leiblich-seelische Organisation eine reflexive Bewusstwerdung des Ich ermöglicht) für sein Erscheinen in den geistigen Dimensionen des Selbst. In diesem Sinne ist es der Bewusstwerdungsschöpfer des Ich. Umgekehrt beruht natürlich die Denktätigkeit auf der hingebungsvollen Tätigkeit des Ich. Seinsmäßig, dem Ursprung der Aktualisierung nach, ist demzufolge das Denken ein Geschöpf des Ich. Aber aus dem letzten Satz des vorangehenden Zitats geht hervor, dass für Steiner hier der Gesichtspunkt des tätig *erkennenden* und nicht der schöpferisch-handelnden Bewusstwerdung im Vordergrund steht. Es geht ihm darum, den besonderen Charakter dieses Ich-Erlebnisses für das Erkenntnisleben des Menschen herauszustellen. Hier hat der erkennende Mensch

wie im Keim Zugang zu einer klaren Erfahrung eines schöpferischen Wesens, was ihm Urbild und Prüfstein aller weiteren Erkenntnisse geistig-schöpferischer Erfahrungen werden
kann.[291] Das bedarf allerdings auch einer klaren Unterscheidung der seelischen Form der Ich-Bewusstwerdung von der
durch das tätige Denken vermittelten Form der reinen Ich-Erfahrung. Und hier ist nun die die Ausführungen im Werk *Die
Philosophie der Freiheit*[292] ergänzende Parallelstelle, wo genau
dieser Unterschied thematisiert wird (siehe dazu Abschnitt
2.5): «Um das ‹Ich› als dasjenige zu erkennen, vermittelst
dessen das Untertauchen der menschlichen Seele in die volle
Wirklichkeit durchschaut werden kann, muss man sich sorg-
fältig davor bewahren, in dem gewöhnlichen Bewusstsein,
das man von diesem ‹Ich› hat, das wirkliche Ich zu sehen.
[...] Das Denken verbürgt nicht die Wirklichkeit des ‹Ich›.
Aber ebenso gewiss ist, dass durch nichts anderes das wahre
Ich erlebt werden kann als allein durch das reine Denken.
Es ragt eben in das reine Denken, und für das gewöhnliche
menschliche Bewusstsein *nur* in dieses, das wirkliche Ich her-
ein. Wer bloß denkt, der kommt nur bis zu dem Gedanken des
‹Ich›; wer *erlebt*, was im reinen Denken *erlebt werden kann*,
der macht, indem er das ‹Ich› durch das Denken erlebt, ein
Wirkliches, das Form und Materie zugleich ist, zum Inhalte
seines Bewusstsein. Aber außer diesem ‹Ich› gibt es zunächst
für das gewöhnliche Bewusstsein nichts, was in das Denken
Form und Materie zugleich hereinsenkt. Alle anderen Gedanken sind zunächst nicht Bilder einer vollen Wirklichkeit.
Doch indem man im reinen Denken das wahre Ich als Erlebnis erfährt, lernt man kennen, was volle Wirklichkeit ist. Und
man kann von diesem Erlebnis weiter vordringen zu anderen
Gebieten der wahren Wirklichkeit.»[293]
  Nebst dem fundamentalen Unterschied der seelisch-reflexi-

ven Ich-Bewusstwerdung vom aktuellen Erfahren des Ich im reinen Denken macht Steiner hier noch einen feineren, mehr im Verborgenen liegenden Unterschied des Ich zum Denken deutlich: Das reine Denken bringt sich nicht selbst hervor, sondern wird durch das reine Ich initiiert. Das tätige Denken ist jedoch der Schlüssel zur Erfassung und Bewusstwerdung des reinen Ich: Ohne Denken kommt das tätige Ich zu keiner Bewusstwerdung seiner eigen- und weltschöpferischen Kraft, seines zugleich im und über dem Denken stehenden Initiations-Potenzials. Das Prinzip des Denkens und das Prinzip des Ich sind aufs engste miteinander verbunden – und sind doch unterschiedliche Prinzipien, die nicht miteinander verwechselt oder identifiziert werden dürfen.

6.4 Zusammenfassung und Ergebnis: Denken als reifendes Samenkorn der Entwicklung

Das gewöhnliche Tagesbewusstsein mit seiner Anwendung des Denkens auf die Sinneswelt bis hin zur naturwissenschaftlichen Denkweise, hat eine enorme indirekte Bedeutung für die Entwicklung der Selbstständigkeit des Menschen. Erstens ermöglicht es eine sich streng an Sinnestatsachen orientierte Denkmethodik und zweitens ist mit seiner Kultivierung eine Kraftlosigkeit des vorstellenden Denkens verbunden, die Raum für aktive Selbstbestimmung lässt (Abschnitt 6.2.4). Die naturwissenschaftliche Denkweise führt jedoch nicht durch sich selbst darüber hinaus: Sie kümmert sich mit Recht weder um nichtsinnliche Tatsachen noch um die Überwindung der Kraftlosigkeit des vorstellenden Denkens. Hierzu muss eine innere Wende vollzogen werden, in welcher die Denkdisziplin und die Tatsachenorientierung der naturwissenschaftlichen

Erkenntnis beibehalten werden, nicht jedoch der Fokus auf Sinneswahrnehmungen und davon abgeleitete Einsichten. In dieser Wende kommt es dann, ausgehend von dieser notwendigen Durchgangsstufe des naturwissenschaftlichen Denkens, zu einer neuen Ausrichtung und damit auch zu einer neuen Einschätzung und Verwandlung ihres unabdingbaren Ausgangspunktes. Letzteres ist ein zentrales Anliegen des vorliegenden Buches und lässt sich auch zu folgenden Gedanken zusammenfassen: Das tätige Denken verdankt *letztlich* seine zentrale Stellung für Bewusstwerdung und Selbstständigkeit des Menschen nicht seiner fruchtbaren Anwendbarkeit auf Sinneserfahrungen. Diese Art der Erkenntnis der äußeren Welt ist wohl ein wichtiger Faktor zur Bewältigung des alltäglichen Lebens; alles jedoch, was Weiterentwicklung und Individualisierung, kurz die Selbstentwicklung des Menschen betrifft, stammt nicht aus dieser Quelle. Rudolf Steiner bringt diesen Zusammenhang unterschiedlicher Handhabungsweisen des denkenden Erkennens in ein schönes Bild, das hier ausführlich zitiert wird, da es von großer Tragweite ist.

«Die Philosophie führt durch ihre eigenen Wege zu der Erkenntnis, dass sie von der Betrachtung zu einem *Erleben* schreiten müsse der Welt, die sie sucht. In der Betrachtung der Welt erlebt die Seele etwas, bei dem sie nicht stehenbleiben kann, wenn sie sich nicht unaufhörlich Rätsel sein will. Es ist mit dieser Betrachtung in der Tat so wie mit dem Samenkorn, das sich in der Pflanze entwickelt. Dasselbe kann in einer zweifachen Art seinen Weg finden, wenn es gereift ist. Es kann zur menschlichen Nahrung verwendet werden. Untersucht man es in Bezug auf diese seine Verwendbarkeit, so kommen andere Gesichtspunkte in Betracht, als diejenigen sind, welche aus dem fortschreitenden Wege des Korns sich ergeben, den es macht, wenn es in den Boden versenkt,

der Keim einer neuen Pflanze wird. Was der Mensch seelisch erlebt, hat in ähnlicher Art einen zweifachen Weg. Es
tritt auf der einen Seite in den Dienst der Betrachtung einer
äußeren Welt. Untersucht man das seelische Erleben von
diesem Gesichtspunkte aus, so wird man die Weltanschau-
ungen ausbilden, welche vor allen Dingen danach fragen:
Wie dringt Erkenntnis in das Wesen der Dinge; was kann
die Betrachtung der Dinge leisten? Solche Untersuchung ist
zu vergleichen mit derjenigen nach dem Nahrungswert des
Samenkorns. Doch kann man auch hinblicken auf das seelische Erleben, insofern dieses nicht nach außen abgelenkt
wird, sondern in der Seele fortwirkend diese von Daseinsstufe zu Daseinsstufe führt. Dann erfasst man dieses seelische
Erleben in der ihm eingepflanzten treibenden Kraft. Man
erkennt es als einen höheren Menschen im Menschen, der
in dem einen Leben das andere vorbereitet. Man wird zu
der Einsicht kommen, dass dieses der Grundimpuls des seelischen Erlebens ist. Und dass die *Erkenntnis* sich zu diesem
Grundimpuls verhält wie die Verwendung des Samenkorns
als Nahrung zu dem fortschreitenden Wege dieses Korns, der
es zum Keim einer neuen Pflanze macht. Wenn man dies
nicht berücksichtigt, so lebt man in der Täuschung, dass
man in dem Wesen des seelischen Erlebens das Wesen des
Erkennens suchen kann. Man muss dadurch in einen Irrtum
verfallen, dem ähnlich, der entstünde, wenn man das Samenkorn nur chemisch untersuchte auf seinen Nahrungswert hin
und in dem Ergebnis dieser Untersuchung das innere Wesen
des Samenkorns finden wollte. Die hier charakterisierte [an-
throposophische] Geisteswissenschaft sucht diese Täuschung
zu vermeiden, indem sie die selbsteigene innere Wesenheit
des seelischen Erlebens offenbar machen will, das auf seinem
Wege *auch* in den Dienst der Erkenntnis treten kann, ohne

in dieser *betrachtenden Erkenntnis* seine ureigentliche Natur zu haben.»[294]

Erst die auf sich selbst, auf ihre seelische Einbettung gerichtete und sich ihrer geistigen Potenz gewahr werdende Denktätigkeit dient der Selbstentwicklung, der eigentlichen Menschwerdung, der einsichtsvollen Verwirklichung des Menschen als frei handelnde Person. Nur durch das sich seiner eigenen Aktivität bewusst werdende Denken erringt sich der Mensch einen Zugang zu seiner Ich-Kraft, zu seinem individuellen Wesenszentrum, das sich zugleich in seiner universellen Bedeutung offenbart. Die Entfaltung dieser Grunderfahrungen ist Thema der folgenden Kapitel.

7. Bewusstwerdung und Entwicklung

Die ganz auf das individuelle Tun ausgerichtete Betrachtung des intuitiven Denkens, Erkennens und Handelns führt naturgemäß auf die Frage nach den konkreten Kennzeichen einer Individualität, insbesondere eines Menschen-Ich. Dabei stellt sich heraus, dass sich diese Frage aufgliedert in die Frage nach dem individuellen Wesenskern sowie in die Frage nach dem Sinn und den konkreten Bedingungen einer Entwicklung des erscheinenden Menschenwesens. Auf der Grundlage einer Untersuchung der Kategorien Zeit und Ewigkeit im Zusammenhang der Denkentwicklung wird sich zeigen, dass allein mit einem Blick auf die Erscheinungsvielfalt im Verhältnis zum wirksamen Wesenskern (Ich) des Menschen weder das Problem der Entwicklung noch das Problem der Individualität sachgerecht ins Auge gefasst werden kann. Zur Idee eines sich entwickelnden Menschenwesens gehören notwendig die Kennzeichen der Bewusstwerdung mit den Komponenten der Begegnung, der Fähigkeit und der Perspektive, welche die Versöhnung eines invarianten Wesenskerns mit einer ihn fortwährend verändernden Entwicklung ermöglichen.[295]

7.1 Individuelles und universelles Ich

Das im Abschnitt 2.6 entwickelte Ich-Prinzip ist universeller Natur: Es trifft auf jedes Ich zu, es trägt keine individuellen Komponenten, mit denen ein Ich von einem anderen Ich unterschieden werden könnte.

Durch die Verknüpfung dieses universellen Ich-Prinzips mit

der konkreten eigenen Ich-Erfahrung wird die Erkenntnis des Ich individualisiert zum jeweils eigenen Ich. Dies trifft selbstverständlich auch auf die intuitive Form der Ich-Bewusstwerdung zu. Ich werde mir der Einheit von individuellem Kraftquell und universellem Ich-Prinzip bewusst (Abschnitt 5.3). Damit wird mir zugleich deutlich, dass ich bezüglich des Ich-Gesetzes an einem universellen Prinzip teilhabe, das mir für meine eigene Verwirklichung zur Verfügung steht, jedoch sich nicht eigentätig in mir zum Ausdruck bringt.

Hier ist der Ort, um die Frage aufzugreifen, ob jedem Menschen ein eigenes Gesetz, eine eigene Idee zukommt, ob also das Individuelle eines Menschen in seiner Konstitution durch ein bestimmtes Gesetz mit einem für jeden einzelnen Menschen spezifischen Inhalt gegründet ist. Die Erfahrungen, die am intuitiven Denken gemacht werden können, weisen nicht in die Richtung eines solchen individuellen Ich-*Gesetzes* hin. Im Gegenteil, sowohl das Denkgesetz (Abschnitt 1.4) selbst als auch das Ich-Gesetz (Abschnitt 2.6) erweisen sich als universelle Prinzipien, die keine individuellen Kennzeichen tragen und deshalb grundsätzlich *allen* menschlichen Wesen zur Verfügung stehen. Aus dieser Einsicht ergibt sich die Konsequenz, dass die nur individuell erlebbare Ich-Kraft die eigentliche *Quelle für die Ermöglichung des Individuellen eines Menschenwesens* ist und nicht irgendeine inhaltlich bestimmte Besonderheit seines Ich-Gesetzes. Zwar hat jedes Individuum im selben Sinne eine solche Quelle (universelles Gesetz oder Prinzip des Ich), aber diese Quellen sind untereinander verschieden, sie sind nicht von *einer* Zentralquelle aus unmittelbar gespeiste Nebenquellen und nicht auf einen Hauptstrom zurückführbare Nebenströme. Andernfalls erlebte man sein eigenes Ich nicht als autonome Kraftquelle, sondern bloß als Instrument eines umfassenderen wirksamen

Wesens. Dies widerspricht der Ich-Erfahrung im Rahmen der intuitiven Denkerfahrung.

Dieses Ergebnis hat nicht zur Folge, dass man das universelle Denkgesetz und das universelle Ich-Gesetz generell als kraftlose Prinzipien auffassen muss. Vom Gesichtspunkt der individuellen Denk- und Ich-Erfahrung aus kann man nur sagen, dass sich beide Gesetze dem Menschen, seiner individuellen Kraftquelle, zur Verfügung halten und es ihm so ermöglichen, ein konkretes Ich zu werden. Dies legt weitere Gedanken nahe: Sowohl dem Denkprinzip als auch dem Ich-Prinzip, aufgefasst als wirksame Wesen, kommt die Eigenschaft zu, auch außerhalb der Sphäre des menschlichen Wollens selbst wirksam auftreten zu können; sie haben sich also womöglich nur hinsichtlich des Menschenwillens ihrer Eigenaktivität begeben. Vom Gesichtspunkt der allgemeinen Entwicklung könnte dies jedoch bedeuten, dass die einzelnen Menschen-Ich-Quellen nicht von vornherein in der jetzigen Form mit den Wesensprinzipien des Denkens und des Ich verbunden gewesen sind, sondern erst zu dieser Art der Vereinigung hingeführt werden mussten. Wenn dies zutrifft, dann haben diese Wesensprinzipien für die Entwicklung dahin zunächst eine wegbereitende und dann eine wegbegleitende Rolle übernommen.

Neben der konkreten Verknüpfung des Ich-Prinzips mit der individuellen Ich-Erfahrung, die wiederum der Art nach für jedes Ich in gleicher Weise stattfinden kann, gibt es noch andere, nur dem individuellen Ich zukommende Eigenschaften. Sie hängen mit der Verwirklichung des Ich-Prinzips in Form von Intuitionen und freien Handlungen zusammen. Es folgen einige Hinweise auf solche Prozesse, die von einem umfassenderen Gesichtspunkt aus und in systematischerer Weise im Abschnitt 7.4 wieder aufgegriffen werden.

Die *Möglichkeit* zur Intuition ist jedem Menschen-Ich eigen. Die konkrete *Fähigkeit* zur Intuition ist jedoch von Ich zu Ich sehr verschieden. Sie zeugt von der unterschiedlichen Art und Intensität der reellen Verbindung des Ich zur Ideen- oder Gesetzeswelt, oder genauer: zu bestimmten Bereichen der Ideen- oder Gesetzeswelt. Ob ich überhaupt Intuitionen, und wenn ja, welche, in mir für das Erkennen oder Handeln präsent sein lassen kann, hängt von meinem konkreten Verhältnis zu diesen oder jenen Bereichen der Ideen- oder Gesetzeswelt ab und natürlich insbesondere von meiner konkreten Hingabe an diese Ideenwelt. Der Hinweis auf die universelle Quelle der Intuitionen, die Ideen- oder Gesetzeswelt, gibt keinen Anhaltspunkt für die Beantwortung der Frage, weshalb ich zu welchen Intuitionen komme. Hier kommt eine ganz andere Blickrichtung ins Spiel, die nach individuellen Ausprägungen eines gemäß universellen Prinzipien bestimmten Prozesses sucht. Charakteristisch dafür ist die Tatsache, dass für mich Intuitionen auch bei mehr oder weniger ausgebildeter Fähigkeit nicht in jedem Falle zur Anschauung kommen. Man muss also davon ausgehen, dass für die Ermöglichung eines solchen konkreten reellen Verhältnisses von mir zur Ideen- oder Gesetzeswelt in der Form der Intuition auch Faktoren außerhalb meines Ich-Wesens eine Rolle spielen. Mit anderen Worten: Es kann von anderen Wesen abhängen, zu welchen Intuitionen ich konkret Zugang habe und zu welchen nicht. (Dies kann als ein Ausdruck von «Gnade» aufgefasst werden.) Dies tut der selbsttätigen Autonomie des Intuitionsprozesses keinen Abbruch: Diese garantiert nur die Selbstständigkeit der *Art* der intuitiven Anschauung, nicht aber den Zugriff auf bestimmte *Inhalte* dieser Anschauung.

Darüber hinaus ist es Ausdruck der konkreten reellen Verbindung meines Ich-Wesens zur umgebenden Welt, *welche*

konkreten Intuitionen ich im moralischen (handlungsleiten-
den) und welche ich im epistemischen (erkenntnisleitenden)
Sinne verwende. Für die *Erscheinung* des individuellen Ich
ist es charakteristisch, wie sich das Ideelle im Rahmen seiner
leiblich-seelischen Organisation auslebt, auf welche Weise die
universellen Ideen im Erkennen und Handeln individualisiert
werden.

Die Idee des freien Geistes ist ebenso universell wie die weiter oben entwickelte Idee des Ich. Sie umfasst die Tatsache der
autonomen Motivbildung und freien Verwirklichung als Kern
des Menschenwesens. Dies ist jedoch letztlich nichts anderes
als die Verwirklichung des Ich im reinen Denken und dessen
Fortführung bis in die konkrete Erscheinungswelt. Aus der
Idee des freien Geistes kann nicht abgeleitet werden, welche
Intuitionen er zu fassen hat; das kann er nur selbst bestimmen.

Der konkrete freie Geist ist keine von vornherein feststehende Tatsache, er existiert nur, wenn er sich verwirklicht.
Und er wird erst durch diese Verwirklichung im konkreten
Sinne individuell: *Durch die ideengeleitete reelle Verbindung
mit der Welt und anderen Wesen, insbesondere anderen Menschenwesen, wird der freie Geist zu einem besonderen, sich von
anderen Geistern unterscheidenden Wesen.*

Worauf gründet sich nun konkret das Besondere einer Individualität? Was sind deren charakteristische Eigenschaften
oder Kennzeichen? Eine Vorbereitung zur Klärung dieser
Fragen kann durch einen Blick auf das Verhältnis des ewigen Wesenskernes eines Menschen zu dessen Erscheinungen
im Erkennen und Handeln auf der Grundlage des intuitiven
Denkens gewonnen werden (Abschnitt 7.2).

7.2 Zeit und Ewigkeit

Eine besondere Rolle in meinem Verhältnis zur Welt und zu mir selbst spielt das intuitive Denken: Es ist sowohl das Tor zum Ideenkosmos (Gesetzeswelt) als auch zum individuellen Ich. Ohne dieses Denken wären weder universelle Ideen präsent noch meine eigene Ich-Kraft erlebbar. Zugleich ist es an der Brückenbildung zur übrigen Erfahrungswelt beteiligt. Es initiiert und begleitet jeden Schritt, welchen ein freier Geist, ein individuelles Menschenwesen, für seine eigene Erscheinung und damit auch für die Gestaltung der Welt tut.

In diesem und dem nächsten Abschnitt werden anhand der Erfahrungen, die am Denken gemacht werden können, einige Ideen entwickelt, die weit über den Bereich des Denkens hinaus Bedeutung haben. Im Prozess des Denkens kommen Weltstrukturen (Gesetze, Kategorien) zur Erscheinung, die man sonst an keiner anderen Stelle des Daseins in so offenbarer und unmittelbarer Weise erfahren und erkennen kann.

In der individuellen Entwicklung der Bewusstwerdung des intuitiven Denkens und des Ich von der naiven Denk- und Ich-Erfahrung über die Erkenntnis des beobachteten Denkens und des Ich (Abschnitt 2.6) bis hin zum bewussten Mitvollzug des denkenden Ich (Abschnitte 5.3, 5.7, 6.3) bewegt man sich erlebend und begreifend von der Zeitlichkeit der Erscheinungen zur Ewigkeit des Ich-Wesens. Dies bedeutet auf der einen Seite, dass innerhalb der Erscheinungsformen der zeitgebundenen Geistesgegenwart des intuitiven Denkens ewiges Sein (Ideen- oder Gesetzeswelt) und ewiges Leben (individuelle Ich-Kraft) aufleuchten. Dies eröffnet auf der anderen Seite die Aussicht, den Zeitcharakter des Denkens und des Ich von deren ewigen Aspekten her zu untersuchen und damit ihre

Erscheinungen als spezifischen Ausdruck ihres ewigen Wesens zu begreifen.

Im Bereich des intuitiven Denkens lernt man demzufolge *zwei Aspekte der Ewigkeit* kennen: die Ewigkeit der Ideen oder Gesetzmäßigkeiten und die Ewigkeit des Willenspotenzials. Die erste Zugangsweise zur Ewigkeit ergibt sich aus einer konkreten Untersuchung des Daseins und der Konstitution von Gesetzmäßigkeiten in Intuitionsform. Gesetzmäßigkeiten erscheinen zeitlich begrenzt in aktueller Intuitionsform, sind aber durch diese ihre Form des Auftretens weder erzeugt noch veränderbar, noch weisen sie selbst Kennzeichen einer eigenen Veränderlichkeit auf (Abschnitt 1.2). Zweitens offenbart sich der Ewigkeitsaspekt eines Willenspotenzials dem individuellen Erleben anhand der Erscheinungen des eigenen Ich im intuitiven Denken (Abschnitte 5.3 und 5.4).

Im erlebenden Verfolgen der Initiierung eines Denkakts kann die Geburt eines zeitlichen Prozesses aus dem Reich der Dauer, aus dem Reich der Ewigkeit verfolgt werden. Denn jeder einzelne Akt hat einen Anfang und ein Ende und steht mit anderen solchen Akten in einem zeitlichen Verhältnis, das heißt, das Dasein des einen Aktes schließt das Dasein eines anderen Aktes aus. In den Übergängen vom aktuellen Denken zum post-aktuellen Gedankenhaben und umgekehrt findet eine *Formveränderung* statt: Das Dasein des Denkens geht von einer Erscheinungsform in eine prinzipiell (und nicht bloß graduell) andere Erscheinungsform über.

Innerhalb eines solchen Aktes der Geistesgegenwart finden in folgendem Sinne keine zeitlichen Prozesse statt. Es erfolgen keine Formveränderungen, sondern bloß graduelle Veränderungen und Erweiterungen der Intensität und der Richtung der Aufmerksamkeit. Solche Bewegungen im Bereich des aktuellen intuitiven Denkens, insbesondere bezüglich der Ideen-

oder Gesetzeswelt (aber auch hinsichtlich der Bewusstwerdung des individuellen Denkens), haben nicht den Charakter
von Vorgängen des Entstehens und Vergehens, sondern den
Charakter von Aufmerksamkeitsverschiebungen und Perspektivenwechseln in einem Erlebnisraum ohne äußeren Zeitverlauf.[296]

Damit wird der (abstrakte) Gegensatz von Zeit und Ewigkeit aufgehoben, das heißt überwunden, und zugleich auf eine
höhere Stufe gehoben: In der lebendigen Zeit offenbart sich
die Ewigkeit und aus dem Sein der Ewigkeit wird die Zeit geboren. Im ewigen Leben der Bewusstwerdung der Geistesgegenwart eines individuellen Menschen zeigen sich Zeit und
Ewigkeit als zwei Seiten ein und derselben Wirklichkeit.

Damit es zu einem einzelnen Ich-Denk-Akt eines Ich kommen kann, bedarf es verschiedener Bedingungen (siehe dazu
ausführlicher Abschnitt 8.3):

(1) Es existiert ein Willenspotenzial, ein ewig kraftender
Urgrund des Ich (Einzigkeit und Einheit).

(2) Es gibt einen Verwirklichungsfonds, einen Hingabewillen, der sich über das in sich selbst kraftende Ruhen des
Ich hinaus liebend auf andere Weltbereiche erstrecken kann
(Potenzialität).

(3) Es gibt mindestens einen außerhalb des Ich liegenden
Weltbereich, der sich einer Verwirklichung des Ich zur Verfügung stellt und dem sich das Ich zur fürsorgenden Verfügung
stellen kann, für den es empfänglich ist (aktive und passive
Empfänglichkeit und Ermöglichung).

(4) Das Ich kann den Beginn einer konkreten Verwirklichung initiieren (Initiationsfähigkeit und Aktualität).

Bedingung (1) ist Vorbedingung von (2), das heißt, ohne ein
in sich ruhendes und bleibendes Kraften könnte es kein sich
nach außen richtendes Wirken des Ich geben. Dies ist aber

gerade die Charakteristik des ewigen Willenspotenzials des Ich, wie sie in den Abschnitten 5.3 bis 5.5 und 6.3 entwickelt wurde. Bedingung (3) ist Vorbedingung eines konkreten Ich-Denk-Aktes (4).

Für (3) kommen die durch intuitives Denken erfassbare Welt der Ideen oder Gesetze, die leiblich-seelische Organisation des Menschen (Abschnitte 5.6 und 5.7), die wahrnehmbare Wirklichkeit und insbesondere die soziale Gemeinschaft, die Mitmenschen, in Betracht. Sie stellen sich einer Verwirklichung des Ich zur Verfügung, in ihnen und mit ihnen kann sich das Ich tatsächlich zur Erscheinung bringen. Andererseits kann das Ich Impulse und Anregungen selbsttätig aufgreifen, einen Raum für seine Mitwelt und seine Mitmenschen schaffen und diesen ihre eigene Selbstverwirklichung mit ermöglichen.

Ich-Denk-Akte kommen nicht durch einen autonomen Entschluss zu einem Ende (denn ein solcher bewusst-tätiger Entschluss würde ja gerade die Fortsetzung eines solchen Aktes garantieren), sondern erlahmen aufgrund des Überhandnehmens anderer (fremder) Einflüsse, bis es zur Initiierung eines neuen Aktes, das heißt zur Auferstehung oder Entlähmung des denkenden Ich kommt. Das den Akt zu einem Ende bringende Agens, hier insbesondere die leiblich-seelische Organisation, hat zwei Funktionen: Erstens bringt diese Organisation dem Eingreifen eines Aktes, je nach ihrer Konstitution, mehr oder weniger Widerstand entgegen und ist somit indirekt an der unterschiedlichen Qualität und Quantität von Ich-Denk-Akten beteiligt, und zweitens bewahrt sie, je nach ihrer Konstitution mehr oder weniger gut, die Auswirkungen dieser Akte als Produkte des Denkens (Gedanken, Beobachtungen des Denkens) und stellt sie weiteren solchen Akten zur Verfügung.

Sowohl die erste wie die zweite Funktion hat zur Folge, dass es zu unterschiedlichen Entwicklungsgeschwindigkeiten des denkenden Ich allein aufgrund unterschiedlicher Gestaltungen der leiblich-seelischen Organisationen kommen kann.

Die zweite Funktion der leiblich-seelischen Organisation ist die der Basis für einen Strom von Ereignissen und Erlebnissen der außer-ideellen Wirklichkeit, welche den einzelnen Akten wie entgegenkommen oder ihnen begegnen, ihnen zur Verfügung stehen und von ihnen ergriffen werden können. Dieser Strom von Ereignissen enthält jedoch auch die Produkte bereits beendeter Denkakte, die zur Anknüpfung an abgeschlossene Denkvorgänge und ihre Fortsetzung durch neu aktualisiertes Denken unabdingbar sind. Im gegenwärtig stattfindenden Denkakt treffen demzufolge die im lebendigen Akt intuitiv angeschauten Gesetze oder Ideen auf die gegebenen Produkte aus abgeschlossenen Denkakten. Man kann deshalb bezüglich des Denkens von *zwei Zeitströmen* sprechen, dem *Vergangenheitsstrom*, der die Produkte vergangener Akte dem gegenwärtigen Akt entgegenbringt, und dem *Zukunftsstrom*. Letzterer wird aus dem Reich der Ewigkeit gespeist. Mit anderen Worten: Der Zukunftsstrom befruchtet aus dem Reich der Ideen- oder Gesetzeswelt die Gegenwart.

7.3 Erscheinendes Ich

Die den vorangehenden Betrachtungen zugrunde liegende Ich-Wesensidee umfasst zunächst zwei Hauptaspekte, die Gesetzmäßigkeit und die Wirksamkeit. Sie erlauben, die Ewigkeit des Seins sowie die Prozesse des Daseins eines Ich-Wesens in ihren Grundstrukturen zu erkennen. Mit ihnen kann *Entwicklung* erkannt werden als Ergebnis der fortgesetzten

Auseinandersetzung eines dem Kern nach ewigen Wesens mit einem oder mehreren ihm zur Verfügung stehenden Erscheinungsbereichen, das heißt als Ergebnis einer fortgesetzten Produktion von Erscheinungen durch das Ich-Wesen innerhalb von gegebenen und sich ebenfalls verändernden Weltbereichen. Damit erweist sich *Entwicklungsfähigkeit* als eine Zentraleigenschaft eines Ich-Wesens, wobei Entwicklung aus dieser Perspektive die Einheit der Abfolge aller Metamorphosen der Erscheinungen dieses Wesens umfasst.

Daran lassen sich folgende Ideenbestimmungen aufzeigen: Ein *Ich-Wesen* kann vermöge seiner Eigenwirksamkeit die in seiner Gesetzmäßigkeit liegenden Möglichkeiten in einem Weltbereich (*Medium*) zur Verwirklichung, zur *Erscheinung* bringen, falls sich ein solcher Weltbereich findet beziehungsweise zur Verfügung stellt. Eine Erscheinung ist demnach in ihrem Charakter bestimmt durch die Gesetzmäßigkeit und die Eigenwirksamkeit des dazugehörigen Ich-Wesens sowie die Gesetzmäßigkeit und die Eigenwirksamkeit des entsprechenden Mediums. *Entwicklung* ist die totale zeitliche und räumliche Ordnung der gesamten Folge der ins Dasein getretenen Erscheinungen eines Wesens; *Evolution* umfasst das Hervorgehen der Erscheinungen aus dem Ich-Wesen hinein in das Medium und *Involution* das Sich-Zurückziehen, das Entscheinen der Erscheinungen aus dem Medium in das Ich-Wesen.

Vom Gesichtspunkt des Zeitlichen, aus der Perspektive der Erscheinungswelt, ist die Entstehung von etwas Neuem aus dem Bereich der Ewigkeit, dem Bereich der Ideen- oder Gesetzeswelt, eine *Schöpfung aus dem Nichts*.[297] Es entsteht etwas, das aus dem Bisherigen nicht ableitbar, nicht vorhersehbar ist und seinen Inhalt nicht aus diesem Bereich hat. Vom Gesichtspunkt der Ewigkeit aus gesehen müsste man dagegen von einer *Schöpfung aus der Fülle* sprechen, da zur gesetzmäßigen Gestaltung eines konkreten Schöpfungsaktes (Handlungsakt) im Prinzip die totale Hingabe- und Gestaltungskraft des individuellen Ich sowie der gesamte Umfang der Ideen- oder Gesetzeswelt zur Verfügung steht.

Damit die Dimension der Entwicklung auch in der Idee eines Ich-Wesens selbst zum Ausdruck kommen kann, kann man diese erweitern um die Folge von Erscheinungen, das heißt, man fasst alle entstandenen und neu entstehenden Erscheinungen eines Ich-Wesens als zum Ich-Wesen dazugehörige Komponenten auf. Damit wird ein Ich-Wesen zu einer Einheit von ewigen und zeitlichen Aspekten. Zugleich eröffnet sich die Perspektive einer fortgesetzten Entwicklung, die zu einer nicht endenden Bereicherung des Ich-Wesens durch immer wieder neue Erscheinungen führt. Ein Ich-Wesen in diesem Sinne verändert, entwickelt sich immer, es bleibt nie sich selbst gleich.

Diese Auffassung eines Ich-Wesens und seiner Entwicklung bietet verschiedene Schwierigkeiten. Zunächst hat die oben dargestellte Auffassung der Entwicklung eines Ich-Wesens einen bloß kumulativen Charakter: Es werden die Ergebnisse der Auseinandersetzung des Ich-Wesens mit einem oder mehreren Erscheinungsbereichen, das heißt alle Erscheinungen, einfach aufgesammelt oder addiert, ohne dass der Kern des Ich-Wesens davon selbst betroffen wäre. Abgesehen davon ist zweitens nicht klar, in welcher Weise vergangene, abgeschlossene Erscheinungen aufbewahrt werden sollen. Drittens setzt diese Auffassung voraus, dass das sich entwickelnde Ich-Wesen in irgendeiner Weise immer mit seinen Erscheinungsbereichen konkret verbunden bleibt.

Es stellt sich jedoch die Frage, was an Früchten der Entwicklung übrig bleiben kann, wenn sich ein Ich-Wesen von (fast) allen Erscheinungsmedien zurückzieht? Kann es die Früchte der Entwicklung eigenständig in sich selbst bewahren oder nur die Entwicklungsergebnisse im Rahmen, im Umfeld seiner leiblich-seelischen Organisation für sich erhalten? Mit anderen Worten: Was heißt Entwicklung in einem überzeitlich-ewigen Bereich? Gehört Entwicklungsfähigkeit auch dem Kern eines Ich-Wesens an? Der Versuch einer ersten Antwort auf diese Frage und damit zugleich auf die Frage nach der konkreten Konstitution einer Individualität wird im nächsten Abschnitt gegeben und in den Abschnitten 8.3 und 9.5 fortgesetzt.

7.4 Zusammenfassung und Ergebnis: Bewusstwerdung von Geistesgegenwart und Entwicklung

Ein Licht auf die tiefere Bedeutung der Bewusstwerdung und der Entwicklung für die *individuelle* Konstitution des Ich kann durch einen Blick auf die in den vorangehenden Kapiteln geschilderten Erfahrungen von Zuständen und Prozessen des intuitiven Denkens geworfen werden.

Es wurde dabei mehrmals explizit und implizit auf den engen Zusammenhang von Bewusstwerdung im Sinne von Entwicklung und Geistesgegenwart oder Aktualität aufmerksam gemacht. Grundlegend dafür ist die Bestimmung der Bewuss*twerdung* als Prozess, als tätiges Entwicklungsgeschehen (Abschnitte 2.5, 3.7, 4.2, 5.1, 5.2), weshalb hier der sonst übliche Ausdruck «Bewusstsein» in der Regel verworfen wurde. Denn *was* bewusst wird, ist jeweils der geistige Grund, der aktuelle geistige Kern des Denkens und des Ich und das gegenwärtige geistige Fundament der übrigen Erfahrungswelt; und *wie* etwas bewusst wird, ist durch die geistigen Kräfte

und Gesetze des Denkens in Verbindung mit dem Ich bewirkt. Sowohl der Akt wie der Inhalt der Bewusstwerdung
sind gegenwärtig-geistiger Natur. Um diese enge Verbindung
von Bewusstwerdung und Geistesgegenwart zum Ausdruck
zu bringen, wird immer wieder von *Bewusstwerdung von Geistesgegenwart* oder *geistiger Entwicklungsfähigkeit* anstatt bloß
von Bewusstwerdung die Rede sein.

(1) In einem ersten Schritt zur Einführung der Idee der *Bewusstwerdung von Geistesgegenwart* kann Bewusstwerdung
als «Ort» der gewollten produktiven, empfangenden und
andere Produktionen ermöglichenden Begegnung, des aktiven Aufeinandertreffens von Ideen auf der einen Seite mit
gegebenen Erfahrungen auf der anderen Seite bestimmt werden.[298] Dies kann als *Beobachtungsbewusstwerdung* oder *Entwicklung der geistigen Fähigkeit zur Beobachtungserkenntnis*
bezeichnet werden (Anwendung auf das Selbst: Abschnitt
2.6). Eine fundamentale Komponente dieses Bewusstwerdens
von Geistesgegenwart ist demnach eine *aktive Begegnungsoffenheit*, eine aktive Gestaltung der Auseinandersetzung im
Sinne einer aktiven Empfänglichkeit und einer Ermöglichung
von Produktionen aus dem Bereich des Begegneten. Die Pflege und Ausbildung dieser Beobachtungsbewusstwerdung ist
eine unabdingbare Grundlage für die Vorbereitung und weitere Entwicklung der intuitiven Bewusstwerdung (Kapitel 4
bis 5). Diese Art der Bewusstwerdung von Geistesgegenwart
ist charakterisiert durch eine Begegnung der Beobachtungen
des Denkens oder des Ich mit der ideen- und urteilsbildenden
Tätigkeit des Denkens, die auf einer *Differenz* von Formzu-
ständen beruht, hier der aus der Vergangenheit bewahrten
Rückstände des Denkens, der Spuren früherer Denkakte, und
der Zustände des aktuellen Denkens (Abschnitte 1.4 und 2.6).
Diese Differenz wiederum beruht im gegebenen Falle auf der

Verdichtung durch ein drittes Element, die leiblich-seelische Organisation (siehe Abschnitt 3.8), welche dafür sorgt, dass die aufbewahrten Denkzustände von anderem Formcharakter sind als das aktuelle Denken.

Was nun insbesondere die Komponente der Begegnungsoffenheit betrifft, so zeigt sich eine ähnliche Signatur der Bewusstwerdung von Geistesgegenwart auch auf der nächsthöheren Stufe der Intuition. Die *intuitive Bewusstwerdung der Geistesgegenwart des Denkens* oder die *Entwicklung der geistigen Fähigkeit zur intuitiven Erkenntnis des Denkens* hat zwei Aspekte, die auseinandergehalten werden müssen: die intuitive Bewusstwerdung oder aktive Empfänglichkeit für Denkinhalte und die intuitive Bewusstwerdung oder aktive Empfänglichkeit für die Denktätigkeit (Abschnitt 1.2, 4.2). Im Ersteren findet eine *aktive Begegnung*, ein Zusammentreffen des aktuellen Individuums mit Erfahrungsinhalten statt, die einen von diesem Individuum verschiedenen Charakter haben: Das aus individueller Tätigkeit entspringende reine Denken begegnet und schöpft aus Weltgesetzmäßigkeiten, welche ihm einen Einblick in andere Weltbereiche und zugleich eine Auseinandersetzung mit diesen und damit deren Erscheinen im Menschen ermöglichen.

Im anderen Aspekt der intuitiven Bewusstwerdung der Geistesgegenwart des Denkens, in der Bewusstwerdung der Denktätigkeit, wird eine Gesetzmäßigkeit, diejenige des Denkens, in Aktivität erlebt, wobei allerdings diese Aktivität, wie sich in der intuitiven Bewusstwerdung des Ich herausstellt, nicht im Denken selbst, sondern im Ich ihren Ursprung hat (Abschnitte 5.1 bis 5.3). In der Bewusstwerdung der Denktätigkeit findet demnach auch eine Begegnung und empfangende Vereinigung statt, nämlich diejenige des Denkgesetzes mit der aus dem Ich stammenden Tätigkeit. Die Differenz der sich begegnenden Anteile liegt hier im aktiv wollenden Ich und dem sich zur Verfügung stellenden Denkgesetz.

In der *intuitiven Bewusstwerdung der Geistesgegenwart des Ich* oder der *Entwicklung der geistigen Fähigkeit zur intuitiven Erkenntnis des Ich* (Abschnitte 5.1 bis 5.3, 6.3) ist die Situation ähnlich: Auch hier begegnen, empfangen und vereinen sich zwei Bereiche des Seins, nämlich derjenige des universellen Ich-Gesetzes mit dem der individuellen Willensquelle. Diese Tatsache muss auf der einen Seite darauf zurückgeführt werden, dass sich das universelle Ich-Gesetz und das universelle Denkgesetz einer Verwirklichung durch eine individuelle Ich-Willensquelle zur Verfügung stellen können, ohne dass andere Verwirklichungen derselben Gesetze miteinander in einen unmittelbaren Konflikt geraten müssen. Auf der anderen Seite bedarf es einer über die Selbstverwirklichung im Sinne einer Selbsterhaltung hinausgehende, sich der Weltverwirklichung hingebenden Kraft des Ich, die nicht nur im Ich selbst wirkt, sondern über dieses hinaus in anderem zu wirken vermag.

Die empfangende Qualität der Begegnung im Rahmen der Bewusstwerdung von Geistesgegenwart schließt die Qualität der *Ermöglichung* in sich. Durch das Aufnehmen von Weltinhalt, das Verfolgen des Weltgeschehens und insbesondere das Aufgreifen von Impulsen anderer Menschen wird die Entfaltung der Produktivität von Mitmenschen überhaupt erst mit ermöglicht. Andernfalls versanden oder vertrocknen diese Impulse und bleiben dadurch unfruchtbar.

(2) Ein zweiter Faktor der *individuellen* Bewusstwerdung von Geistesgegenwart oder der geistigen Entwicklungsfähigkeit ist die konkrete *Fähigkeitsbildung*, die steigerbare Intensität, mit der eine *bestimmte* Art der Begegnung, des Empfangens und der Ermöglichung anderer Produktionen stattfindet.

Fähigkeitsbildung wird hier verstanden als konkreter und spezifischer, produktiver, empfangender und andere Produktionen ermöglichender Aufbau eines fürsorgenden Realbezugs des individuellen Kraftpotenzials, der individuellen Hingabekraft, auf einen ausgewählten Weltbereich vermöge einer bestimmten Zielgesetzmäßigkeit. Dies ist nichts anderes als der durch die moralische Intuition und moralische Phantasie vollzogene konkrete und reelle fürsorgende Weltbezug. Er umfasst zugleich die besondere Art der Erfahrung der Individualität innerhalb dieses konkreten Bezugs: Ich erlebe mich in aktueller Einheit – produzierend, empfangend und andere Produktionen ermöglichend – mit einem *bestimmten* Weltbereich. Im Besonderen beruht die konkrete und spezifische Fähigkeitsbildung des reinen Denkens darauf, wie intensiv und wie konkret der Realbezug der Ich-Tätigkeit vermöge des Gesetzes des reinen Denkens auf die Gesetzeswelt (Ideenwelt) selbst ist und wie konkret Ideen aufgenommen und deren Verwirklichung ermöglicht werden kann.

(3) Charakteristisch sind schließlich drittens für das *individuelle* Bewusstwerden von Geistesgegenwart oder der geistigen Entwicklungsfähigkeit eines Menschen-Ich auch die Gewissheit über die konkreten gesetzmäßigen (ideellen) Zusammenhänge und ihre Handhabung, vermöge welcher eine produktive Begegnung, ein produktives Empfangen und ein Ermöglichen anderer Produktionen stattfindet. Das aktive Drinnenstehen in solchen Zusammenhängen kennzeichnet den Standort, die spezifische *Perspektive* dieses Bewusstwerdens von Geistesgegenwart, seine konkrete Form der «Weltanschauung». So unterscheiden sich individuelle Entwicklungszustände sowohl den Ideenbereichen als auch dem Ideenumfange nach, man neigt in verschiedenen Lebensperioden zur Aufnahme und Verwirklichung verschiedener Ideenkon-

stellationen in unterschiedlicher Intensität. Darüber hinaus
gibt es auch Unterschiede in Bezug auf das Ideenvermögen
hinsichtlich der Verwendung von Intuitionen für Erkenntnis-
urteile oder für Zielbildungen für das Handeln in der Welt.[299]

Richtet man den Blick auf die überzeitlich-ewigen *Früchte*
der Auseinandersetzung des individuellen Ich mit der Erscheinungswelt, indem es sich in Denk-, Erkenntnis- und Hand-
lungsakten verschiedenster Art verwirklicht, so zeigt sich, dass
auf der Ich-Wesensebene – auf der Ebene des individuellen
Ich jenseits seiner Erscheinungen – geistige Entwicklungsfähigkeit nichts anderes als die unbegrenzte Entwicklung der
Bewusstwerdung von Geistesgegenwart ist. Schaut man nur
auf die einzelnen Akte und deren Verhältnis untereinander,
sowie auf das Verhältnis dieser Akte mit dem die Akte hervorbringenden Ich-Wesen, so kommt man «nur» auf diejenigen Eigenschaften von Entwicklungen, wie sie unter anderem in den vorangehenden Abschnitten 7.2 und 7.3 angeführt
wurden. Dabei zeigte sich, dass man auf diese Weise keinen
hinreichenden Zugang zum sich entwickelnden *individuellen*
Ich erhält: Sieht man von diesen Erscheinungen ab, so bleibt
nichts übrig, was man als Frucht der Entwicklung bestimmen
könnte.

Zur Verdeutlichung der Einsicht, dass die Entwicklung eines
individuellen Ich letztlich die ins Überzeitlich-Ewige ragen-
de Entwicklung der Bewusstwerdung von Geistesgegenwart
ist, werden die wichtigsten Komponenten einer solchen Bewusstwerdung von Geistesgegenwart oder der geistigen Entwicklungsfähigkeit eines Menschen-Ich noch einmal in ihrem
Kern zusammengefasst.

Komponenten der Bewusstwerdung von Geistesgegenwart
oder der unbegrenzten und offenen geistigen Entwicklungsfähig-
keit: Die Bewusstwerdung von Geistesgegenwart im Sinne des

produktiven Gestaltens, Empfangens und Ermöglichens anderer Produktionen durch ein Menschen-Ich lässt sich charakterisieren durch die Faktoren der Begegnungsoffenheit, der Fähigkeitsbildung und der Perspektivengestaltung.

(1) Die Begegnungsoffenheit, die aktive Empfänglichkeit und Ermöglichung anderer Produktionen beruht sowohl auf einer Differenz des Ich mit den ihm begegnenden, von ihm empfangenen und es empfangenden Seinsbereichen (andere Menschen und Weltbereiche) als auch auf einer Hingabe des Ich an das ihm Begegnende.

(2) Die Fähigkeitsbildung umfasst den Aufbau des konkreten Realbezugs des Ich zu seinem Gegenüber, das heißt die konkrete Ausgestaltung und Steigerung der tätigen, empfangenden und andere Produktionen ermöglichenden fürsorgenden Hingabekraft oder Liebe in geistiger Art.

(3) Die Perspektivengestaltung umfasst die Gewahrwerdung und Handhabung des geistigen Standorts, des geistigen Horizonts, der spezifischen «Weltanschauung», das heißt derjenigen Weltbereiche, mit denen das Ich in einem besonders intensiven gebenden, empfangenden und andere Produktionen ermöglichenden Austausch steht und die dadurch sein Verhältnis zur übrigen Welt mitprägen.

Aus diesen Faktoren der Bewusstwerdung von Geistesgegenwart oder der geistigen Entwicklungsfähigkeit ergibt sich eine Einsicht in die *einem Menschen-Ich zukommende Form von Entwicklung* im Sinne einer fortdauernden und unbegrenzten Entwicklung der Bewusstwerdung von Geistesgegenwart. Der entscheidende Faktor ist das Stattfinden von produktiven, empfangenden und Produktionen ermöglichenden Begegnungen mit anderen Menschen, im Bereich des intuitiven Denkens insbesondere die Begegnung mit bestimmten Bereichen der Gesetzeswelt (Ideenwelt). Die kon-

kreten Begegnungen hängen dabei sowohl von der konkreten
Fähigkeit zur produktiven, empfangenden und andere Produktionen ermöglichenden Hingabe an andere Weltbereiche,
insbesondere die Ideenwelt, ab als auch von der jenseits des individuellen Einflusses liegenden Möglichkeit und Bereitschaft
dieser Weltbereiche, sich für eine solche Begegnung zur Verfügung zu stellen, sich auf ein individuelles Verhältnis mit einem
Menschen-Ich einzulassen. Denn man kann auch beim besten
Willen, bei den besten Fähigkeiten, das Anschauen bestimmter Ideenkonstellationen nicht erzwingen. Aus der Konstella-
tion konkreter Begegnungen ergibt sich dann eine besondere
Verortung des Individuums in der Welt, sein Standort und
damit seine Perspektive(n), die sich mit Veränderungen und
Erweiterungen der Begegnungskonstellationen jeweils mit
transformieren.

Aus diesen Gesichtspunkten für die Entwicklung der Bewusstwerdung von Geistesgegenwart oder der unbegrenzten
geistigen Entwicklungsfähigkeit für ein Menschen-Ich ergeben sich Hinweise für die Beantwortung der Frage nach der
konkreten Individualität eines Menschen, der sich vermöge
des universellen Ich-Gesetzes verwirklicht. Zur individuellen Kraftquelle und zur universellen Form des Ich ist nun der
Faktor der Bewusstwerdung von Geistesgegenwart hinzuge-
kommen, mit seinen drei Komponenten der produktiven,
empfangenden und andere Produktionen ermöglichenden
Begegnungsoffenheit, Fähigkeitsbildung und *Perspektivengestaltung.* Damit lässt sich das Besondere, das Einzigartige
eines individuellen Menschen-Ich nicht nur an der Abfolge
seiner Erscheinungen, sondern auch an den unbegrenzt ent-
wicklungsfähigen Eigenschaften des Ich-Wesenskernes und
seinen Relationen zu anderen Weltbereichen festmachen: Die
Individualität eines Menschenwesens drückt sich durch die

bestimmte Art des aktuellen Weltbezugs im Rahmen seiner Bewusstwerdung von Geistesgegenwart aus.

Die sich erweiternde und vertiefende Individualität des Wesenskernes des Ich zeigt sich in der konkreten Form seiner produktiven, empfangenden und andere Produktionen fürsorglich ermöglichenden Bewusstwerdung von Geistesgegenwart, seiner unbegrenzten und offenen geistigen Entwicklungsfähigkeit, das heißt an der Art, dem Inhalt und dem Umfang seiner Begegnungen, an den konkreten sich steigernden Fähigkeiten zum realen Weltbezug und in der Vielfalt und Charakteristik seiner geistigen Standorte.

8. Dimensionen des Selbst und das Ich des Menschen

8.1 Perspektiven der Gegenwartsphilosophie

Wie bereits in den Vorbemerkungen zu diesem Buch verdeutlicht, sind die vorangehenden Untersuchungen aus der *Innenperspektive* verfasst, aus einer Perspektive, welche das unmittelbare Erleben des individuellen Menschen, seine direkte Teilnahme am Geschehen (die nur er allein bei sich selbst beobachten und vollziehen kann), ins Zentrum einer Bestimmung seiner Konstitution rückt. Und dies aus gutem Grund: Das Instrument *jeder* Bestimmung des Menschen und der Welt, das Denken, wird zwar unmittelbar nur innen erlebt, ist jedoch seiner Natur nach a-perspektivisch und damit jeder (letztlich durch es selbst bestimmten) Perspektive vor- und damit übergeordnet.

Die Innenperspektive auf das Selbst hat einen rezeptiven Modus, durch welchen sich Zustände und Abläufe zeigen; das sind in erster Linie die leiblichen und seelischen Dimensionen des Selbst (Kapitel 3). Im produktiven Modus der Innenperspektive auf das Selbst zeigen sich dessen geistige, das heißt seine hervorbringenden und gestaltenden Dimensionen (Kapitel 4 und 5). Ein Entwicklungspotenzial der Innenperspektive tut sich auf, wenn es gelingt, die produktive Teilnahme auf die Dimensionen des seelischen und leiblichen Selbst auszudehnen, mit anderen Worten: die Bewusstwerdung *und* Gestaltung des Seelenlebens und schließlich des Leibeslebens selbst in die Hand zu nehmen.[300]

Die zur Innenperspektive komplementäre *Außen- oder Beobachterperspektive* hat ihren Schwerpunkt zunächst in der Erfahrung des Leibes, in der Bestimmung seiner Gestalt und der Äußerung seiner Lebensfunktionen sowie in den Untersuchungen von Verhaltensweisen. Hier wird auf diejenigen Erfahrungen an einem (an irgendeinem) Menschen geschaut, die im Prinzip jeder andere Mensch auch machen könnte. Der Außenperspektive erschließen sich zunächst also nur diejenigen lebendigen, seelischen und geistigen Dimensionen eines Menschen, welche sich durch *leibliche Äußerungen* bemerkbar machen. Es liegt jedoch nicht in der Natur der Außenperspektive, lebendige, seelische oder geistige Dimensionen nur indirekt erfassen zu können; diese Dimensionen zeigen sich zumindest in der Innenperspektive und machen dadurch deutlich, dass sie grundsätzlich dem Erleben und Erkennen zugänglich sind. Eine entsprechende Erweiterung der Außenperspektive bis hin zur Erkenntnis lebendiger, seelischer und geistiger Konstitutionen muss demzufolge ebenso als eine Frage der Entwicklung aufgefasst werden wie die Ausdehnung der Innenperspektive von der rezeptiven Erlebnisweise auf die produktive Teilnahme an seelischen und leiblichen Erfahrungen.

Der über diese Perspektiven hinausführende eigentliche Zielpunkt der Innenperspektive ist das individuelle Ich, das sich keiner einzelnen Perspektive erschließt, da es selbst das perspektiven-setzende Agens ist.[301] Entsprechend ist der über jede Perspektive hinausführende eigentliche Fokus der Außenperspektive der andere Mensch, die andere Individualität, das konkrete Du. Dieses Du erschließt sich ebenso wenig (aus denselben Gründen wie beim eigenen Ich) einer einzelnen Perspektive.[302]

In der modernen Philosophie des Geistes sowie in der Philosophie der Person oder des personalen Selbst, der personalen Identität, wird zwischen der Perspektive der ersten Person und derjenigen der dritten Person unterschieden, die zweite Person, das Du, kommt dabei in der Regel nicht explizit vor.[303]

Zu den Erlebnissen der ersten Person werden in der Regel nur die sich dem persönlich-subjektiven Erleben erschließenden, bloß auftretenden Zustände und Abläufe gerechnet, also im Wesentlichen die seelischen Dimensionen und Komponenten des Selbst, als Kennzeichen des personalen Selbst.[304] Der (künstliche) Ausschluss der produktiv-geistigen Dimensionen des aktiven Erkennens und Handelns, der aktiven Selbstbezugnahme aus der Perspektive der ersten Person, führt zu einer Unterschätzung des Potenzials der Innenperspektive, welche demgemäß in der Regel zu einem negativen Ergebnis bezüglich der Existenz eines invariant-aktuellen Ich-Wesenskernes kommt. Denn es wird in diesem Zusammenhang mit Recht darauf verwiesen, dass wegen des bloß vorübergehenden, das heißt des bloß kommenden und gehenden, also nicht kontinuierlichen Charakters solcher Erfahrungsinhalte und der Nicht-Überprüfbarkeit von Erinnerungen als Vermittler oder Überbrücker der entsprechenden Erlebnislücken ein überdauerndes Selbst (diachrone Einheit oder Identität des Selbst) im Rahmen der Perspektive der ersten Person nicht nachgewiesen werden kann.

Auf der anderen Seite wird die Perspektive der dritten Person in ihrer Tragweite überschätzt. Zunächst soll es sich gar nicht um eine Perspektive *einer Person* handeln (deshalb sind eigentlich alle dafür gängigen Bezeichnungen wie «Perspektive der dritten Person» oder «Beobachterperspektive» irreführend[305]), sondern um die Untersuchung von Erfahrungen und Erkenntnissen, die *jede* Person zu jeder Zeit und an jedem Ort machen könnte. Der die Untersuchung durchführende

Wissenschaftler blendet dabei die Perspektive der ersten Person (auf sein eigenes Selbst) aus und widmet sich dem Objekt der Untersuchung, der zweiten Person, also einem anderen Selbst, aus der explizit unpersönlichen Perspektive der dritten Person. Dabei wird also explizit die mit einem eigenen inneren Erlebnishorizont ausgestattete zweite Person, das Du, ausgeblendet, mit dem Ergebnis, dass es bezüglich der Einsicht in die Persistenz einer Person überhaupt (überdauerndes Selbst) zu bloß hypothetischen Ergebnissen kommen kann und somit bezüglich dieser Frage die Perspektive der dritten Person keineswegs besser dasteht als diejenige der ersten Person:[306] Ob man nun die Persistenz einer Person über die Kontinuität des Köpers (oder des Gehirns), oder über die Kontinuität des belebten Körpers oder der Lebensprozesse, oder über die (relative) Kontinuität psychischer Prozesse, Automatismen oder Verhaltensweisen nachweisen will – man wird immer daran scheitern müssen, dass es von außen gesehen genauso wenig eine kontinuierliche, lückenlose Beobachtung und Erkenntnis der entsprechenden Fakten gibt, wie dies auch schon bei der auf seelische Prozesse eingeschränkten Perspektive der ersten Person der Fall war. Dieses Problem kann nur (scheinbar) umschifft werden, wenn die Tatsache ausgeblendet wird, dass auch Beobachtungen und Erkenntnisse aus der Perspektive der dritten Person von individuellen Menschen gemacht werden müssen und dass ein (scheinbares) Kontinuum dieser Beobachtungen und die Gültigkeit der darauf beruhenden Erkenntnisse nur durch entsprechende Überbrückungen (mündliche und schriftliche Berichte, Protokolle, Interpretationen von maschinellen Aufzeichnungen etc.) von Mensch zu Mensch erzwungen werden kann.

Damit handelt man sich aber das Problem ein, ob Berichte von Mensch zu Mensch, welcher technischer Art auch immer, verlässlicher sind als Erinnerungen, und ob solche Berichte ohne irgendwelche Erinnerungen (und sei es nur von den Bedeutungen der verwendeten Symbole oder Fachausdrücke) überhaupt möglich sind. Meines Erachtens ist beides nicht der Fall.

Auf den Nachweis dieser Behauptung sei kurz eingegangen: Was also Berichte von Mensch zu Mensch angeht, so sind diese grundsätzlich auf vermittelnde Instanzen (Sprache, Dokumente, Verhaltensmuster, elektronische Aufzeichnung und Verarbeitung etc.) angewiesen, die keine unmittelbare Inhaltsübertragung gestatten, sondern (ebenso wie Erinnerungen) interpretationsbedürftig sind: Die Überprüfung der Sach- oder Wahrheitsgemäßheit des Mitgeteilten ist genauso wenig möglich wie bei Erinnerungen: Ob das, auf welche Weise auch immer, Mitgeteilte so stattgefunden hat wie mitgeteilt, muss im *Vertrauen* auf die entsprechende (richtige, fehlerfreie, verlässliche etc.) Funktion der verwendeten Instanz geschehen (ebenso wie man Vertrauen in die Verlässlichkeit seiner Erinnerung – falls man sie überhaupt heranziehen will – haben muss). Hat man diese Verlässlichkeit vorausgehend geprüft, so bedarf das wiederum des Vertrauens in das entsprechende Audit-, Untersuchungs-, Qualifizierungs-, Validierungs- oder Kalibrierungsprotokoll oder in die Erinnerung an das vielleicht selbst durchgeführte Prüfverfahren etc. Wie man es auch dreht und wendet, auf Vertrauen und Erinnerung kann man in diesem Kontext nicht verzichten. Das betrifft insbesondere auch die allenfalls verwendeten Prüfverfahren, die herangezogenen Konzepte und Konventionen, die eingesetzten eigenen Fähigkeiten und diejenigen möglicher Mitarbeiter. Fazit: Im wissenschaftlichen Alltagsleben ist das alles selbstverständlich und unabdingbar – es wäre ohne Vertrauen (in sich selbst, in andere Menschen, in die intendierte Funktion der technischen Hilfs- und Kontrollmittel) und Erinnerungen (an die durchzuführenden Manipulationen, Anweisungen, Aktions- und Warnhinweise, Bedeutung der Fachausdrücke und Abkürzungen) nicht möglich. Der Vermittlungsprozess lässt sich auch nicht vollständig automatisieren, da sowohl am Anfang als auch am Ende der Mitteilung (ganz zu schweigen von dem Zur-Verfügung-Stellen der «automatisch» vermittelnden technischen Einrichtung) Menschen beteiligt sind, die planen, interpretieren, sinnieren, irren, träumen, schlafen, unaufmerksam sind etc. Je genauer man hinschaut, desto mehr zerfließt die Verlässlichkeit solcher Mitteilungen zwischen den Fingern und hebt sich in keiner *grundsätzlichen* Weise von den allein mit Erinnerungen zusammenhängenden Problemen der Verlässlichkeit ab.

Und nun? So funktioniert nun einmal der wissenschaftliche Alltag und hat uns bisher auch gut gedient, und es sind (fast) alle Fehler und Irrtümer irgendwann aufgedeckt worden. Dem kann und soll nicht widersprochen werden. Aber Vertrauen ist keine Kategorie des wissenschaftlichen Erkennens, sondern ein Kennzeichen von sozialen Prozessen in Erkenntnisgemeinschaften. Für die an dieser Stelle zu diskutierenden, den Menschen in seinem *Kern* betreffenden Einsichten können, und müssen demzufolge, höhere Anforderungen sowohl gestellt als auch erfüllt werden: unmittelbare selbst-tätig erarbeitete Gewissheit statt Vertrauen in die mitgeteilten Erlebnisse oder Erkenntnisresultate, unmittelbares gegenwärtiges Erleben statt Erinnerung.[307] Es bedarf dazu nur der Offenheit, sich auf das eigene aktive und erübte Innenleben einzulassen, so wie es in den vorangehenden Kapiteln des vorliegenden Buches mehrfach demonstriert wurde. Es wurde und wird nicht behauptet, dass dieser Zugang ohne Problem und irrtumsfrei sei, sondern nur, dass er eine ernst zu nehmende Erweiterung des üblichen Verfahrens sowohl der dritten als auch der ersten Person ist.

Zurück zur Perspektive der dritten Person: Wenn man nicht auf eine solche Beobachtungskontinuität durch lückenlose Berichterstattung verweisen will, sondern sich auf regelhafte Abläufe und Funktionen berufen will, welche die aus der Perspektive der dritten Person erfassbaren physikalisch-chemischen, biologischen und/oder psychischen Prozesse konstituieren, wenn man also auf gleichbleibende Gesetzmäßigkeiten hinweisen will, welche die Persistenz dieser Abläufe garantieren – dann muss diese Option selbstverständlich auch für die Innenperspektive, die Perspektive der ersten Person, zugestanden oder zumindest offen gelassen werden. Wie sich noch genauer zeigen wird, handelt es sich dann nicht mehr nur um regulative (manchmal auch epistemisch genannte) Prinzipien (im Sinne des Nominalismus), die bloß als konstitutiv *aufgefasst* werden können, sondern um als konstitutiv *erkannte*, das heißt unmittelbar als schaffend-schöpferisch *erlebte* Gestaltungskräfte (im Sinne des Ideenrealismus). Genau das ist der hier in den Kapiteln 5 und 6 vorbereitete und in den Abschnitten 8.3 und 9.5 zusammenfassend dargestellte Ansatz: der erlebbare und durchschaubare Nachweis einer schaffenden Gesetzmäßigkeit, insbesondere diejenige des Menschen-Ich (Ich-*Vollzug*), welche die innere Kontinuität des Menschseins aktuell, substanziell und ideell garantiert.

Es gibt demzufolge nur eine Lösung, sowohl für die erste Person als auch für die dritte Person: die Beschaffung von Erfahrungen und darauf beruhenden Erkenntnissen, welche die vom Überzeitlichen ins Zeitliche sich *manifestierende* schaffende Potenz offenbar und einsehbar machen und damit eine reelle (und nicht bloß ideelle oder hypothetische) immanente Überbrückung diskreter Ereignisse garantieren, welche jede äußere Überbrückung überflüssig machen. Für den Fall der Perspektive der ersten Person ist das mit einiger innerer Vorbereitung möglich. Dies bedeutet jedoch, dass die künstlichen Beschränkungen dieser Perspektive fallen gelassen und ein umfassenderer *Innen*erlebnisraum ins Auge gefasst werden muss, der auch die *aktiven* Teile des Selbsterlebens umfasst.[308] Daraus lässt sich ein Zugang zum invariant-aktuellen Menschen-Ich erarbeiten, der weder rein hypothetisch noch unerreichbar ist.[309]

Entsprechendes kann, zumindest hypothetisch, in Analogie zur Erweiterung der Perspektive der ersten Person auch für die Perspektive der dritten Person eingesehen werden. Wenn man sich etwa mittels einer Untersuchung der Lebensprozesse ein Bewusstsein über die Persistenz des menschlichen Leibes verschaffen will, so geht das nur, wenn es gelingt, diese Lebensprozesse nicht bloß durch Listen von Regularitäten zu erfassen, sondern in ihrer aktuell-schaffenden Natur zu erkennen, in ihrer aktuell-formenden Gesetzmäßigkeit, welche die Entstehung konkreter zeit- und ortsgebundener Lebensprozesse aus dem die aktuelle Situation überdauernden Lebensprinzip heraus offenbar machen. Das kann jedoch nur gelingen, wenn die Perspektive der dritten Person auf eine auch aktive Elemente enthaltende teilnehmende Erlebnisperspektive ausgeweitet wird, bei welcher man die am eigenen Ich gewonnene gestaltende Lebensperspektive als Beobachtungsinstrument für die Erfahrung von Lebensprozessen im Bereich des Nicht-Ich einsetzt.[310]

8.2 Identifikationen: Intentionen und Konstitutionen

Die Frage nach den Kennzeichen des Menschseins, nach den Eigenschaften einer Person oder der personalen Identität (Personalität), kann von zwei Richtungen aus gestellt werden. (1) Konstitutive Kennzeichen: Wodurch zeichnet sich der gewordene Mensch aus? Was besitzt er für Eigenschaften, welche Fähigkeiten hat er? Wie ist er und wie reagiert er? (2) Intentionale Kennzeichen: Welche Eigenschaften kann ein Mensch entwickeln und ausbauen? Wozu kann er werden?

Die konstitutiven Kennzeichen umfassen im Wesentlichen die Dimensionen des leiblichen Selbst und die beiden ersten Dimensionen des seelischen Selbst. Sie sind vorhanden, mit ihnen kann man sich identifizieren, mit Blick auf sie kann man sich als *Mensch* erleben. Das ist schon bei der seelischen Dimension des bewussten Selbst nicht mehr so ohne Weiteres möglich. Hier kann nicht mehr einfach nur eine Identifikation angenommen, sondern es muss etwas *vollzogen*, eine Anwesenheit, eine Fähigkeit initiiert und hervorgebracht werden. Dies gilt insbesondere für alle geistigen Dimensionen des Selbst: Hier müssen die Eigenschaften des Menschwerdens überhaupt erst geschaffen werden, bevor man sich mit ihnen identifizieren kann. Mit anderen Worten: Aus Intentionen müssen erst Konstitutionen werden. Im Sinne von Abschnitt 6.4 ist hierfür eine radikal andere Einstellung zur Betätigung des Denkens notwendig: Entfaltung des tätigen Denkens zur seelischen und geistigen Selbstentwicklung und nicht nur zur Handhabung der physisch-sinnlichen Welt.

Hier können zwei Richtungen beachtet werden, gemäß welchen die konstitutiven (manifesten) und intentionalen (manifestativen) Elemente des Menschseins ineinandergreifen können. Aus den bereits durch den menschlichen Geist sich manifestierenden Intentionen (Ziele, Motive, Grundsätze) können die Seele und der Leib ergriffen, geordnet werden, etwa im Sinne von Läuterung, Tugendübungen, Achtsamkeitsübungen, Bewegungsübungen etc.[311] Mit dieser ordnenden Tätigkeit verstärkt der Geist zugleich seine Anwesenheit, seine Kraft, seine Fähigkeiten und schafft dadurch eine Basis, eine Konstitution für weitere Schritte. Aus der Fähigkeit des Teilnehmens und Gestaltens erwächst eine beobachtbare Konstitution.

Umgekehrt kann die gegebene Konstitution, genauer: die darin manifesten Gesetzmäßigkeiten oder automatisch geregelten Abläufe, zur tätigen Intention erhoben werden – und damit das bloß Beobachtete zur tätigen Teilnahme verwandelt werden, indem aus gewohnten Abläufen, aus gegebenen Prozessen ein *Vollzug* gemacht wird, also aus unfrei-automatischen Ereignissen frei-bewusst vollzogene Taten. Dies kann für jeden Alltagsprozess in Arbeit genommen werden, wie zum Beispiel Weg zur Arbeit, Zähneputzen, Essen, Hausreinigung – aber auch für komplexere Vorgänge wie Menschenbegegnungen, Gespräche, Arbeitsabläufe etc.

Die Dimensionen des Selbst geben *im Allgemeinen* Antworten auf die Fragen: Was ist *der* Mensch? Was und wie ist er geworden? Das betrifft vor allem die leiblichen und seelischen Dimensionen des Selbst. Für die geistigen Dimensionen sind es die Fragen: Wie wird *der* Mensch? Was kann *der* Mensch aus sich machen? Alle derartigen Fragen betreffen als allgemein-menschliche Eigenschaften die universellen Bedingungen der Personalität, der menschlichen oder personalen Identität. Es ist wichtig, sich klarzumachen, dass diese Kennzeichen sowohl konstitutive als auch intentionale Faktoren enthalten. Denn, wie bereits hervorgehoben: Ein Mensch ist nicht nur ein Mensch durch das, was er (geworden) ist, sondern auch, wozu er werden kann, was er aus sich durch aktuelle Geistesgegenwart machen kann; ein Mensch kann das Gewordene verwandeln, er kann aus seinen Intentionen heraus Neues schaffen, konstituieren.

Dies wirft zwei weitere Fragenkomplexe auf: (I) Was ist die verschiedene Dimensionen des Selbst zusammenhaltende Einheit? Welche Entität identifiziert sich mit verschiedenen und sich verwandelnden Dimensionen des Selbst? Welche Entität ergreift die intentionalen Kennzeichen des Menschen und macht sie zu konstitutiven Eigenschaften? Wodurch ist die sich im Laufe aller Entwicklung selbst gleichbleibende Einheit eines Menschen garantiert? (II) Wodurch ist ein einzelner Mensch, eine gegenwärtig lebende einzelne Person, ausgezeichnet? Was macht ihre Spezität, ihre Besonderheit aus?

Auf die Fragen (II) gibt es eine kurze Antwort: das konkrete sich wandelnde Verhältnis von Konstitution und Intention, wie es sich in der *Biographie* manifestiert. In der langen Antwort wäre dies genauer zu spezifizieren, was hier nicht geleistet werden kann.

Die Fragen (I) führen alle auf die Frage nach dem individuellen *Menschen-Ich*, seiner Einzigkeit (Einheit) und Ganzheit, seiner Individualität und Universalität, seiner Gegenwart und Ewigkeit, seiner sich entwickelnden Zeitlichkeit und seiner überzeitlichen Potenz zur Initiierung aller Entwicklung. Das ist Thema des folgenden Abschnitts 8.3.

8.3 Zusammenfassung und Ergebnis: Ich und Mensch

Mit diesem Abschnitt wird in Anknüpfung an die Ergebnisse von Kapitel 7 eine Synthese, eine Konzentration und eine zusammenfassende Betrachtung aufgrund der Untersuchungen in den vorangehenden Kapiteln zu den Dimensionen des Selbst, insbesondere in ihrem Verhältnis zum Ich des Menschen, versucht. Im Vordergrund steht dabei das spannungsvolle und unausweichliche Verhältnis von Individualität und Universalität sowie damit zusammenhängend das Verhältnis von Identität und Entwicklung.[312]

Richtet man von vornherein seine Aufmerksamkeit auf das bestimmende und Dimensionen setzende, auf das Identitäten annehmende und wieder loslassende, auf das freie Handlungen initiierende und verantwortende Ich des Menschen, so muss dies über das Instrument aller dieser Vollzüge oder Verrichtungen erfolgen: das Denken. In seiner auf sich selbst gerichteten Beobachtung lernt das individuelle Ich zunächst einzusehen, dass es ein das Denken hervorbringendes, nicht aber erzeugendes Agens ist, dass es das sich selbst denkend als Denkendes Bestimmende und zugleich dieses Bestimmen und Initiieren Überdauernde ist (Abschnitte 1.4, 2.6 und 5.3).

Die Beobachtung des denkenden Selbst führt zunächst zur Idee oder dem Gesetz des denkenden Ich (Abschnitt 2.6). In der Intuition des Ich lernt sich der Mensch auch unmittelbar erlebend in seinem Ich-Vollzug (Ich-Bewusstwerdung und Zielbildung) und dann auch in seinem Weltbezug (freies Handeln) kennen (Kapitel 5): Er ist kein bloßes Objekt des Weltgeschehens, sondern ein bewusst gestaltendes Subjekt, ein Mitschöpfer von Weltprozessen.

Methodisch leitend für das Folgende sind gemäß den Ausführungen in Abschnitt 8.1 die Introspektion und gemäß Abschnitt 8.2 der Übergang von der konstitutiven zur intentionalen Perspektive auf den Menschen.

8.3.1 Denken

Das Denken hat gegenüber dem Ich von vornherein eine Sonderstellung: Es bestimmt zunächst sich selbst und die elementaren Dimensionen des Selbst, bevor es sich der in ihm aufleuchtenden Wirklichkeit des Ich bewusst wird; von da an ist das Denken das Instrument, durch welches sich das Ich konkret mit sich selbst und der Welt verbinden kann. Für den Weg des Denkens zu sich selbst (Selbstaufklärung des Denkens) und dann zum Selbst sind zwei eng miteinander zusammenhängende Einsichten grundlegend (Kapitel 1): die Universalität der Ideenwelt und die Universalität des Denkens.

Mit der *Universalität der Ideenwelt* ist der allgemeine und invariante Charakter von Ideen gegenüber der konkreten Erfahrungswelt gemeint; dabei sind einzelne Ideen durchaus konkrete Inhalte, die sich voneinander scharf unterscheiden.

Die *Universalität des Denkens* umfasst seine universelle Funktion, die im aktuell-tätigen Denken individuell einsehbare, aber nicht von diesem individuellen Denken dem Inhalt nach abhängige, in sich ruhend-bestimmte Natur der Ideenwelt offenbar zu machen, und die Tatsache, dass dieses Denken sowohl in seiner erkennenden Funktion die universellen Gesetzmäßigkeiten der gewordenen Welt (Abschnitte 4.2 bis 4.4) als auch die in seiner zielbildenden Funktion *allgemeinen* Bedingungen und *umfassenden* ideellen Möglichkeiten zukünftiger Gestaltungen in sich zur Erscheinung bringen kann (durch moralische Intuition und moralische Phantasie: siehe die Abschnitte 4.7 und 4.8). Die Universalität des Denkens, seine gesetzmäßige Bestimmung als tätiges Anschauungsorgan der Ideenwelt bedeutet also, dass es jedem Menschen grundsätzlich als Instrument zur tätigen Verbindung mit der universellen Ideenwelt zur Verfügung steht. Diese Denkgesetzmäßigkeit ist für alle tätig denkenden Menschen dieselbe, aber nicht, weil es sich in einzelnen Menschen aus sich selbst heraus manifestiert, sich den Menschen aufdrängt, sondern weil jedes Menschen-Ich es selbstständig zur Erscheinung bringen kann.

Zur Universalität des Denkens gehört also auch die *Universalität des Erkennens*, das heißt die durch nichts weiter als subjektive Bedingungen beschränkte Funktion, der menschlichen Erfahrung nicht unmittelbar zugängliche Strukturen, Zusammenhänge und gegenseitige Abhängigkeiten (aktuell und evolutiv) durchschaubar zu machen. Das Mittel zur Ergänzung der unmittelbaren Erfahrung ist das universelle Denken, welches (grundsätzlich) die entsprechend notwendigen Ideen der individuellen Bewusstwerdung zur Verfügung stellen (epistemische Intuition) und dieselben hinsichtlich der konkreten Erfahrungsinhalte bis hin zum Erkenntnisurteil individualisieren kann (epistemische Phantasie). Dieses Erkennen ist zugleich Vorbedingung situationsgerechten Handelns, das heißt der Fähigkeit, eine individuelle moralische Intuition so zu verwirklichen, dass sie den gegebenen Welt- und Menschenverhältnissen gemäß ist (moralische Phantasie und moralische Technik).

Aus den beschriebenen Kennzeichen der Universalität des tätigen Denkens ergibt sich auch seine Rezeptionsfähigkeit oder *Empfänglichkeit* gegenüber seiner Mitwelt und der Mitmenschen: Sowohl im Erkennen als auch im Handeln greift es Elemente der Welt und seiner Mitmenschen in Ideenform auf, macht sie sich zu eigen und damit durch seinen Beitrag für die Welt fruchtbar. Empfänglichkeit schafft eine Atmosphäre der *Ermöglichung* und damit einen Beitrag zur Überwindung der individuellen (beiderseitigen) Isolation durch Beteiligung am Weltgeschehen.

8.3.2 Ich

Mit dem Menschen-Ich wird etwas ins Auge gefasst, was einerseits für sich selbst steht, von keiner anderen Instanz in seinem Sein und Werden abhängig ist und doch mit dem übrigen Menschen und der Welt in untrennbarer Ganzheit verwoben ist. Es ist kein Produkt *aus* dieser Welt, sondern produktiv *in* der Welt. Stünde es nicht eigenständig *in* der menschlichen Organisation und *in* der Welt, so wäre es nicht relevant *für* die Gestaltung von Mensch und Welt. Gehörte es nicht zur Welt, so wäre es dieser Welt fremd, ihrer nicht mächtig und somit ebenfalls nicht relevant für die Gestaltung derselben. Um etwas Licht in diese Relationen zwischen Menschen-Ich und Welt zu bringen, werden verschiedene Perspektiven auf das Ich des Menschen hervorgehoben.

Universalität des Ich-Gesetzes (universelles ewiges Sein): Der an der Beobachtung und in der Intuition des Denkens erfassbare ideelle *Inhalt* der Gesetzmäßigkeit des Menschen-Ich lautet: Ein Ich ist ein sich produktiv selbst erhaltendes, das universelle Gesetz des Denkens und Erkennens aktuell vollziehendes und sich durch dieses mit konkreter Bestimmtheit und in hingebender Liebe der Welt im Erkennen und Handeln zuwendendes Wesen (Abschnitte 2.6, 4.9, 5.7 und 7.1).

Als Idee, als Teil der universellen Ideenwelt, teilt das Ich-Gesetz mit anderen Ideen folgende Eigenschaften. Es hat einen konkreten Inhalt: Es ist von allen anderen Ideen unterschieden. Es ist universell bezüglich aller konkreten Iche: Hinsichtlich dieses Gesetzes sind alle Iche gleich. Es ist in sich selbst bestimmt: Es erhält seine Bestimmungen nicht von außerhalb seiner selbst. Es ist ungeschaffen und unveränderbar: Es ist, als Idee, jenseits von Entstehen und Vergehen, es ist seinen innersten Bestimmungen nach ewig-überzeitlich.

Jedes einzelne Menschen-Ich hat teil an diesem Gesetz, verwirklicht es, insofern es seine Ich-Qualitäten über das aktive reine Denken geistesgegenwärtig zum Ausdruck bringt. In diesem Sinne ist das Ich-Gesetz universell: Es zeichnet ideell keinen Menschen spezifisch vor einem anderen Menschen aus. Jedoch ist gerade das einzelne Menschen-Ich dadurch etwas Besonderes, dass es und auf welche Weise es dieses Gesetz in sich reell, das heißt aktuell zur Wirksamkeit bringen kann. Jeder Mensch ist gerade dadurch ein spezifischer Ich-Mensch, dass er genau dieses Gesetz verwirklicht.

Ein einzelner Mensch ist jedoch keine bloße Erscheinung, kein bloßer Ausdruck, kein bloßer Spezialfall dieses universellen Gesetzes. Er hat seine eigene, einzig-einheitliche Schöpfungsquelle, die ihren Ursprung aus und in sich selbst und nicht in irgendetwas anderem (zum Beispiel in dem universellen Gesetz des Ich oder dem universellen Gesetz des Denkens) außerhalb seiner selbst hat.

Einzigkeit und Einheit der einzelnen Ich-Quelle (einzelnes ewiges Leben): Ein sich im tätigen Denken erfassendes Menschen-Ich erlebt sich als Quelle seiner Tätigkeit: Es wirkt aus sich heraus, es wird erlebbar nicht von etwas anderem bewirkt (Abschnitte 5.1 bis 5.3, 5.7). Denn falls es sich tatsächlich als von etwas anderem bewirkt erleben würde, wäre dies gerade eine Bestätigung des hier vorgebrachten Erlebnisgehaltes; denn dann stünde seine *eigene*, momentan passive, aber existenzielle Kraft einer *fremden*, momentan aktiven Kraft gegenüber; Letztere scheint den Menschen *momentan* zu bestimmen, tritt aber für diesen bloß wie von außen gegenüber seiner inneren Kraftqualität auf.

Ewige Potenzialität des Ich: Ein weiteres Kennzeichen des durchgehenden, des persistierenden und identitätsstiftenden Kerns des Menschen-Wesens ist seine Wirkpotenz, seine po-

tenzielle Liebes- und Hingabekraft, seine unbeschränkt-gleich-
bleibende Wandlungsfähigkeit, seine ihm eigene Kraft des
Wirkens *über sich selbst hinaus*, seine Kraft der Neuerfindung
seines Selbst sowie der Möglichkeit zur Setzung immer wieder
neuer Perspektiven auf und in die Welt außerhalb seiner selbst
(Abschnitt 4.9, 5.7, 6.3, 7.4).[313]

Initiationsfähigkeit oder Aktualität des Ich: Ein drittes fun-
damentales Kennzeichen des Ich ist seine Fähigkeit des Anfangens, der Aktualität, der Initiation, die es ihm ermöglicht,
alle äußeren Bestimmungen hinter sich zu lassen und sie aus
eigener Kraft entweder aufzugreifen oder zurückzuweisen
und eigene Bestimmungen an deren Stelle zu setzen. Ein Ich
kann der Welt eigenständig begegnen, wo es nicht aus ihr, sondern in ihr wirken kann. Es ist keine bloße Fortsetzung von
Weltprozessen, sondern kann selbst Weltprozesse initiieren
(Abschnitte 2.6, 5.7, 6.3, 7.2).

Empfänglichkeit und Ermöglichung: Ein Ich kann sich nicht
nur produktiv selbst erhalten und sich in die Welt hineinstel-
len, sondern es kann auch Weltinhalt in konkreter und ideeller Form aufgreifen, empfangen und sich zu eigen machen.
Auf dieser Grundlage kann es Raum schaffen, Sorge tragen
und Mithilfe leisten für die Verwirklichung der Impulse anderer Menschen (und weiterer Wesen). Empfänglichkeit schafft
Raum für Ermöglichung (Abschnitte 6.3, 6.4, 7.3, 7.4).

Auf dieser Grundlage eröffnet sich ein Weg zum Verständnis
eines sowohl mit sich selbst identisch bleibenden als auch sich
wandelnden Ich: Ein Menschen-Ich kann sich immer wieder
neu aktualisieren, kann sich wiederholt anderem zuwenden,
anderes empfangen, anderes ermöglichen und ist gerade deshalb etwas Eigenes. Es erlebt sich aktuell als tätig und weiß
zugleich innerhalb dieser Tätigkeit, dass es sich in diesem Akt
nicht erschöpft, sondern den Akt schöpft und weitere Akte

hervorbringen kann. Es ist nicht nur spezifisch und temporär schöpferisch im Hier und Jetzt, sondern universell-überzeitlich (oder genauer: zeithervorbringend) schöpferisch: Seine schöpferische Grundkraft (nicht: seine Erscheinung, sein einzelner Akt) hat weder Anfang noch Ende, sie ist selbst das Anfangende und das Endende. Das tätige Ich erfährt über seine aktuelle Tätigkeit, und nur in ihr, sich selbst und damit zugleich sein Überzeitliches, Ewiges, das zugleich der Ursprung, die Quelle aller (seiner) zeitlichen Prozesse ist.

Im einzelnen Ich sind demnach universelles Ich-Gesetz, einzig-einheitliche Ich-Kraft, ewige Potenzialität, Initiationsfähigkeit und Empfänglichkeit vereint: Die einzig-einheitliche, aber richtungs- und bestimmungslose Ich-Kraft verwirklicht als Einzelne das universelle Ich-Gesetz und ermöglicht sich dadurch spezifisch bestimmte, liebende Weltzuwendungen (Abschnitt 4.9). Dies führt zu sich verändernden, verdichtenden und lösenden Begegnungen, zu immer wieder neuen Konstellationen von verschiedensten wirkenden Ich-Wesen. [314]

Unbegrenzte und offene Entwicklungsfähigkeit des Ich: Die Ausschöpfung, die fortwährende, wiederholte und gesteigerte Liebe, Initiationsfähigkeit, Empfänglichkeit und Ermöglichung begründet die offene und unbegrenzte Möglichkeit zur und Wirklichkeit der Entwicklung von Bezugs- und Wirkfähigkeit des Ich (Abschnitte 6.4, 7.3, 7.4).

Was an Konkretem daraus wird und was sich weiterverwandelt, was dazukommt und was verschwindet, das macht sein *individuelles Ich*, seine *Individualität*, mit anderen Worten: seine konkrete Bewusstwerdung aktueller Geistesgegenwart (Abschnitt 7.4) aus.

Individuelles Ich oder Individualität: Seine Individualität erringt sich ein Menschen-Ich auf der Grundlage der ihm immanenten Universalität, Einzigkeit, Potenzialität, Initiationsfähigkeit, Empfänglichkeit und geistigen Entwicklungsfähigkeit durch Selbst- und Welt-*Bewusstwerdung*, insbesondere durch seinen tätig erkennenden und handelnden Umgang mit ausgewählten Weltbereichen und anderen Menschen-Ichen. Dies bedeutet, dass sich ein Mensch zur Gewinnung von Individualität eigene *Perspektiven* aneignen kann, seine *konkreten Begegnungen* mit anderen Ich-Wesen pflegen kann (was zu unterschiedlichen Begegnungskonstellationen führt) und durch wiederholte Zuwendung zu *bestimmten* Tätigkeiten *spezifische* Fähigkeiten erarbeiten kann.

Zum vorläufigen Abschluss der Betrachtungen zu den verschiedenen Qualitäten oder Kennzeichen eines Menschen-Ich muss noch eine zentrale Frage konkreter beleuchtet werden: Wie ist es möglich, in aktueller Gegenwärtigkeit etwas Ewiges, Überzeitliches zu erkennen? Zunächst eine These: Wenn dies nicht auf aktuelle Weise möglich ist, dann gar nicht. Denn andernfalls müsste ein «ewige Zeit» ablaufen, bevor man sicher sein kann, dass es sich tatsächlich um ein «ewiges Sein» handelt, was natürlich absurd ist. Denn dadurch fände bestenfalls eine Annäherung an einen nicht endenden Zeitverlauf statt (ganz abgesehen von der dabei offen bleibenden Frage nach dem Anfang), aber keinerlei Einsicht in eine jenseits von Zeit und Raum anwesende Ewigkeit (im Kontrast zu einer bloßen Un-Zeitlichkeit, einer bloßen Negation der Zeitlichkeit).

Offenbar ist für die Einsicht in die Ewigkeit der Vollzugsquelle des individuellen Ich die bloße Erfahrung nicht hinreichend (wie es sich für eine vollständige Erkenntnis auch gehört): Es bedarf einer denkenden Einsicht in die Natur, in die ideelle Ordnung des Erfahrenen. Und dann genügt auch eine (von außen gesehen) zeitlich begrenzte Erfahrung, innerhalb welcher sich die ewige Natur des Erfahrenen immanent in ihrer Einheit von Gesetzmäßigkeit und Wirksamkeit offenbart.

Dies bedeutet im vorliegenden Fall, dass in der Erfahrung des individuellen Ich (im Sinne einer aktuellen denkenden Gewahrwerdung der diesen Denkakt hervorbringenden und zugleich bestimmenden Ich-Quelle) sich sowohl sein *reines* Gesetz (reiner Ideeninhalt), sein aktuell *wirksames* Gesetz als auch die *Quelle* dieser aktuellen Wirksamkeit zeigt, also nicht nur der Anfang (und das Ende) des sich vollziehenden Aktes, sondern auch das ohne eigenen Anfang Anfangende, das Initiierende des gegenwärtigen Aktes. Dabei kann deutlich werden, dass hier aus dem unanfänglich Anfangenden heraus eine zeitliche Konkretion, das heißt aus dem Überzeitlichen erst ein manifestativer zeitlicher *Vollzug* geschaffen wird, der sich dann auch als manifester zeitlicher *Ablauf*, als gegebenes und weiter ablaufendes Ereignis, in der Welt und in der Seele spiegeln kann (im beobachtbaren Nacherleben, dem Weltverlauf und in der Erinnerung).[315]

8.3.3 Mensch

Mensch-Sein und Mensch-Werden erschöpft sich weder in den mannigfaltigen Dimensionen des Selbst noch in der Universalität, Einzigkeit, Potenzialität, Initiationsfähigkeit, Empfänglichkeit und geistigen Entwicklungsfähigkeit des Ich. Der konkrete Mensch ist eine Ganzheit seines schaffenden Prinzips und der dieses Schaffen ermöglichenden Grundlage, der menschlichen leiblich-seelisch-geistigen Organisation. Denn seine konkrete Weltverbindung geht über Weltbewusstwerdung und Selbstbewusstwerdung, über Weltgestaltung und Selbstgestaltung, über Weltverwandlung und Selbstverwandlung. Dazu bedarf jedes individuelle Ich eines ihm und allen anderen Ichen angemessenen, gleichartigen und zugleich weltverwandten Instrumentes, mit dem es sowohl sich selbst ergreifen und erkennen als auch die übrige Welt erkennen und gestalten kann.

Universeller Mensch, universelles Gesetz des Menschen (universelle Ermöglichung von Bewusstwerdung und Gestaltung): Das universelle Gesetz oder das Urbild des Menschen fällt zusammen mit dem universellen Gesetz der menschlichen Organisation (Gliederung in Leib, Seele und Geist und deren weitere Untergliederungen) in Ganzheit mit dem universellen Ich-Gesetz als strukturgebendes Prinzip für jedes individuell wirkende konkrete Ich. Diese universelle Ganzheit ist die Ermöglichungsgrundlage des bewussten Erlebens, Erkennens und Handelns des individuellen Menschen und liegt den Dimensionen des Selbst zugrunde.

Man kann auch sagen, dass das universelle Gesetz des Menschen vermöge einzigartiger Menschen-Iche in den verschiedenen Dimensionen des Selbst zur *Erscheinung* kommt. Die menschliche Organisation ist das Erscheinungs- und Gestaltungsmedium des Menschen-Ich, in welcher sich seine manifesten (leiblich-seelischen) Dimensionen offenbaren und durch welche seine manifestativen (geistigen) Dimensionen Gestalt und Konkretion annehmen können. Menschen-Ich und Organisation bedingen einander. Ohne Organisation gibt es keine Manifestation und damit keine Erscheinung des Ich. Es würde sich nicht offenbaren können und bliebe ewig in sich selbst verschlossen: ein zwar in sich selbst wirksames, aber unfruchtbares Wesen. Auf der anderen Seite gäbe es ohne Menschen-Ich keine Dimensionen des Selbst: Die allgemein-menschliche Organisation bliebe funktionslos, Ursache und Ziel ihrer Existenz wären hinfällig.

Menschen-Individuum (Erscheinungsentwicklung durch Verbindung, Umwandlung und Lösung): Verwirklichung eines individuellen Ich in einer Erscheinung des universellen

Menschen, in einer einzelnen menschlichen Organisation; *Realbezug* eines individuellen Ich zur universellen Idee des Menschen. Dies hat einerseits Spuren und Umwandlungen in dieser Organisation und andererseits Rückwirkungen auf das individuelle Ich zur Folge (Ermöglichung von Selbstgestaltung und Bewusstwerdung). Andererseits führt dies auf Spuren in der Welt und bei den Mitmenschen und deren Rückwirkung auf den individuell handelnden Menschen (Schicksal). Daraus ergibt sich für das individuelle Ich die Notwendigkeit einer fortgesetzten Verbindung (Evolution) und Lösung (Involution), das heißt von wiederholten Verkörperungen und rein geistigen Schöpfungsprozessen, von Bewusstwerdung und produktivem Ergreifen von Tatenfolgen. Dies ist das Arbeitsmaterial, die Grundlage und der immer wieder neue Ausgangspunkt einer unbedingten freien Gestaltung seiner selbst und der Erde (Schöpfung aus dem Nichts). [316]

An dieser Stelle wird deutlich, dass der individuelle Mensch durch Zusammenwirken verschiedener universell-schaffender Prinzipien zustande kommt, die sich einerseits seiner Entfaltung selbstlos zur Verfügung stellen und dieses Entfalten andererseits in indirekter und begleitender Weise aktiv unterstützen. So stellt sich etwa sowohl das universelle Gesetz des Denkens als auch das universelle Gesetz des Ich der spezifisch wirkenden Kraft des einzelnen (einzig-einheitlichen) Menschen zur Verfügung, ohne sich *in ihm* unmittelbar zu verwirklichen. Auf der anderen Seite wurde und wird die Erscheinungsentwicklung der menschlichen Organisation evolutiv bis zu einem Punkt gebracht, an dem sie gegenwärtig durch einzelne Menschen anfänglich selbst ergriffen und weiterentwickelt werden kann. Damit dies möglich ist bedurfte es einer Präparierung dieser universellen Organisation, um sie zur Aufnahme und Ermöglichung eines sich zu

Selbsterkenntnis und Freiheit entwickelnden Ich-Menschen zu befähigen.

Aus diesen Andeutungen eröffnet sich eine Perspektive einerseits auf die Evolution des Menschen und andererseits auf die konkrete Anwesenheit und Bedeutung universeller geistiger Real-Prinzipien (Wesenheiten) für die Wesens- und Erscheinungsentwicklung des Menschen. Deren Erkundung führt in zentrale Bereiche der Anthroposophie, die hier nicht thematisiert werden können.

9. Freiheit, Kausalität und Ich-Vollzug

In diesem Kapitel werden einige Untersuchungen der vorangehenden Kapitel weiter vertieft und konkretisiert, in erster Linie im Lichte von Fragen und Bestimmungen zum freien Handeln und zur Idee der Kausalität. Von weitreichender Bedeutung ist dabei die Beziehung von Ich und Kausalität, insbesondere diejenige Form des Vollzugs oder der Aktualisierung, die dem hier dargestellten Freiheitsverständnis angemessen ist. Der *Vollzug* einer freien Handlung kommt dem mehr oder weniger nahe, was in der philosophischen Gegenwartsliteratur unter Akteurskausalität (manchmal auch allgemeiner Agenskausalität) diskutiert wird. Wegen ihrer eigenständigen Bedeutung sowie der streng am Menschen-Ich orientierten Kennzeichen wird die dem freien Handeln im hier entwickelten Sinn zugrunde liegende Aktualisierung *Ich-Vollzug* genannt.

Bevor dieses zentrale, jedoch auch umstrittene Thema in Abschnitt 9.5 aufgegriffen und mit verschiedenen Einwänden im Abschnitt 9.6 konfrontiert werden kann, wird in Abschnitt 9.1 die lebensweltliche Einbettung einer freien Handlung skizziert. Letzteres dient in erster Linie als Hintergrund und skizzenhafter Vorblick der folgenden Darstellung, kann aber auch als präventive Maßnahme angesichts möglicher Dualismus-Vorwürfe (Ich/Organisation, Ich/Körper, Geist/Gehirn, geistige Freiheit/leibgebundener Alltag etc.) gelesen werden. Es folgt im Abschnitt 9.3 eine kurze Auseinandersetzung mit Ideen zur Kausalität und zum Determinismus, welche erstens zeigen, dass der Verwirklichung von Willens- und Handlungsfreiheit keine hinreichend starken Gründe aus der Kausalitätstheorie entgegenstehen. Zweitens bereiten sie das

Feld vor für eine Diskussion des Ich-Vollzugs im Sinne einer strukturellen Erfassung (Analyse) des frei handelnden Menschen-Ich. Nachdem in Abschnitt 9.3 eine die Freiheit des Menschen grundsätzlich leugnende Position zurückgewiesen wurde, wird in Abschnitt 9.4 von den die Freiheit befürwortenden Positionen der Gegenwartsphilosophie (insbesondere Kompatibilismus und Libertarismus) gezeigt, dass sie zwar notwendige Durchgangsstufen auf dem Wege zur unbedingten Freiheit hervorheben (und anschließend verabsolutieren), aber in der Regel beim Verständnis der bloßen *Befreiung* oder *Wahlfreiheit* stehen bleiben und nicht zur Anerkennung einer aktiven und individuellen *schöpferischen* Freiheit auf der Grundlage des Ich-Vollzugs vordringen. Positiv gesprochen beschreiben sie den zu bestellenden Acker der Freiwerdung, der seine Früchte erst im Durchgang einer solchen Auseinandersetzung mit (meines Erachtens) vorläufigen Positionen hervorsprießen lassen kann. Schließlich folgt nach diesen Vorbereitungen in Abschnitt 9.5 eine ins Detail gehende Explikation der unbedingten Freiheit, insbesondere des *Ich-Vollzugs*, und in Abschnitt 9.6 eine Diskussion der wichtigsten grundsätzlichen Einwände gegen jede Art von Akteurskausalität, welche auch den Ich-Vollzug betreffen.

9.1 Die freie Handlung – oder Hin und Zurück

Jeder Mensch findet sich in seinem Leben irgendwann einmal in einer Situation oder Phase, vielleicht auch in einer Aufgabenstellung, wo er (oder sie), vielleicht halb widerwillig und halb sehnsüchtig, in etwas hineingerät, -gestoßen oder -gedrängt worden ist, was er oder sie von sich aus nicht aufgegriffen hätte. Im Laufe des weiteren Erlebens und Handelns hat er sich dann mit der Situation abgefunden, sie akzeptiert und sie sich eventuell zu eigen gemacht, bis hin zu einer vollkommen freiwilligen Fortführung und gegebenenfalls eigenständigen Beendigung der damit verbundenen Aufgaben.[317]

Was geht hier vor? Ein in behüteten oder auch fordernden Verhältnissen aufgewachsener Mensch bildet Gewohnheiten und Verhaltensweisen aus, die er irgendwann zu hinterfragen beginnt. In der Regel braucht es dazu ein ihn betreffendes Ereignis (einschneidende Krankheit oder Unfall, erzwungener Berufs- und/oder Arbeitsstellenwechsel, Bruch und/oder Neuanfang einer Beziehung etc.). Nach Phasen der Begeisterung, des Hochflugs, des Widerwillens, der Empörung, der Depression, der Abwendung, oder auch der oberflächlichen Gleichgültigkeit, kann eine Phase der aktiven Verarbeitung der Vergangenheit und/oder der neuen Verhältnisse eintreten. Diese bedingt ein Ringen mit bisherigen Gewohnheiten, Selbstverständlichkeiten, Ritualen, Erwartungen und Reflexen. Es muss immer wieder vorübergehend Raum geschaffen werden für die Ermöglichung neuer Impulse – durch Rückzug, Verlangsamung, Beratung, Gespräche mit Freunden und Therapeuten etc. Dabei lauert die Gefahr eines Ersatzes alter durch neue Gewohnheiten, das Ausbilden neuer Rituale und Routinen zur Verdrängung der alten. Aber irgendwann wird deutlich, dass das Ziel nicht darin bestehen kann, zwischen verschiedenen Gewohnheiten hin- und herzupendeln oder sich in einem scheinbar idealen Zwischenzustand zur Ruhe zu setzen, sondern die Auseinandersetzung, das Ringen aufrechtzuhalten, sich weiter den inneren und äußeren Ansprüchen zu stellen, seinen eigenen Freiraum immer wieder neu zu erkämpfen.

Gelingt das, so kann darüber hinaus dazu übergegangen werden, für gegebene Situationen verschiedene Handlungsalternativen auszuarbeiten – und sich insbesondere klarzu-machen, dass es zu *jeder* Situation mehrere konkrete «mo-ralische», «ethische», «gute», stichhaltige und rationale Gründe für jeweils ganz verschiedenartige, ja gegensätzliche und sogar sich ausschließende Verhaltensperspektiven gibt. Welche Begründungszusammenhänge und welche Normen aktuell eine Rolle spielen, hängt in der Regel von Erziehung, Konvention und Gewohnheit und/oder von allgemeinen entwicklungspsychologischen Gesetzen der moralischen Ent-wicklung ab.[318] Damit findet man sich im strengsten Sinne auf sich selbst zurückgeworfen: Das Einzige, was bleibt, ist die Aufrechterhaltung (und Ausbildung) der eigenen fragenden, abwägenden und prüfenden Tätigkeit und schließlich der Entschluss für diejenige Alternative, die einem, aus welchen Gründen auch immer, aktuell am besten zusagt.

Spätestens an diesem Punkt kann einem klar geworden sein, dass die eigene praktische Urteilskraft mangels hinreichenden Einsichtsvermögens und lückenhafter Voraussicht grundsätz-lich zu keinem sicheren Ergebnis kommen kann, falls sie sich alleine auf die Methode des gedanklich-rationalen Entschei-dens zwischen verschiedenen Alternativen verlässt. An was sollte man sich denn auch halten? Welche bisher als unum-stößlich und feststehend aufgefassten ethischen Prinzipien, Normen, Rechte etc. könnten, je nach Variation der Situation, der Information, der Vielfalt, der Handlungsalternativen und des Einsichts- und Argumentationsvermögens, nicht doch wieder in Frage gestellt werden? Jeder Versuch, irgendwel-che konkreten «letzten» Gründe wiederum zu rechtfertigen (falls sie nicht einfach dogmatisch gefordert werden sollen), führt unweigerlich in einen infiniten Begründungsregress (siehe dazu jedoch Abschnitt 9.2).

Was bleibt? Auf jeden Fall kein einziges absolut verlässliches

Argument zur ideellen Willensbegründung. Um das aus den vorangegangenen Untersuchungen in den Kapiteln 4 und 5 folgende Ergebnis mit aller Deutlichkeit zu nennen: Letztlich kann nur die eigene Gewichtung, das heißt nur die aus dem innersten Ich-Quell sich der Situation vermöge einer individuell gewählten Zielrichtung zuwendende Hingabe das Entscheidungsproblem praktisch lösen: Reine Liebe in geistiger Art, verbunden mit einer aktiv erfassten Idee, einer Intuition, als letzter Realgrund (nicht: Idealgrund) einer freien Handlung.[319]

Nun, das ist der *Weg hin* zur Freilegung des innersten Quellgrundes des freien Handelns, der eigentlichen Willensbildung, zum Aufsuchen einer moralischen Intuition, zur Aktivierung der moralischen Phantasie für den Zielbildungsprozess. Der gegenläufige, jedoch dazugehörige Prozess des freien Tuns oder Handelns (in Ergänzung zur freien Willensbildung) ist der Weg *zurück* zum konkreten Leben, wo das Intendierte nun fruchtbar werden kann.

Das Sich-Durchringen zur vorbehaltlosen Hinwendung an die vorliegende Lebenssituation hat Folgen: Man bemüht sich nun durch alle Kräfte der Phantasie, der Situation angesichts der auserkorenen Handlungsgründe (zum Beispiel der neuen beruflichen Ausrichtung) gerecht zu werden. Das bedingt zweierlei: erstens eine umfassende konzeptionelle und praktische Auseinandersetzung mit dem Handlungskontext (Umgebung, Mitmenschen, soziale/wirtschaftliche/politische Situation etc.) durch *moralische Technik* und zweitens produktive Phantasie in der Umsetzung und Spezialisierung der allgemeinen Handlungsidee (*moralische Phantasie*).[320] Auf diese Weise kann also aus einem zunächst unfreiwilligen, aufgezwungenen oder widerwilligen Tun ein freies Handeln werden. Getan wird unter Umständen (zunächst) mehr oder weniger dasselbe – aber mit einer ganz anderen Art der Bewusstwerdung und unerschöpflichem Entwicklungspotenzial.

Der Gefährdungen sind viele, Scheitern und Ablenkungen, Verführungen und Abirrungen gehören dazu, ebenso wie Zähmung und Gestaltung äußerer und innerer Einflüsse, Überwindung von Hindernissen, fortgesetzte Stärkung der Kräfte und Schärfung des Urteilsvermögens. Kurz: Der Weg der Freiheit ist ein Weg der *Fähigkeitsentwicklung*, kein Zustand oder eine Disposition, die vorhanden ist oder auch nicht.

Die Möglichkeit, diesen Weg zu gehen, die Potenz, freie Handlungen zu verwirklichen, ist jedem Menschen gegeben – ja macht sein *universelles* Mensch-Sein aus. *Individuelle Menschwerdung* ist jedoch *individuell verwirklichte Freiheitsentwicklung*.

Eine einmal errungene Freiheit des Handelns ist keine Garantie für weitere freie Handlungen. Das Ringen endet nie – im Gegenteil, Freiwerdung ist geradezu die Fähigkeit zur fortgesetzten und wiederholten «überlegten hindernisüberwindenden Willensbildung und -umsetzung».[321]

9.2 Letztbegründung und Freiheit

Der im vorangehenden Abschnitt dargelegte Begründungsregress für Ziele freier Handlungen hat die rationale Unbegründbarkeit und damit die grundsätzliche Nicht-Rückführbarkeit spezifischer Ziele auf irgendwelche allgemeinen Handlungsmaximen zur Folge. Ohne irgendein System von dem einzelnen Handeln vorgegebenen, sozial oder persönlich gerechtfertigten allgemeinen ethisch-moralischen Normen oder Maximen lässt sich keine umfassende Letztbegründung, also kein letzter, nicht umgehbarer, nicht hinterfragbarer Grund für spezifische Handlungsziele finden.

Um der sich hier scheinbar öffnenden Willkür oder Beliebigkeit einen Riegel vorzuschieben, wurde (unter anderem) vorgeschlagen, eine Letztbegründung nicht über den Inhalt von Handlungszielen einzuführen, sondern über deren Form der Erscheinung, und zwar über die Bedingung der Möglichkeit des rationalen Diskurses (rationale Kommunikation) zur Auseinandersetzung mit unterschiedlichen Handlungszielen.[322] Dies setzt wiederum voraus, dass Denken im Allgemeinen und Zielbildung im Besonderen durch kommunikative Prozesse zumindest mitbestimmt sind. Kommt man zur Einsicht, dass es Formen des Denkens gibt, die jeder Kommunikation sowohl zeitlich als auch systematisch vorangehen, durch welche also die kommunikativen Äußerungen (Sprache, Gestik etc.) erst ihre Bedeutung erhalten (Abschnitt 1.3), so können die unabdingbaren Formen (Gesetze, Ideen) des rationalen Diskurses nicht das Feld sein, wo nach möglichen universellen Letztbegründungen gesucht werden kann.

An der Idee einer formalen im Kontrast zu einer inhaltlichen Letztbegründung kann jedoch festgehalten werden. Genau auf dem Unterschied zwischen Denk*form* und Denk*inhalt* beruht auch die Rückweisung der Behauptung, Denken sei der Kommunikation durch Sprache nachgeordnet. Es kommt nicht darauf an, neue Inhalte oder ganze Systeme von Inhalten zu postulieren, die irgendwie sprachlich nicht erreichbar oder ausdrückbar sind, sondern eine *Form des Denkens* ins geistige Auge zu fassen, die ihrer Natur nach ihre ideellen Bestimmungen anschauend anhand der Ideenwelt selbst entwickelt und nicht aus der Sprache entnimmt (was immer das genau heißen mag). Das ist die Erfahrung des reinen, und wenn es in seiner Form bewusst wird, *intuitiven Denkens*, wie es im Kapitel 1 eingeführt und in den folgenden Kapiteln weiterentwickelt wurde. Reines Denken hat sich in dem Sinne als letztbegründet erwiesen, dass es erstens seine Inhalte nicht selbst konstruiert oder bloß deduziert, sondern tätig anschaut, und zweitens sich über seine Form selbst Aufklärung verschaffen kann (also durch etwas außerhalb seiner selbst weder erklärt werden kann noch erklärt werden muss).[323]

Die Letztbegründung des reinen Denkens gibt keinem spezifischen Denkinhalt irgendeine Priorität – sie hält nur die Charakteristika der Form des reinen Denkens fest als *conditio sine qua non* rein ideeller Einsichten. Es ist eine immanente Letztbegründung, die auf keine dem Denken transzendente Elemente rekurriert, sondern alle herangezogenen Erfahrungen und Ideen alleine aus dem Felde des reinen Denkens selbst entnimmt.

Wem es nicht gelingt, sich zu dieser Form des Denkens Zugang zu verschaffen, oder wer daran festhält, dass es nur ein an Konventionen oder Sprachgewohnheiten gebundenes Denken gäbe, wird keinen Zugang zu dieser immanenten Letztbegründung des Denkens finden und Denken immer durch etwas außerhalb seiner selbst Vorhandenes erklären wollen.[324]

Ganz in derselben Lage ist man bei der ethischen Letztbegründung. Wie bereits dargelegt wurde (Abschnitt 9.1), gerät die Suche nach letzten Gründen konkreter Ziele in grundsätzliche Schwierigkeiten, also muss auch hier, wenn man am Konzept der Letztbegründung festhalten will, an der Form der Ziele angeknüpft werden. An dieser Stelle kommt man jedoch nur weiter, wenn man erfährt und einsieht, dass zur Letztbegründung freier Willensbildung nicht an das gewöhnliche, auch in der Wissenschaftspraxis angewendete (meist) unreflektierte rationale Denken angeknüpft werden kann (denn dieses lässt sich nicht einmal selbst letztbegründen[325]), sondern an die Form des reinen, genauer des intuitiven Denkens. Die Letztbegründung eines Aktes freier Willensbildung besteht gerade darin, dass er die *formalen* Bedingungen eines solchen Aktes erfüllt und nicht irgendwelche inhaltlichen Vorgaben. Zu diesen formalen Bedingungen gehören, wie in den Abschnitten 4.6 bis 4.9 und 9.1 ausgeführt wurde, die intuitive Form der Zielbildung, die liebende Hingabe an den Handlungskontext und die sich daraus ergebende Fortführung und Spezifizierung der Willensbildung zur konkreten Handlung durch moralische Phantasie und moralische Technik.[326]

Man kann dies die *transzendenten Bedingungen der freien Willensbildung* und der entsprechenden Handlungen nennen, oder eben Letztbegründungen derselben. Diese stehen nicht zur Disposition, sie sind nicht verhandelbar, ohne das Feld *freier* Willensbildungen grundsätzlich zu verlassen. Insofern sie gerade solches Handeln kennzeichnen, sind sie dem freien Handeln immanent und nur relativ zu den konkreten Zielen solchen Handelns transzendent.

Die genannten Bedingungen haben zum Beispiel zur Konsequenz, dass nicht beliebig von einer zur nächsten Zielbildung gesprungen werden kann, nur weil es keine spezifischen rationalen Gründe für den einen oder den anderen Zielinhalt gibt. Hier ist die Liebe-getragene Verbindlichkeit entscheidend, die es ermöglicht und in deren Natur es liegt, einmal gefällte Entschlüsse weitgehend durchzutragen (siehe dazu auch Abschnitt 9.6).

Die transzendenten Bedingungen freier Willensbildungen legen weder ein konkretes Ziel nahe, noch lässt sich durch sie irgendein konkretes Ziel rechtfertigen, sie sind jenseits jeglicher inhaltsbestimmender Dogmatik – und liegen doch *jeder* freien Willensbildung zugrunde. Sie treten jedoch nicht von selbst auf, sie sind nicht Teil von Handlungsgewohnheiten, sondern gehören zu den aktuell und tätig zu erfüllenden Kennzeichen *freier* Willensbildungen. Sie sind für freie Willensbildungen unumgänglich, notwendig, unausweichlich – aber zugleich freilassend, bloß ermöglichend und in keiner Weise zwingend. Man *kann* sich auf sie einlassen, und man *muss* es, wenn man seine Ziele frei bilden und darauf beruhend frei handeln will. Die Bedingungen der freien Willensbildung schließen nur solche Ziele aus, welche das Zustandekommen freier Willensbildungen behindern oder verunmöglichen.

In diesem Sinne kann man von einem Ziel freier Willensbildungen sprechen, von einer freien Handlungen zugrunde liegenden «Maxime» oder «Norm», nämlich der *Form* freier Zielbildung. Diese Form oder Gesetzmäßigkeit freier Zielbildung ist ein nicht umgehbarer, nicht hinterfragbarer Letztgrund, mit dessen Aktualisierung oder Ignorierung die Freiheit der Zielbildung steht oder fällt.

Wird im Sinne von Kapitel 7 und der Abschnitte 8.3, 9.1 und 9.2 der Freiheitsvollzug als zentraler Akt der Menschwerdung erkannt und zugleich als reale Ursache seiner Entwicklung, so können die Bedingungen der freien Zielbildung als höchstes «Gut» seines Handelns anerkannt und damit auch gesetzt werden (siehe dazu Abschnitt 9.2). Das betrifft sowohl die eigene Menschwerdung als auch diejenige der Mitmenschen. Die Ermöglichung freier Willensbildungen kann somit als eine alle freien Willensbildungen und damit alle freien Handlungen leitendes und begleitendes Prinzip des «guten» Handelns gelten. Wiederum ist dieses Prinzip sowohl immanent (dem Wesen freier Willensbildung zugehörig) als auch transzendent (allen konkreten Handlungen übergeordnet).

Es kann jedoch aus diesem Prinzip von vornherein keinerlei konkrete Vorgehensweise abgeleitet oder gerechtfertigt werden, auch wenn es allen freien Willensbildungen zugrunde gelegt werden muss. Deshalb wird dadurch der in Abschnitt 4.9 angeführten Tatsache, dass die «Güte» einer Handlung nicht von vornherein und auch nicht im Handlungsakt endgültig bestimmt werden kann, nicht widersprochen. Denn es wird mit diesem Prinzip nur verdeutlicht, dass das Erstreben des höchsten «Gutes», nämlich die Ermöglichung freier Willensbildung bei sich selbst und anderen, der freien Willensbildung im Allgemeinen immanent und den konkreten Willensbildungen im Besonderen transzendent ist. Deshalb liegt es in der Natur freier Willensbildungen, in diesem Sinne «gut» zu *werden* (nicht: zu sein), also eine *Tendenz* (nicht: Sicherheit oder Garantie) zum «Guten» zu haben.

9.3 Kausalität und Determinismus

Die Freiheit des Menschen hat eine innere und eine äußere Seite. Erstere betrifft den positiven Teil der Freiheitslehre, das Freiheitsvermögen, vor allem die Willensbildung, die inneren Verrichtungen und Anstrengungen, einen Weg der Befreiung und der Freiheit wiederholt zu gehen. Letztere betrifft den negativen Teil der Freiheitslehre, die eventuell hindernden Umstände der Willensumsetzung, die Schwierigkeiten der eigentlichen Handlung. Hier muss geklärt werden, ob die Tatsachenwelt so geartet ist, dass sie freie Handlungen zulässt, ja, ob es überhaupt freie Willensbildungen geben kann, die in Handlungen umgesetzt werden können.

Man könnte argumentieren, dass der konkrete Nachweis des individuell erlebten und erkannten Faktums der freien Willensbildung, der hier insbesondere in den Kapiteln 4 und 5 geführt wurde, diese Tatsache bereits hinreichend belegt. Das ist richtig – aber eben eine (gewichtige) Innenperspektive, die nun durch eine Außenperspektive ergänzt (nicht: begründet) werden soll.[327] Dies bereitet zugleich eine Vertiefung beider Perspektiven vor, welche weiter unten im Abschnitt 9.5 ausgeführt werden wird. Entscheidend ist es, auf das Vermögen einer hindernisüberwindenden Willensbildung zu achten.[328]

Unter *Tatsache* wird im Folgenden irgendein erfahrbares Ereignis oder ein Prozess verstanden, welcher Erfahrungsqualität auch immer (physisch, lebendig, seelisch, mental, geistig, ...). Die ontologische Version des Prinzips der unbeschränkten Erkennbarkeit der erfahrenen Welt, das heißt der aus einer universellen Erkenntniswissenschaft folgenden Einsicht, dass es keine prinzipiellen, sondern nur individuelle Erkenntnisgrenzen gibt,[329] ist das *universelle* oder *unbedingte Kausalprinzip*: Jede Tatsache hat eine Ursache, sie ist Wirkung eines Ursprungs in Form einer Tatsache.

Mit *Ursache* ist hier generell eine *notwendige* Bedingung gemeint, das heißt eine Tatsache, ohne deren Präsenz/Existenz die Wirkung nicht vorhanden wäre. Anders ausgedrückt: Wenn die Wirkung existiert, so existiert (oder existierte zumindest früher) auch die notwendige Bedingung oder Ursache; oder: Wenn die Ursache nicht eingetreten wäre, so auch nicht die Wirkung (kontrafaktische Version der Kausalität).

Man beachte, dass hier nicht von vornherein ausgeschlossen wird, dass eine Tatsache auch ihren eigenen Ursprung (wie etwa einen unbewegten Beweger) umfassen kann – ob es so etwas gibt oder nicht, bleibt zunächst offen. Im Weiteren wird weder die Erfahrungsqualität der Tatsachen eingeschränkt noch die Art der Relation zwischen Ursache und Wirkung (räumlich, zeitlich, hinreichend, gesetzmäßig etc.).

Zur Bestimmung der am meisten diskutierten Idee der Kausalität werden in der Regel noch zwei zusätzliche Eigenschaften oder Einschränkungen gefordert:

(a) *Bedingtheit der Ursachen*: Ursachen sind selbst Wirkungen von Tatsachen, die nicht identisch mit diesen Ursachen sind (Ausschluss der Selbstverursachung).

(b) *Antezedensbedingung von Ursache und Wirkung*: Ursache und Wirkung stehen in einem Zeitverhältnis, die Ursache geht der Wirkung voran.

Zur Unterscheidung von dem universellen Kausalprinzip könnte man dies *bedingtes Kausalprinzip* oder *regulatives Kausalprinzip* oder schlicht *Kausalität* nennen. Der Einfachheit halber wird es hier meist bloß *Kausalprinzip* genannt und die Bedingtheit nur dann explizit erwähnt, wenn Missverständnisse möglich sind. Dieses Kausalprinzip ist der Vorstellung von raumzeitlichen Verläufen oder Prozessen angepasst, bei denen man davon ausgeht, dass sie durch ihnen vorausgehende Anfangsbedingungen bestimmt oder eben verursacht sind.

Dieses Kausalprinzip stimmt nicht unmittelbar mit der in der Physik, besonders in der Mechanik, verwendeten Idee einer Ursache überein. Bei den in der Physik behandelten Tatsachen und deren Gesetzen sind in der Regel die Ursachen *gleichzeitig* mit ihren Wirkungen, wie etwa die eine Beschleunigung eines Objektes hervorrufende (mechanische, elektromagnetische etc.) Kraft oder die einen Druck aufrechterhaltende Gegenkraft (*actio = reactio*). In der Physik hat man es mit der oben genannten Kausalität nur in künstlich hergestellten experimentellen Situationen zu tun. In der für sich bestehenden Natur treten solche Situationen ohne menschlichen Eingriff nicht auf.[330] Dort hat man es in der Regel mit mehr oder weniger kontinuierlich ab- und fortlaufenden Prozessen zu tun und keinem Stakkato von Ursache-Wirkung-Situationen. Dementsprechend haben auch die bisher aufgestellten Naturgesetze, insbesondere die physikalischen Gesetze (wie das Gravitationsgesetz, das Energieerhaltungsgesetz für geschlossene Systeme, die Faraday-Maxwellschen Gesetze der Elektrodynamik etc.) nicht die Form von Kausalgesetzen oder Wenn-Dann-Beziehungen.

Im Weiteren ist aus Theorie und Praxis des Experimentierens bekannt, dass man nie sicher sein kann, ob im Rahmen des gewählten Versuchsdesigns und der explizit kontrollierbaren Randbedingungen alle möglichen Einflüsse wirklich erfasst wurden – Störungen irgendwelcher Art können nie ganz ausgeschlossen werden (ganz abgesehen von den durch die Quantentheorie bedingten grundsätzlichen Unbestimmtheiten).

Trotz dieser Situation kann man als Idealbild einer experimentellen Situation das *deterministische Kausalprinzip* festhalten, das gelten würde, wenn es Situationen gäbe, in denen ausschließlich die explizit genannten Bedingungen (Ursachen) anwesend wären. In Ergänzung zu (a) und (b) des bedingten Kausalprinzips wird hierfür zusätzlich gefordert:

(c) *Deterministische Ursache*: Die Ursache ist notwendig und hinreichend für das Auftreten und die konkrete Gestalt der Wirkung: Wenn die Ursache eintritt, muss auch die eindeutige Wirkung auftreten.

Mit anderen Worten: Ursachen im Sinne von notwendigen *und* hinreichenden Bedingungen (Tatsachen) haben eindeutige und bis in alle Einzelheiten festgelegte Wirkungen (Tatsachen). Man kann, falls es solche Ursachen gibt, von ausnahmslos geltenden Naturgesetzen (in der Form dieses Kausalprinzips) sprechen.[331]

Das Problem dabei ist nur, dass keine solchen in konkreten Situationen ausnahmslos geltenden Naturgesetze bekannt sind. In jedem konkreten Prozess (oder Experiment) spielen verschiedene (vielleicht auch bisher noch unbekannte) Naturgesetze eine Rolle, und letztlich müssten die Zustände (Bedingungen) des gesamten Universums bekannt sein, um sicherzugehen, dass kein möglicher oder tatsächlicher Einfluss oder Wirkungsfaktor übersehen wurde, der für die Aufstellung eines solchen deterministischen Kausalprinzips relevant ist.

Aus diesen Gründen kann die folgende These des universellen Determinismus nur als metaphysische Behauptung oder eventuell als forschungsleitendes Postulat aufgestellt werden.

Prinzip des Determinismus: Alle Tatsachen unterliegen dem deterministischen Kausalprinzip.

Mit anderen Worten: Gemäß dem Prinzip des Determinismus ist die Welt der Tatsachen, das totale Universum, ein kausal-deterministisch geschlossenes System.

Diese These ist nun erstens nicht plausibel, da, wie bereits erwähnt, gar keine ausnahmslos geltenden deterministisch-kausalen Naturgesetze bekannt sind, und zweitens liegt ein empirischer Nachweis nicht in Reichweite der experimentellen Naturwissenschaft – ganz abgesehen davon, dass solide Physiker nie auf die Idee kommen würden, einen solchen Nachweis führen zu wollen. Bereits der Nachweis natürlicher lokal geschlossener Systeme gelingt kaum, und solche Systeme bleiben ein zwar im Rahmen der Physik theoretisch berechtigtes, aber praktisch kaum relevantes Konzept.

Man beachte, dass hier keiner generellen Gesetzesskepsis das Wort geredet werden soll: Die Aufstellung, Untersuchung und Überprüfung deterministischer Kausalgesetze in Form von Experimenten zeigt zumindest die bedingende Rolle bestimmter Einflussfaktoren auf bestimmte Wirkungen auf und entwirft somit ein Idealbild, das bestimmten *ausgewählten* Facetten der Wirklichkeit gerecht wird. Gerade auf die Aufmerksamkeit auf eine solche *Auswahl*, gerade auf die Bewusstwerdung über die angewendete *Perspektive* und deren Konsequenzen kommt es an – dann erübrigt sich eigentlich eine Verallgemeinerung auf die Gesamtwelt von selbst, ohne die Berechtigung *perspektivischer* Erkenntnis als Instrument der Erkenntnis deshalb aufgeben zu müssen. Was in Frage steht, sind also nicht die (für die Gesamtnatur künstlichen und für Teilaspekte derselben fruchtbare) Perspektiven der Physik, oder allgemeiner: der Naturwissenschaft, sondern die Verabsolutierung derselben.[332]

Von zentraler Bedeutung für alles Weitere ist die Einsicht, dass ebenso wie der Determinismus auch der im Zusammenhang mit der Freiheitsauffassung vertretene Indeterminismus vieler Libertarier, der Vertreter der Freiheit im Sinne des So-oder-anders-Könnens, eine metaphysische These ist.[333]

Prinzip des Indeterminismus: Alle Tatsachen unterliegen dem (bedingten oder regulativen) Kausalprinzip.

Hier sind die (notwendigen) Ursachen nicht hinreichend für Auftreten und Gestalt der Wirkungen, sondern auslösend, ermöglichend, begleitend, mitbestimmend etc. Wie jede Allaussage ist auch diese außerhalb der Reichweite eines empirischen Nachweises. Und wie jede Allaussage ist sie verletzbar, das heißt widerlegbar durch Gegenbeispiele, von denen ein einziges zur Widerlegung genügen würde. Wenn also ein einziger unbedingter Kausalakt faktisch nachgewiesen werden könnte, so wäre sowohl die These des Determinismus als auch diejenige des Indeterminismus, welche nichts anderes als eine Scheinalternative[334] des Determinismus darstellt, widerlegt. Wenn man dafür einen neuen Ismus prägen wollte, müsste man ihn *Archismus* oder *Aktualismus* (dem allerdings bereits eine eigene Bedeutung zukommt) nennen. Wie am Anfang dieses Abschnittes erwähnt, wurde dieser Nachweis bereits geführt. In Abschnitt 9.5 wird das entsprechende Vollzugsprinzip als Ich-Vollzug eingeführt und näher erläutert werden.

Für die Zwecke des vorliegenden Abschnitts kann zusammenfassend festgehalten werden, dass insbesondere der metaphysischen These des Determinismus (aber auch derjenigen des Indeterminismus) insgesamt keine zureichende Plausibilität und empirische Relevanz zukommt, um einer weiteren Untersuchung der Freiheit des Menschen und damit einem autonomen Selbst in irgendeinem Sinne im Wege zu stehen.[335]

9.4 Befreiung des Ich

Bevor der Weg der inneren Befreiung, der Weg zum Innenaspekt der Freiheit, noch einmal in strukturierter Form aufgegriffen werden kann, bleibt ein letztes Hindernis wegzuräumen: die Behauptungen einiger Neurophilosophen über eine bereichsspezifische Determinierung des menschlichen Geistes oder der menschlichen Seele durch Gehirnvorgänge (neurophysiologischer Determinismus). An dieser Stelle interessieren nur die übergriffigen Behauptungen dieser Metaphysiker des Gehirns bezüglich Selbstbestimmung, das heißt der Willens- und Handlungsfreiheit des Menschen[336], und nicht die konkreten, weitreichenden und fruchtbaren Forschungsresultate hinsichtlich der neurophysiologischen und -anatomischen Einbettung mentaler Vorgänge.[337]

Zunächst ist dem bereichsspezifischen Determinismus, der behauptet, dass alle mentalen Tatsachen kausal-deterministisch von neuro-physiologischen Tatsachen verursacht werden, kein Sinn abzugewinnen, solange nicht gezeigt werden kann, dass entweder der menschliche Organismus, und insbesondere das Gehirn und/oder das gesamte Nervensystem, ein kausal geschlossenes System darstellt oder ohnehin der universelle Determinismus gültig ist. Beides ist jedoch nicht der Fall (Abschnitt 9.3).

Es bleibt nur die Option der gewöhnlichen (bedingten)

Kausalität, auch wenn vielleicht in Einzelfällen die Gültigkeit deterministischer Kausalgesetze nachgewiesen werden könnte. Neurophysiologische Vorgänge sind damit bestenfalls notwendige Begleiterscheinungen, Ermöglichungsbedingungen für das Auftreten mentaler Vorgänge, die mit solchen Vorgängen mehr oder weniger detailliert korrelieren. Sie sind mit mentalen Vorgängen assoziiert, sind auslösende oder behindernde Faktoren, ohne dass man ihnen eine hinreichende funktionelle Verursachung zuschreiben kann.

Nun also zurück zum Innenaspekt der Entwicklung der Willensbildung zur Freiheit. Die elementarsten Formen des Handelns sind reflexartiger oder triebhafter Natur; dabei wird auf einen äußeren oder inneren Anlass hin unmittelbar eine Handlung vollzogen: Die automatisch ablaufende Willensbildung (Instinkt, Trieb, Begierde) wird umgehend vollzogen. Ähnlich verlaufen tief eingegrabene Gewohnheiten, Rituale, Routinehandlungen etc. Ein Anlass setzt eine Kette von Überlegungen und Handlungen in Gang, die ohne weiteres Zutun einfach ablaufen.

Demgegenüber gibt es Situationen, in welchen man sich seiner Wünsche und Triebe bewusst ist und zugleich weiß, dass deren Verwirklichung wenig oder nichts im Wege steht. Man erlebt Handlungsbefreiung. Man hat nicht notwendigerweise eine Kontrolle über das Auftreten und die Berücksichtigung seiner Triebe und Wünsche, kann sie jedoch (mehr oder weniger) ungehindert verwirklichen. Man lebt aus, was in einem selbst ohnehin da ist. Alternativen dazu sind entweder schlicht nicht vorhanden oder letztlich nicht handlungsrelevant (leere Absichten). Schließlich sind die auftretenden Wünsche und die allfälligen Überlegungen zu ihrer Rechtfertigung genau das, was man selbst will, und dazu bedarf es keiner ernsthaften Erwägung (und vielleicht gar Realisierung) von Alternativen.

Diese auf die *Handlungsbefreiung* fokussierte Freiheitsauffassung ist im Wesentlichen diejenige der so genannten *Kompatibilisten*, die Wert darauf legen, dass in ihrem Sinne freie Handlungen mit der These des Determinismus nicht im Widerspruch stehen (ohne diese These notwendigerweise direkt verteidigen zu wollen). Wenn man sich in dem von inneren und äußeren Bedingungen ungehinderten Verwirklichen seiner Wünsche, insofern sie für das eigene Bedürfnis hinreichend gedanklich begründet sind, als frei empfindet, dann ist man frei – mehr kann man im Sinne des Kompatibilismus nicht erwarten.[338]

Neben diesen durchaus realen Situationen gibt es jedoch auch andere, wo man nicht nur mit der *Verwirklichung* seiner Triebe und Wünsche ringt, sondern auch mit diesen selbst. Man kann Wünsche gegeneinander abwägen, in Frage stellen, ignorieren, bekämpfen, man kann Wünsche auf verschiedene Weise begründen und dabei so lange mit dem Vollzug warten, bis diese Phase abgeschlossen ist – oder auch den bereits eingeleiteten Vollzug stoppen und die Erwägungen weiterführen. Hier liegt also der Schwerpunkt des Ringens auf der Willensbefreiung, auf der Möglichkeit der Zurückstellung oder Suspendierung von Wünschen und Trieben, auf der Möglichkeit, Hindernisse in Form triebartiger, gewohnheitsmäßiger Wunschformen zugunsten sublimerer oder kulturell fortgeschrittener Bedürfnisse zu überwinden. Dieser Umgang mit den eigenen Wünschen und Bedürfnissen ist keine Disposition, die da ist oder nicht, sondern eine *Fähigkeit*, die gesteigert und verfeinert werden kann: Es können Wünsche und Ziele gebildet und begründet werden, mit denen man bisher wenig oder nichts zu tun hatte und welche die bisherigen Wunschkomplexe ganz verdrängen können (zum Beispiel beim Ergreifen einer neuen Lebensaufgabe).

Dies ist die *fähigkeitsbasierte* Freiheit des So-oder-anders-Könnens unter gegebenen Bedingungen, oder auch die Freiheit des Lassen-Könnens unter gegebenen Bedingungen, also die Befreiung von der Notwendigkeit, einen aufkeimenden Wunsch oder einen Trieb unter allen Umständen unmittelbar verwirklichen zu müssen.[339] Man hat die Möglichkeit, innezuhalten und zu überlegen, ob man das Gewünschte oder Begehrte auch wirklich will und warum man das will. Das ist Wahlfreiheit im reinsten Sinne und im Wesentlichen die Freiheitsauffassung der meisten *Libertarier*.[340] Sie wird manchmal auch im Verhältnis zur kompatibilistischen Auffassung als eine *starke Version der Freiheit* bezeichnet.[341] Die auf die Befreiung konzentrierte Aktivität verschiebt sich von der Umsetzung (Handlung) auf die Willensbildung – mit Recht, denn dort ist das Zentrum der Selbst*bestimmung* als Grundlage und Ausgangspunkt der Selbst*verwirklichung*. Denn für die Freiheit des Handelns ist es zentraler, wollen zu können, was man will, anstatt tun zu können, was man will, ohne dass man auf sein Wollen irgendeinen (oder auch nur einen geringen) Einfluss hat.

Und doch: Gehören diese ganzen Überlegungen, Abwägungen, Hindernisüberwindungen, Begründungsstrategien etc. nicht doch bloß zur *Vorbereitung* der Handlung, ja zur *Vorbereitung* der Willensbildung – und betreffen letztlich gar nicht diese selbst? Denn was bringt einen dazu, diese Erwägungen abzubrechen und tatsächlich konsequent in den Willens- und Handlungsvollzug einzusteigen? Der größte Wunsch, das beste Argument? Dem hier lauernden Regress oder dem Vorwurf der Zufallsentscheidung wird mit dem Argument begegnet, dass man ja immer wieder neu über seine Handlungsgründe nachdenken und dann den aktuell besten wählen könne – und das immer mit dem Wissen, dass es keine absolut besten Gründe geben könne.[342] Letztlich gibt also der Handelnde einem der möglichen Gründe (subjektiv) ein besonderes Gewicht. Dieses Gewicht ist dann eigentlich der letzte «Grund», und nicht der so gewichtete begründende Inhalt. Denn erst mit dieser Gewichtung kann die handlungsrelevante Willensbildung und damit der Beginn des Vollzugs stattfinden. Dieses *Gewicht* jedoch hat seinen «Grund» allein in dem Selbst und nicht in dem Gefüge der inhaltlichen Gründe. Das Selbst gibt das Gewicht, es unterliegt ihm nicht, denn sonst wären die Vorüberlegungen nicht nötig gewesen, wenn ohnehin schon feststünde, was zu tun sei – im Widerspruch zur Forderung des So-oder-anders-Könnens.

An dieser Stelle wird die Unterscheidung von *Vollzug* oder Tun und *Geschehen* oder kausalem Vorgang entscheidend.[343] Ersteres betrifft das Verhältnis des Handelnden (Akteur) zur Handlung (Tat) und Letzteres das Verhältnis von gemäß dem bedingten Kausalprinzip verursachten Ereignissen. Durch einen Vollzug wird eben eine Handlung *vollzogen*, und nicht verursacht (im Sinne der genannten bedingten Kausalität), mit anderen Worten: Sie wird nicht bloß *angestoßen*, in Gang gesetzt, ausgelöst oder herbeigeführt, sondern *getan*.[344] Vollzüge sind keine punktuellen Tatsachen, keine bloßen Auslöser eines dann automatisch ablaufenden Geschehens. Eine freie Handlung ist nur so lange eine solche, als sie frei *vollzogen* wird. Demnach haben Vollzüge Anfang und Ende.

Vollzüge haben selbstverständlich Folgen, also verursachen etwas (etwa das Fallen eines Steines, sobald er im Vollzug losgelassen wird, oder das Auftreten eines Gefühls bei bestimmten Erfahrungen), verursachen jedoch *nicht* die *gleichzeitig* stattfindenden Vorgänge des Organismus oder des Seelenlebens: Diese bilden die Ermöglichungsgrundlage, das Substrat des Handlungsprozesses, die synchronen Ereignisse, die mit dem

Handeln einhergehen. Sie dürfen nicht mit den diachronen, im Zeitverhältnis des Nacheinander erscheinenden Folgeprozesse verwechselt werden, welche durch sie verursacht (bedingt) werden.

Natürlich können im Sinne der bedingten Kausalität die der Handlung oder deren Ermöglichungsbedingungen im Organismus vorausgehenden Ereignisse oder Tatsachen (inklusive mentaler und seelischer Ereignisse) als Ursachen bestimmt werden, falls die Handlung davon kontrafaktisch abhängig ist, also die Handlung ohne das Eintreten dieser Ursachen nicht stattgefunden hätte. Aber solche Handlungsursachen sind, wie Ursachen im Sinne des bedingten Kausalprinzips generell, keine hinreichenden Bedingungen für das Eintreten, den Vollzug dieser Handlung.

Dieser grundsätzlich von allen Arten von anderen Prozessen unterschiedene menschliche Handlungs*vollzug* kann im Sinne der bedingten Kausalität nicht weiter analysiert werden, da er sonst wieder zu einem bloßen Ereignis reduziert würde, was er eben gerade nicht ist. Folglich schließen sich Vollzug und kausale Verursachung (im Sinne der bedingten Kausalität) kategorisch aus. Und doch stellt sich die Frage: Wer vollzieht die Handlung und wodurch genau wird sie hervorgebracht? Die Antwort auf beide Fragen scheint klar zu sein: durch den handelnden Menschen. Aber sobald dieser wieder von seiner Handlung unterschieden wird, taucht das Problem der Verursachung auf.[345]

Aber lässt sich nicht auch eine *Unterscheidung* treffen, die sich auf den handelnden Vollzug bezieht und diesen doch nicht auf einen bedingt-kausalen Prozess reduziert? Das muss möglich sein, ansonsten bleibt die Unterscheidung von Vollzug und Ereignis ungeklärt, oder besser: unterbestimmt. Die zunächst lapidare Antwort, dass der Vollzug auf ein Subjekt oder Selbst zurückgeht, ist natürlich unbefriedigend, da damit noch weitgehend unklar bleibt, was das genau heißt. Das ist auch der Grund, weshalb diese Lösung von den meisten Libertariern, wenn sie überhaupt diskutiert wird, abgelehnt wird. Denn ohne ein umfassendes und differenziertes Verständnis des Menschen (mit den dazugehörigen Unterscheidungen von Organisation, Person, Subjekt, Selbst, Ich etc.) kommt man hier nicht weiter – aber auf eine solche differenzierte Diskussion wollen sich Handlungstheoretiker aus verständlichen Gründen nicht einlassen,[346] sie arbeiten mit einer weitgehend minimalistischen, geradezu naiven Auffassung von Subjekt oder Person.

Diese Feststellung eines minimalistischen Verständnisses des Menschen trifft im Wesentlichen auch für die meisten Vertreter der *Akteurskausalität* zu. Diese vertreten eine unbedingte, unmittelbare und direkte Verursachung, eine Selbstverursachung des Wollens durch den handelnden Menschen. Im Sinne der Akteurskausalität ist also eine Willensbildung dann frei, wenn sie zwar verursacht ist, aber nicht durch andere Ereignisse, sondern durch die Person, und wenn diese Person dabei nicht selbst wieder durch andere Ereignisse kausal determiniert ist.[347] Man kommt jedoch um die Frage nicht herum, wer denn eigentlich den Vollzug *macht*, wer die genannte Gewichtung *vollzieht*, wer sich selbst bestimmt und dadurch konkret Handelnder *wird*, in was für einer Qualität des Menschen dieser Vollzug gründet und was ihn genau ausmacht (im Kontrast zur bedingt-kausalen Beziehung).[348]

Diesen letzten Frage-Schritt können oder wollen diejenigen Libertarier, die am (bedingten) Kausalprinzip und damit am Indeterminismus festhalten wollen, nicht mitmachen, da er eine radikal andere Art von Urheberschaft oder Verwirklichung erfordert. Diese radikal andere Art eines Vollzugs, einer Aktualisierung, wird im Gegensatz zu einer Ereignis- oder Tatsachen-Verursachung deshalb Ich-Vollzug genannt, um Verwechslungen mit der Idee der Ursache zu vermeiden. Aber auch Akteurskausalisten tun sich schwer, die im Menschen selbst urständende Natur des Ich-Vollzugs genauer ins Auge zu fassen und ein entsprechendes Menschenbild in Betracht zu ziehen. Auf die Besonderheiten des Ich-Vollzugs und auf entsprechende Bedenken wird in den nächsten Abschnitten 9.5 und 9.6 einzugehen sein.

Das Festhalten am bedingten Kausalprinzip hat zwar zur Folge, dass es echte Alternativen geben kann, aber keine schöpferischen Neuanfänge, das heißt Anfänge von neuen Kausalketten. Gemäß diesem Kausalprinzip durchziehen den Menschen verschiedene Kausalstränge, die sich (wegen der vom Menschen unabhängig existierenden Indeterminiertheit) an jeder Stelle verzweigen können, dem Menschen also eine vorgegebene Wahl und damit eine Vielfalt ermöglichen, aber keine von der Vergangenheit grundsätzlich befreite Autonomie. Sie eröffnen schon gar nicht die Möglichkeit, etwas wirklich Neues in die Welt hinein schöpfen zu können. Menschen wären unter dieser Perspektive letztlich doch bloß Ausführer und Fortsetzer des Bisherigen, wenn auch in der Regel mit nicht nur *einer* Möglichkeit der Fortsetzung. Der Mensch tut nach seiner Wahl genau dasjenige, was ihm die indeterministische Auffassung des Weltverlaufs an Ereignisabläufen übrig lässt. Selbst neue Ereignisabläufe zu beginnen steht ihm nach dieser Ansicht nicht zu.

Für Innovationen und Neuanfänge kann man dann einzig auf die durch Un- und Unterbestimmtheiten ermöglichten (partiell offen gelassenen), also verzweigten Tatsachenkomplexe vertrauen, die auf den durch Naturgesetze (inklusive quantenmechanischer Zufallsprozesse) nicht hinreichend

237

festgelegten Verläufen und Ereignissen beruhen. Dies ist jedoch weder des menschlichen Schöpfungs- und Entwicklungspotenzials würdig, noch entspricht es seinem tatsächlichen Fähigkeitspotenzial. Hier ist falsche Bescheidenheit fehl am Platz. Wer sich selbst zu mehr herausfordert, wird die entsprechenden Fähigkeiten auch entwickeln können.

Zum Schluss dieses Abschnitts ist noch eines Einwandes gegenüber der dargestellten Freiheitsauffassung des So-oder-anders-Könnens unter gegebenen Bedingungen zu gedenken. Die Art und Weise, mit welcher Libertarier dem nach Ansicht der Kompatibilisten fatalen Zufalls-Einwand begegnen, provoziert einen weiteren Einwand: den der *Unverbindlichkeit*.[349] Wenn als zentrales Argument gegen den Zufallseinwand angeführt wird, dass die einmal begonnene Handlung grundsätzlich immer wieder unterbrochen und die als unvollständig und mangelhaft erkannten gedanklichen Erwägungen und Begründungsversuche weitergeführt werden *können*, so kann es mit einer existenziellen Verbindung des Menschen mit seinem Tun nicht weit her sein.[350] Hier soll nicht dafür argumentiert werden, dass eine einmal begonnene Handlung unter allen Umständen zu Ende geführt werden müsse und nicht aus guten (neuen) Gründen wieder aufgegeben oder in eine andere Richtung gebracht werden könne. Es hat jedoch schwerwiegende Folgen für die Art der *Verbindlichkeit des Handelns*, wenn das (auch gedanklich begründete) Lassen-Können oder Anders-entscheiden-Können als *wesentliche*, ja unabdingbare Charakteristika einer freien Handlung angeführt werden. Vom Gesichtspunkt der unbedingten Freiheit, wie sie hier im Kontrast zum So-oder-anders-Können vertreten wird, ist das gerade Gegenteil der Fall: Eine durch das Element der geistigen Liebe vom individuellen Ich verbindlich intendierte Willensbildung (moralische Intuition) ist nur dann frei, wenn sie ohne Wenn und Aber gewollt wird, wenn es aus *inneren* Gründen gerade *nicht* möglich ist, sie zu lassen oder sich ideell anders zu entscheiden – es sei denn aus unvorhergesehenen äußeren Gründen (tiefgreifende Veränderungen im Handlungskontext, bisher übersehene Tatbestände). Damit wird *Verbindlichkeit* des handelnden Menschen-Ich vermöge der Liebe in geistiger Art und der daraus folgenden unbeschränkten *Verantwortung* für die Folgen des eigenen Handelns ein zentraler Aspekt einer unbedingten freien Handlung.[351]

9.5 Zusammenfassung und Ergebnis: Freiheit und Ich-Vollzug

In diesem Abschnitt werden die zusammenfassenden Ausführungen zur Struktur des Menschen-Ich aus Kapitel 7 und Abschnitt 8.3 im Hinblick auf freies Handeln aufgegriffen und weitergeführt.[352]

Den Ausgangspunkt bildet der bereits weiter oben dargelegte Versuch einer strukturellen Bestimmung des frei handelnden individuellen Menschen-Ich – ohne Anspruch auf Vollständigkeit und Endgültigkeit. Entscheidend ist die Tatsache, dass hier die Qualität des Ich-Vollzugs auf eine differenzierte Untersuchung des Menschen, seines Erkenntnis- und Freiheitsvermögens, seines Selbsterlebens im Verhältnis zu seinem Selbsterkennen sowie auf das Verhältnis seiner Organisation zum individuellen Ich gegründet wird.

Ich-Vollzug der freien Willensbildung eines Menschen-Individuums: Jede Willensbildung und damit jede freie Handlung eines Menschen hat ihr Vollzugszentrum in seinem Ich. Im Geschehen des eine freie Willensbildung vollziehenden Ich zeigen sich folgende Eigenschaften. Sie werden hier linear, getrennt und hintereinander aufgeführt, gehören jedoch zusammen und sind Aspekte einer konkreten schöpferischen Ganzheit.

(i) *Einzigkeit und Einheit* (Ich-Quelle, ewige Lebendigkeit): Ein Ich *ist* eine auf sich selbst beruhende, sich selbst erhaltende und sich selbst bewirkende einheitliche Substanz. Dies ist die notwendige ontologische Basis aller weiteren Kennzeichen des Ich.

(ii) *Unbedingte Hingabe und Potenzialität* (unbegrenzte Möglichkeiten, Ich-Verbindlichkeit): Ein Ich *kann* in freier Willensbildung durch seine eigene potenziell unbegrenzte geistige Liebeskraft (unbedingte Hingabe) in Einheit mit der denktätigen Intuition und auf der ermöglichenden Grundlage seiner Organisation aus sich heraus und unbedingt sich anderem (Nicht-Ich) verbindlich und fürsorgend zuwenden, das heißt sich hingebend und inhaltsvoll auf Spezifisches ausrichten (fokussieren); es kann anderes aus sich heraus bewirken und sich auch wieder abwenden.

(iii) *Initiation und Aktualität* (unbedingte Wirklichkeit, Produktivität): Ein aktuelles Ich in freier Willensbildung und darauf gegründeter freier Handlung *erscheint* aus sich selbst bedingt (Initiationsfähigkeit, Anfangsfähigkeit) und fokussiert auf anderes, ermöglicht durch seine universelle moralische Intuition, seine individualisierende moralische Phantasie, seine konkrete Organisation und seine gegenwärtige Mitwelt (moralische Technik). Damit *tritt* es produktiv aus seiner eigenen ewigen Lebendigkeit *in* die konkrete Zeitlichkeit: Es *schafft* Tatsachen im Zeitverhältnis des Vorher und Nachher.

(iv) *Empfänglichkeit und Ermöglichung*: Ein selbstständig erkennendes und frei willensbildendes Ich kann Inhalte der Welt autonom erkennend und handelnd aufgreifen, sie sich zu eigen machen, fremde Impulse weiterführen; es kann insbesondere sich für andere Impulse zur Verfügung stellen, anderen Impulsen fürsorgend zur Verwirklichung verhelfen, Vollzüge anderer Ich-Menschen ermöglichen.

(v) *Unbegrenzte Entwicklungsfähigkeit*: Die Potenz zur aktiven Ergreifung der Komponenten der Bewusstwerdung von Geistesgegenwart oder der geistigen Entwicklungsfähigkeit (Begegnungsoffenheit, Fähigkeitsbildung, Perspektivengestaltung) in der Verwirklichung freier Willensbildungen ermöglicht offene und unbegrenzte Entwicklungsrichtungen.

(vi) *Ganzheit und Individualität* (Ich-gemäße Verwandlung der Organisation): Durch wiederholte Aktualität freier Willensbildungen und darauf beruhender Handlungen *schafft* das Ich eine Ganzheit, ein Menschen-Individuum mit seiner die Aktualität zunächst ermöglichenden und dann verwirklichenden Organisation.

Die Hauptfrage im hier untersuchten Kontext ist: Wie kommt das Ich zu seinen freien Entschlüssen? Wie findet die freie Willensbildung statt? Wie kann angesichts eines unbedingten Anfangens die Relevanz vorangehender Zustände (biographische Verfassung) und der aktuellen Umgebungsbedingungen (Handlungskontext) nachgewiesen werden?

Eine freie Handlung findet in einer universellen Ganzheit (Welt, Kosmos) durch eine in einer gegebenen spezifischen Situation stehende individuelle Ganzheit (Mensch) statt, welche sich mit ihrer konkreten Handlungsidee (reines Motiv, moralische Intuition) auf diese Situation fokussiert. Die Reinigung dieser Fokussierung über die verschiedenen Stufen der Befreiung (Abschnitte 9.1 und 9.4) bis hin zur moralischen Intuition (Kapitel 4) gehört zu den fähigkeitsbasierten Vorbereitungen einer freien Handlung.

Das Stehen in einer bestimmten Situation oder das Hineingeraten in eine solche ermöglicht es der Potenzialität des Ich,

in eine spezifisch ausgerichtete Aktualität einzusteigen; seine
aktuelle Ideenbildefähigkeit gibt dieser Fokussierung eine von
diesem Ich gewollte Qualität. Daraus ergeben sich folgende
Kennzeichen einer Ich-getragenen freien Handlung:

(1) *Ideelle Fokussierung*: Die Handlungsidee in der Form einer Intuition garantiert sowohl die Verständlichkeit, Klarheit
und Rationalität dieser Ausrichtung als auch die allgemeine
Welt-Bedingtheit der Handlung, ihre grundsätzliche Einbin-
dung in die Gesamtwelt, zu der auch die Ideenwelt gehört.

(2) *Reelle Fokussierung*: Die konkrete Zuwendung (Liebe
in geistiger Art) garantiert die Ich-Bedingtheit, die Ich-Verbindlichkeit und damit die Verantwortlichkeit der Handlung
durch ihre (allein) aus dem Ich entspringende Qualität, mit
der das Ich genau das als Ziel erwählt und dann tut, was es
aus seinem Innersten heraus will und aufgrund seiner bisher
vorhandenen Fähigkeiten kann.

(3) Die *Synthese der ideellen und reellen Fokussierung*, das
heißt die Gründung einer freien Handlung in der durch
Liebe verwirklichten Intuition, garantiert zum Dritten die
praktische Orientierung, die spezifische Weltbedingtheit, die
biographische und die fürsorgliche situationsgebundene Relevanz der freien Handlung: Die Handlungsidee bleibt kein
weltfremdes Ideal, sondern wird auf den konzeptionell und
tätig erfassten Handlungskontext (durch moralische Technik)
ausgerichtet und auf ihn spezialisiert (durch moralische Phantasie). Dadurch werden die Grundlagen für ein möglichst harmonisches Zusammengehen mit diesem Kontext geschaffen.

Soweit zu den in Welt und Ich gegründeten Einbettungen,
Verbindlichkeiten oder Bedingtheiten einer freien Handlung,
die zeigen, dass es sich nicht um einen isolierten oder solipsis-
tischen Akt handelt. Wodurch wird jedoch die *Unbedingtheit*
einer freien Handlung garantiert? Die kurze und das bisher

Erarbeitete zusammenfassende Antwort lautet: ideell durch die *Reinheit* der Handlungsidee (moralische Intuition) und reell durch die allein aus dem *unbedingten* Ich entspringende Liebe zur Handlung.

Es folgen einige weitere Bemerkungen zur Charakteristik von Ich-Akten oder Ich-Vollzügen. Ich-Akte, das heißt freie Handlungen aufgrund des Ich-Vollzugs, sind keine *punktuellen* Vollzüge (schon gar nicht punktuelle Ereignisse), sondern, wie bereits für Handlungsvollzüge in Abschnitt 9.4 vermerkt, Vollzüge mit Anfang und Ende. Genauer: Eine Handlung ist nur insofern und so lange frei, wie sie unmittelbar Ich-aktuell vollzogen wird. Mit anderen Worten: Die Freiheit einer Handlung steht und fällt mit dem aktuellen Liebe-getragenen Vollziehen und Verwirklichen des ebenfalls gegenwärtigen Handlungszieles (moralische Intuition) bis hin zur Individualisierung desselben (moralische Phantasie) in der Auseinandersetzung mit dem Handlungskontext (moralische Technik). Jeder Unterbruch der Gegenwärtigkeit dieser Elemente ist ein Unterbruch der *Freiheit* der Handlung. Das muss kein Unterbruch des Handelns, das heißt des Tätigseins als solchem bedeuten, aber eben ein Unterbruch des *freien* Tuns. Das Handeln sinkt dann zu einem mehr oder weniger automatischen und ereignisgesteuerten Prozess herab, zu einer Folge oder einem Ablauf, zu einem zwar selbst herbeigeführten, aber nicht mehr unmittelbar Ich-vollzogenen Geschehen.

Ein entscheidendes Merkmal des Ich-Vollzugs ist, dass die tätig vollziehende und die bewirkte Tatsache von verschiedener Qualität sind: Erstere ist unbedingt (ein *Urheber* im Kontrast zu einer bedingten *Ursache*) und die zweite bedingt. Erstere gründet im individuellen Ich, Letztere ist ein durch dieses bewirktes Ereignis. Was die entsprechende Handlung (und nicht ihre Folgen) betrifft, so ist mit Bewirkung an dieser

243

Stelle keine der Handlung vorangehende Tatsache gemeint, sondern ihre eigentliche, gleichzeitig *im* Vollzug anwesende Wirkursache, ohne welche sie gar keine Handlung eines durch das Ich eines Menschen bedingten Tuns wäre.

Ein weiteres Merkmal des Ich-Vollzugs ist, dass er *zusammen* mit den ermöglichenden und auslösenden Faktoren (den notwendigen, aber nicht hinreichenden Gründen des Handlungsvollzugs sowie den unterschiedlichen veranlassenden Ereignissen) in der Regel zu einer hinreichenden Bedingung für die freie Handlung wird. Der Ich-Vollzug für sich allein ist für eine freie Handlung ebenfalls notwendig, jedoch nicht hinreichend. Denn ohne eine dem Ich gegenwärtig begegnende Welt (Wirklichkeit, Außenwelt, Nicht-Ich) ist Handeln weder möglich noch nötig. Konkreter: Ohne die eigene und fremde Vorgeschichte (biographische Situation, aktuelle Veranlassungsgründe) und die Möglichkeit der ideellen Fokussierung (moralische Intuition und moralische Phantasie) auf die aktuell anwesenden konkreten Umstände (moralische Technik) kann keine spezifische Zuwendung (Liebe in geistiger Art) stattfinden. Wenn jedoch ein freier Handlungsakt stattgefunden hat, war der individuelle Ich-Vollzug wirksam. Es müssen auf jeden Fall die Bedingungen des aktuellen Ich-Vollzugs und des spezifischen Handlungskontexts (Begegnung mit dem Nicht-Ich: biographischer, lokal- und globalhistorischer Kontext) zusammenkommen, wenn es zu einem freien Handlungsvollzug kommen soll.

Ob beide notwendigen Bedingungen zusammen tatsächlich hinreichend sind, hängt weitgehend von der «normalen» ermöglichenden Funktion des menschlichen Organismus ab, sich sowohl dem Ich-Vollzug zur Verfügung zu stellen als auch die Begegnung mit sich selbst und der Welt zu ermöglichen. Bei partiellen physischen und seelischen Lähmungen wird

die durch den Ich-Vollzug und den Handlungskontext ermöglichte Willensbildung nicht über den Handlungs*impuls*
hinauskommen und damit (zumindest lokal und/oder temporär) nicht zu einer Körper- oder Seelenbewegung führen
und deshalb auch nicht zu einer beobachtbaren Handlung.
Für Menschen im Koma (falls man ihnen einen Ich-Vollzug nicht grundsätzlich absprechen kann und will) kommt
es nicht einmal zu einer kommunizierbaren Willensbildung
(was eine solche wiederum nicht grundsätzlich ausschließt)
und entsprechend auch nicht zu einer beobachtbaren Handlung.

Mit diesen Überlegungen ist im Wesentlichen auch der Zusammenhang des Ich-Vollzugs mit der bedingten Kausalität,
vornehmlich mit Ereignissen, welche dem bedingten Kausalprinzip unterliegen, kein prinzipielles Problem mehr. Jeder
Ich-Akt ist verbunden mit Ereignissen oder Tatsachen, die
sein Auftreten in Körper und Seele begleiten (ermöglichen)
und verursacht (im Sinne des Herbeiführens) zugleich weitere
Ereignisse oder Tatsachen. Ereignisse und Tatsachen können
veranlassende und notwendige oder auch begleitende Ursachen des freien Handelns sein.

9.6 Diskussion von Einwänden gegen Möglichkeit und Wirklichkeit des Ich-Vollzugs

Der in der Form einer freien Willensbildung stattfindende
Ich-Vollzug kann zumindest mit denselben Einwänden konfrontiert werden wie die elementare Akteurskausalität für
(freie) Willensbildungen und Handlungen.[353]

(1) Zunächst besagt der so genannte Rationalitätseinwand,
dass in dem elementaren Konzept der Akteurskausalität von

Handlungsgründen nicht unmittelbar die Rede sei. Dies trifft jedoch den hier vorgetragenen Ich-Vollzug in der freien Willensbildung nicht. Denn notwendige und zentrale Faktoren einer freien Willensbildung und einer darauf beruhenden freien Handlung (Abschnitte 4.7 bis 4.9, 9.5) sind die durch das reine Denken tätig hervorgebrachten Handlungsziele (moralische Intuition) und deren Ausrichtung auf den Handlungskontext (moralische Phantasie und moralische Technik). Von einer Dissoziation von Freiheit und Rationalität kann demnach keine Rede sein.

(2) Es wird für freie Willensbildungen und darauf beruhende Handlungen im Kontext des vorliegenden Buches weit mehr gesagt, als dass ein Menschen-Ich einfach eine Willensbildung vollzieht oder *tut*, oder dass dieser Vollzug nicht weiter analysierbar sei. Damit wird dem Intelligibilitätseinwand die Spitze gebrochen, der besagt, dass eine akteurskausalistische Handlung nicht verständlich sei, da in ihr nicht expliziert wird, wodurch und wie im Einzelnen eine freie Handlung konkret zustande kommt. Denn es werden zumindest drei zentrale Faktoren einer freien Handlung hervorgehoben, nämlich die moralische Intuition (spezialisiert durch moralische Phantasie), die Liebe in geistiger Art und die Fokussierung auf die Handlungssituation (erkenntnismäßig und praktisch erfasst durch die moralische Technik); darüber hinaus wurde die Rolle und die Konstitution des Ich gegenüber diesen Tätigkeiten und im Zusammengehen mit der das Handeln ermöglichenden Organisation ins Einzelne gehend spezifiziert (siehe dazu die Kapitel 4 bis 8, insbesondere die zusammenfassenden Abschnitte 4.9, 5.7, 6.4, 7.4, 8.3, 9.5).

(3) Widerspricht der Ich-Vollzug in der freien Willensbildung mit seiner Möglichkeit, Kausalketten anfangen oder anstoßen zu können, nicht den physikalischen Erhaltungs-

sätzen? Dieser Einwand beruht auf der Voraussetzung, dass diese Gesetze universell, uneingeschränkt und ausschließlich gültig seien. Das ist aber genau in demselben Sinne eine bisher nicht bewiesene und universelle Gültigkeit beanspruchende metaphysische *These* wie die Behauptungen des (reduktionistischen und naturalistischen) Determinismus[354] oder des Indeterminismus, ganz abgesehen davon, dass die für diese Erhaltungssätze notwendigen Bedingungen eines physikalisch geschlossenen Systems praktisch nicht realisierbar und realisiert sind.[355]

Vier weitere schwerwiegende Einwände stehen den Ausführungen zur unbedingten Freiheit und dem dazugehörigen Ich-Vollzug entgegen. Der erste Einwand knüpft sich an Fragen um die Willkür, den Zufall oder das Wunder der unbedingten freien Willensbildung (4), der zweite an die Frage der biographischen Kontinuität (5), der dritte an die Frage der konkreten zeitlichen Manifestation (Terminierung, Datierung) einer freien Willensbildung (6) und der vierte an die Frage der Möglichkeit einer im Überzeitlichen stattfindenden Entwicklung (7).

(4) Bei der Frage, ob eine im hier gemeinten Sinne unbedingte freie Willensbildung auf der Grundlage eines Ich-Vollzugs reine Willkür, bloßer Zufall[356] oder ein Wunder ist, müssen zwei Aspekte unterschieden werden: Der eine betrifft den Inhalt und der andere die Form der Willensbildung, das heißt den ideellen Zielinhalt bzw. das Auftreten der freien Willensbildung. Der *Inhalt* ist eine reine Idee (moralische Intuition), ein gedanklich einsehbarer ideeller Zusammenhang (also kein subjektives oder soziales Konstrukt), der kritischem Denken zugänglich ist (auch wenn über konkrete Einzelheiten vielleicht nicht immer Einigkeit erzielt werden kann), hat also mit Willkür, Zufall oder Wunder nichts zu tun. Das betrifft

auch den darauf begründeten Weg zur konkreten Handlungsvorstellung, die der Handlungsausführung zugrunde liegt. Dabei geht es um den in liebender Zuwendung vollzogenen konkreten Umsetzungsvorgang, der sich an der Harmonie des Zusammenhangs mit der Lebenswirklichkeit orientiert und welcher alle gedanklich orientierten Fähigkeiten der Phantasie und des technischen Könnens umspannt.

Die *Form* der Willensbildung, die Art ihres Auftretens, ist eine aktive Zuwendung, eine *Proaktion* (nicht: Reaktion), ein Realbezug, das heißt ein nicht bloß gedachter Bezug, sondern ein aktuell stattfindender *Vollzug*; er ist keine bloße Eruption, keine automatische Reaktion, kein ursprungsloser Zufall, sondern ein durch das unbedingte Ich direkt und unmittelbar bedingter Akt. Wenn mit dem Konzept eines allein durch ein unbedingtes Ich vollzogenen Aktes, und damit eines unbedingten Anfangs, die Vorstellung eines Wunders verbunden wird, so kann das nur heißen, dass unbeirrt an der Universalität der bedingten Kausalität und damit dem Indeterminismus festgehalten wird, dem selbstverständlich eine unbedingte Ursache fremd ist. Aber der Indeterminismus ist genauso wenig eine Tatsache wie der Determinismus, es handelt sich in beiden Fällen um metaphysische Thesen (Abschnitt 9.3). Sie werden beide faktisch (und nicht bloß theoretisch) widerlegt durch freie Handlungsakte, die, wie gezeigt, keine irrationalen Wunder sind, sondern Ausdruck der sich ideell und reell mit der Gesamtwelt verbindenden und sich mit ihr konkret und sachgemäß auseinandersetzenden Schöpferkraft eines Menschen-Ich sind.

(5) Der Unbedingtheit, dem prinzipiell radikalen Neuanfang jedes Ich-Vollzugs kann entgegengehalten werden, dass er jedes Mal die biographische, die entwicklungsorientierte Kontinuität und das an langfristigen Zielen orientierte indi-

viduelle Streben zerbricht. Freie Handlungen würden dadurch zu irrationalen, erratischen Akten, die keinen Zusammenhang untereinander und mit dem konkreten Leben des Menschen hätten.

Wer diesen Einwand macht, missversteht, was hier Entwicklung wirklich bedeutet. Ohne die grundsätzliche Möglichkeit radikaler Neuanfänge ist Weiterentwicklung im Gegensatz zur bloß variierten Fortsetzung des Bisherigen nicht möglich. Dabei wird jedoch die Kontinuität des individuellen Lebens in der Willensbildung durch grundlegend-allgemeine und im Handlungsvollzug durch spezifisch-konkrete Faktoren gewährleistet. Denn was zunächst die Willensbildung angeht, so liegt jedem in einer freien Willensbildung zum Ausdruck kommenden Ich-Vollzug die ewig-lebendige Kontinuität des Ich zugrunde; im Weiteren ist die konkrete Zielbildungsfähigkeit (Fähigkeit zur moralischen Intuition) ein Ergebnis der bisherigen Denkfähigkeitsentwicklung, und drittens entnimmt das denktätige Ich seine reinen Ziele nicht aus seiner Subjektivität, sondern aus der universellen, in sich und mit der ganzen Welt zusammenhängenden Ideenwelt. – Was den Handlungsvollzug angeht, so ist die konkrete Anknüpfung an das bisherige Leben, das Aufgreifen der eigenen biographischen Situation und derjenigen der Mitmenschen, Aufgabe der durch die liebende Zuwendung zum konkreten Handeln getragenen moralischen Phantasie und der moralischen Technik. Erstere sorgt für die Ausdifferenzierung der allgemeinen Handlungsziele hinsichtlich der konkreten Situation; die moralische Technik sorgt für eine Zuwendung an das Leben in seiner Vielseitigkeit und Unterschiedlichkeit, das heißt für Erkenntnisse und Fertigkeiten im Bewältigen des tatsächlichen Lebens. Damit sind sowohl biographische Kontinuität als auch schöpferische Neuanfänge gewährleistet.

(6) Dem manchmal als Haupteinwand deklarierten Datierungsproblem muss besondere Aufmerksamkeit gewidmet werden.[357] Der Einwand besagt, dass, wenn man den Ursprung eines Handlungsaktes im Sinne der unbedingten Verursachung (Akteurskausalität) in die Person oder das Ich verlegt, nicht bestimmbar ist, wodurch es zu einem Willensakt *in einem bestimmten Zeitpunkt* kommt, denn die Person oder das Ich existieren relativ zu diesem Zeitpunkt sowohl vorher wie nachher (Persistenz des Ich), können also nicht als begründende Instanzen für einen Akt zu einem bestimmten Zeitpunkt herangezogen werden.

Falls man diesem Einwand mit dem Hinweis auf einen der Handlung unmittelbar vorangehenden Entschluss, eine Entscheidung, also eine mentale oder geistige Tatsache, entgegnen will, so landet man wieder bei der bedingten Kausalität, und die Akteurskausalität wird obsolet. Aber die Handlung wird eben *vollzogen*, und nicht nur im Sinne der bedingten Kausalität durch einen punktuellen Entschluss bloß angestoßen und dann automatisch ausgeführt. Und wenn die Willensbildung bereits selbst als Teil der Handlung aufgefasst wird, so muss nicht separat davon ein Beginn der Handlung angesetzt werden.

Dieser Einwand wird jedoch ohnehin nur im Kontext einer libertarischen Freiheitsauffassung vorgebracht und diskutiert; für eine deterministische Auffassung stellt sich das Problem so gar nicht, da von grundsätzlich anderen Voraussetzungen ausgegangen wird. Aber gerade im genannten Kontext zeigt sich, dass dieser Einwand nicht nur der Auffassung von einer unbedingten Freiheit Probleme zu bereiten scheint, sondern auch der Freiheit im Sinne des So-oder-anders-Könnens (Libertarismus) selbst. Denn auch in diesem Fall bedarf es eines Entscheids, einer Gewichtung

der gedanklich durchgegangenen Handlungsgründe dafür,
ob nun direkt in den Vollzug gemäß einem bestimmten Ziel
eingestiegen wird oder ob die Erwägungen fortgesetzt werden sollen. Wer, außer dem Selbst, soll diese Gewichtung zu
«gegebener» Zeit setzen? Geschähe dies allein durch einen
äußeren Grund, wäre die Handlung nicht frei (sowie kein
Vollzug, sondern ein bedingtes Ereignis); sie wäre ebenso
wenig frei, wenn es sich um einen inneren, nicht der gedanklichen Suspension fähigen Grund handeln würde. Der Zeitpunkt, an dem sich das seiner Lage bewusste Subjekt sich
für das eine oder das andere entscheidet, ist nun angesichts
der dem Libertarier bekannten grundsätzlichen Schwierigkeit, zu einem eindeutigen Ergebnis bezüglich einer Hand-
lungsbegründung zu kommen, keineswegs durch die Situation vorgegeben. Mit anderen Worten: Der Zeitpunkt eines
Entscheids für oder gegen eine Fortsetzung der Erwägungen
von Handlungsalternativen kann nicht auf Bedingungen der
Situation zurückgeführt werden. Hier kann allein das Selbst,
genauer: das individuelle Menschen-Ich, den Zeitpunkt, das
heißt die Datierung seines Entscheides, die Terminierung
seiner vorläufigen oder endgültigen Gewichtung der verschiedenen Handlungsgründe, festlegen. Somit richtet sich
der Datierungseinwand aus dem libetarischen Lager gegen
strenge Akteurskausalisten auch gegen die libertarische Freiheitsauffassung selbst.

Für den Fall der *unbedingten Freiheit* kann zunächst im Allgemeinen bemerkt werden, dass sich das Zeitproblem in ganz
anderer Weise stellt, da die Willensbildung einer unbedingten freien Handlung nicht aus oder innerhalb der Zeit, sondern aus dem Überzeitlichen in die Zeit hinein stattfindet. In
diesem Sinne stellt sich gar kein Datierungsproblem, da kein
Zeitpunkt in einer Zeitskala festgelegt werden muss, sondern

dieser Zeitpunkt, genauer: das Vollzugsintervall, durch den Handlungsakt überhaupt erst geschaffen wird.

Es stellt sich gleichwohl das Problem des Anfangs, also nicht das der Terminierung, sondern das der Aktualisierung, nämlich das Problem des Übergangs von der Ich-Potenzialität in die Ich-Aktualität. Das ist jedoch kein Datierungs-, sondern ein Vollzugs- oder Individualisierungsproblem. Wodurch und wie kommt das ewig lebendige Ich dazu, sich in einen zeitlich begrenzten individuellen Akt mit Anfang und Ende hinein zu manifestieren?

Zunächst muss festgehalten werden, dass es die Potenz zu einem solchen Akt hat, denn Akte finden statt. Wie aber wird aus einer Potenz ein Akt? Finden Ich-Akte ins Blaue hinein statt, auf Vorrat, auf Zusehen hin? Falls ein Akt stattfindet, hat er jedenfalls sein Wirkzentrum im Ich (Ich-Vollzug). Gäbe es jedoch nur das eine Ich, so wäre kein Veranlassungsgrund auszumachen, warum es überhaupt einen solchen Akt vollziehen sollte. Nun ist das Ich jedoch nicht alleine, es ist mit seiner seine Akte ermöglichenden Organisation eingebettet in die Gesamtwelt, und es ist den mannigfachsten Eindrücken derselben, einschließlich der Begegnung mit anderen sich manifestierenden Ich-Menschen, ausgesetzt. Es trifft auf und erlebt verschiedene spezifische Situationen, die Gelegenheiten und Veranlassungen bieten, mit anderen Worten, die Ermöglichungsfelder für Ich-Akte eröffnen. Sie sind mögliche Gelegenheiten, die nun von Ich-Akten ergriffen werden *können* oder auch nicht. Gelegenheiten selbst sind keine hinreichenden Bedingungen und schon gar nicht Ursachen für einen Ich-Vollzug. Damit ist geklärt, woran sich Ich-Akte entzünden können (an spezifischen Situationen) und wodurch sie vollzogen und genährt werden (durch ein Menschen-Ich).

(7) Falls man sich auf die Existenz eines autonomen und

selbstwirkenden Menschen-Ich einlässt, welches die Potenz zu Vollzügen hat, die aus dem Zeitlosen ins Zeitliche hineinwirken, so verschärft sich das Problem, wie und woran man überhaupt eine Entwicklung, eine Verwandlung dieses ewig-lebendigen Wirkquells erleben kann und wie man sie sich denkend klarmachen kann.

Hier muss man auf Entwicklungsfaktoren achten, die intensiver und vertiefender Natur sind im Gegensatz zu Entwicklungsfaktoren, die auf Bewahrung oder kumulative Erhaltung sowie gedächtnisartige Speicherung und erinnerungsartige Reaktivierung angewiesen sind. Gedächtnis und Erinnerung haben mit Einprägungen in die menschliche Organisation im umfassendsten Sinne zu tun, mit Fertigkeiten und Inhalten, auf die man bei Bedarf zurückgreifen kann.

Intensive Entwicklungsfaktoren sind solche, die wachsen, sich verdichten und vertiefen, welche nicht entstehen und vergehen, sondern nur intensiver oder weniger intensiv präsent sein können. Sie sind nicht selbst Akte, sondern Akte ermöglichende Faktoren. Als Beispiel kann die Entwicklung des Denkens vom vorstellenden zum intuitiven Denken dienen (Kapitel 4). Hier geht es letztlich weder um eine Ausbildung von Gedächtnisleistungen, noch um eine Kultivierung von Einfällen, noch um eine Regulierung oder gar um eine Automatisierung von Denkprozessen – auch wenn solche Leistungen auf dem *Wege* zum intuitiven Denken eine wichtige, ja manchmal unabdingbare Rolle spielen können –, sondern um eine Intensivierung der *Präsenz*, der *Aktualität* der Denktätigkeit und der Verstärkung der ihr immanenten *liebenden Hingabe* an die Welt im Allgemeinen und die Ideenwelt im Besonderen. Die Denktätigkeit bildet sich in Auseinandersetzung mit der Welt, mit den eigenen Erlebnissen und Begegnungen, ist jedoch in ihrem Ergebnis *nicht* mehr an dieselben gebunden – wohl aber in ihrer weiteren übungsmäßigen und wiederholten Vertiefung, die auf Anknüpfung an aktuell Vorhandenes und Bewahrtes angewiesen ist.

Die Untersuchung und Herausschälung *intensiver* Entwicklungsfaktoren ist zentrales Thema der Bewusstwerdung von Geistesgegenwart oder der geistigen Entwicklungsfähigkeit, wie sie zusammenfassend in Abschnitt 7.4 dargestellt und in Abschnitt 8.3 weiter ausgeführt wurde.

ANHANG

GLIEDERUNG DES MENSCHEN-
WESENS BEI RUDOLF STEINER

A. Darstellungen in Schriften und Vorträgen

A.1 Darstellungen in Schriften

Im schriftlichen Werk geht Steiner auf die Gliederungen des Menschenwesens, hier kurz Wesensglieder genannt, am gründlichsten im Kapitel «Das Wesen des Menschen» in der *Theosophie* (1904/1922) und im Kapitel «Wesen der Menschheit» im Werk *Die Geheimwissenschaft im Umriss* (1910/1925) ein. Dort wird sowohl die sich an die Dreigliederung des Menschenwesens in Leib, Seele und Geist anknüpfende Neungliederung (physischer Leib, Lebensleib, Seelenleib, Empfindungsseele, Verstandes- oder Gemütsseele, Bewusstseinsseele, Geistselbst, Lebensgeist, Geistesmensch) eingeführt als auch die aus diesen ableitbare Siebengliederung (siehe Abschnitt B.1) entwickelt. Für Letztere werden Seelenleib und Empfindungsseele sowie Bewusstseinsseele und Geistselbst als nur mit feineren Beobachtungen zu differenzierende Einheit aufgefasst; allerdings hat Steiner hierfür keine einheitliche Terminologie verwendet. Eine Version dieser Gliederung lautet in der *Theosophie*: physischer Körper, Äther- oder Lebensleib, empfindender Seelenleib, Verstandesseele, geisterfüllte Bewusstseinsseele, Lebensgeist, Geistesmensch. In beiden Werken wird auf die Tatsache aufmerksam gemacht, dass es sich bei den Wesensgliedern nicht um eine statische Hülle handelt, welche der Mensch mit sich herumträgt, sondern um ein dynamisches Gebilde, an dessen Aufbau und Entfaltung der sich entwickelnde Mensch selbst beteiligt ist.[358]

Weitere Ausführungen zu den Wesensgliedern finden sich

im Aufsatz «Die Erziehung des Kindes vom Gesichtspunkt der Geisteswissenschaft» (1907) und am Anfang des Kapitels «Der viergliedrige Erdenmensch» (1907) in der Aufsatzsammlung *Aus der Akasha-Chronik*. An beiden Stellen findet sich auch die Unterscheidung einer der bewussten (vom selbstbewussten Ich gestalteten individuellen) Umwandlung des Empfindungsleibs, des Lebensleibs und des physischen Leibs in die Geistesglieder Geistselbst, Lebensgeist und Geistesmensch vorangehenden unbewussten (menschheitlichen) Umwandlung dieser Leibesglieder in die Seelenglieder Empfindungsseele, Verstandes- oder Gemütsseele und Bewusstseinsseele. In dem Aufsatz «Von der Aura des Menschen» (1904) bespricht Steiner auf der Grundlage einer Charakterisierung der Farben der Aura des Menschen ausführlich die Neun- und Siebengliederung des Menschen, geht jedoch auf keinen Entwicklungsaspekt derselben ein.

In schriftlichen Darstellungen des Menschenwesens nach dem Erscheinen des Werkes *Die Geheimwissenschaft im Umriss* geht Steiner nur noch auf die Viergliederung in physischen Leib, Ätherleib, Astralleib und «Ich» ein.[359] Er diskutiert weder die Neun- oder Siebengliederung noch explizit die bewusste Umwandlung der drei ersten Glieder durch das Ich in die drei geistigen Glieder, noch deren unbewusste Umwandlung in die drei seelischen Glieder. Allerdings tritt an erstere Stelle eine ausführliche Schilderung des Schulungs- oder Erkenntnisweges über Imagination, Inspiration zur Intuition, welche mit der bewussten Umwandlung der drei Leibesglieder in einem engen Zusammenhang steht.

In diesen und anderen Darstellungen wird das vierte Leibesglied in der Viergliederung abkürzend oft einfach als «Ich» bezeichnet. Bei genauerem Hinschauen zeigt sich jedoch, dass Steiner dieses vierte Wesensglied (charakterisiert unter anderem durch «Ich-Leib»[360], «Ich-Mensch»[361], «Ich-Gefühl»[362], «Träger des Ich»[363], «Ich-Organisation»[364]) deutlich unterscheidet vom Wesenszentrum des Menschen, dem (wahren) Ich, von dem aus überhaupt die Entwicklung und Umwandlung der Wesensglieder initiiert wird.

A.2 Darstellungen in Vorträgen

In seinen Vorträgen[365] setzt Steiner etwas andere Schwerpunkte. Am 13.10 1904 spricht er über «Die menschliche Wesenheit», führt die Neun- und Siebengliederung ein, geht jedoch auf keine Entwicklung derselben ein.

Am 9. Februar 1905 spricht er in einem öffentlichen Vortrag über «Ursprung und Ziel des Menschen» im Zusammenhang einer Erweiterung der naturwissenschaftlichen Evolutionslehre durch eine spirituelle Evolutionslehre. Dann kommt er zu einer Unterscheidung des Geistes von der Seele anhand des reinen oder sinnlichkeitsfreien Denkens, wie es insbesondere im mathematischen Denken erlebt werden kann, und weiter zu einer Charakteristik der Gliederung des Geistes in Geistselbst (Manas), Lebensgeist (Buddhi) und Geistesmensch (Atma). Dann heißt es:

«Wenn dasjenige, was sich als das höchste Geistige in der Seele auslebt, sich vermischt mit den niederen Eigenschaften der Seele, wenn es auftritt als ein niederes Gefühl, wenn es statt in Liebe sich auslebt in Verlangen, in Begierde, so nennen wir es Kama. Kama ist dasselbe wie Buddhi, nur ist Buddhi die Selbstlosigkeit des Kama, und Kama die Selbstigkeit, der Egoismus der Buddhi. Dann haben wir in uns unseren gewöhnlichen Verstand, der auf die Befriedigung unserer persönlichen Bedürfnisse ausgeht. Diesen Verstand nun nennen wir, insofern er in der Seele Manas zum Ausdruck bringt, Ahamkara, das Ich-Bewusstsein, das Ich-Gefühl. Sodass wir, wenn wir von dem sprechen, was man gewöhnlich die Seele des Menschen nennt, auch sprechen können von Buddhi, die sich im Kama auslebt, und wenn wir sprechen von Manas oder dem eigentlichen Geistigen des Denkens, so sprechen wir von dem Verstande, der sich im Ich-Bewusstsein, im Ahamkara auslebt.»[366]

Darauf folgt die meines Wissens einzige Stelle zu den Gliederungen des Menschenwesens, in der Steiner explizit einen Bezug mit seinem Werke *Die Philosophie der Freiheit* herstellt:

«Nun habe ich versucht, die allmähliche Hinauferziehung des Menschen, die Reinigung des Menschen aus dem Seelischen in das Geistige, in einem Buche darzustellen, das ich vor einigen Jahren geschrieben habe als meine ‹Philosophie der Freiheit›. Was ich jetzt dargestellt habe, finden Sie dort in den Begriffen der abendländischen Philosophie ausgedrückt. Sie finden dort die Entwicklung des Seelischen vom Kama zum Manasleben. Ich habe dort Ahamkara das ‹Ich› genannt, Manas das ‹höhere Denken›, reines Denken, und die Buddhi, um noch nicht auf den Ursprung hinzuweisen, die ‹moralische Phantasie›. Das sind nur andere Ausdrücke für ein und dieselbe Sache. Damit haben wir erkannt, was des Menschen geistig-seelisches Wesen ist. Dieses geistig-seelische Wesen ist verkörperlicht, verleiblicht in demjenigen, was uns die äußere Naturwissenschaft beschreibt. Dies geistig-seelische Wesen ist eigentlich der Mensch. Es hat etwas wie eine Hülle um sich: die äußere physische Körperlichkeit.»[367]

In Vorträgen über das Johannes-Evangelium kommt Steiner ausführlich auf die der gegenwärtigen Zeit vorangehende unbewusste Entwicklung der Wesensglieder zu sprechen, um daran anschließend die bewusste Ergreifung derselben in Gegenwart und Zukunft zu charakterisieren. So im zweiten und dritten Vortrag vom 28. bzw. 31. Oktober 1906 in «Die Theosophie anhand des Johannes-Evangeliums» und im dritten und fünften Vortrag vom 18. bzw. 20. November 1907 in «Das Johannes-Evangelium». Darin wird auch der Bezug zur Welt- und Menschheitsentwicklung, besonders zum Erscheinen des Christus auf der Erde, dargestellt.[368] Ähnliche Ausführungen finden sich im vierten Vortrag vom 29. Februar 1908 in einer Vortragsreihe über «Das Hereinwirken geistiger Wesenheiten in den Menschen».

Im siebten Vortrag vom 26. Mai 1908 über «Das Mysterium von Golgatha» in der Vortragsreihe *Das Johannes-Evangelium* findet sich nach einem Hinweis auf die unbewusste und bewusste Umwandlung der drei Wesensglieder physischer Leib, Ätherleib und Astralleib eine prägnante Charakterisierung der Stufen der Entwicklung des höheren (geistigen) Menschen:

«Und das Hinblicken auf die Christus-Persönlichkeit, auf die Christus-Impulse, das Sichdurchkraften, Sichstärkenlassen durch den Christus-Impuls, das zieht im Menschen das heran, wodurch er diese Umwandlung vollziehen kann.

Wenn der Mensch heute diese Umwandlung noch nicht vollzogen hat, was folgt für ihn daraus? Die [anthroposophische] Geisteswissenschaft spricht das sehr einfach aus: Dadurch, dass der astralische Leib noch nicht durchläutert, noch nicht zum Geistselbst umgestaltet ist, dadurch ist möglich Selbstsucht oder Egoismus; dadurch, dass der Ätherleib noch nicht vom Ich durchkraftet ist, ist möglich Lüge und Irrtum; und dadurch, dass der physische Leib noch nicht vom Ich durchkraftet ist, dadurch ist möglich Krankheit und Tod. Nicht mehr wird es geben Selbstsucht im einst vollentwickelten Geistselbst; nicht wird es geben Krankheit und Tod, sondern lediglich Heil und Gesundheit im vollentwickelten Geistesmenschen, das heißt im vollentwickelten physischen Leibe. Was heißt denn also: Der Mensch nimmt die Christus-Impulse auf? Er lernt verstehen, welche Kraft in dem Christus ist, er nimmt die Kräfte in sich auf, die ihn dazu bringen, Herr zu sein selbst seinem physischen Leibe gegenüber.»[369]

Einen ganz eigenen seelenpraktischen Charakter haben nun drei öffentliche Vorträge über «Metamorphosen des Seelenlebens» von 1909. In dem Vortrag über «Die Mission des Zornes» vom 5. Dezember 1909 gibt Steiner eine gründliche Einführung in die Wesensglieder des Menschen. Nach einer Schilderung der drei Leibesglieder physischer Leib, Äther- oder Lebensleib, Astral- oder Bewusstseinsleib macht er nach einem Exkurs über den geistigen Wesenskern, das Ich als Initiator und Gestalter von Entwicklung und Wiederverkörperung, auf die Möglichkeit der weit in die Zukunft reichenden *bewussten* Umwandlung dieser Glieder in die drei geistigen Glieder aufmerksam. Daran schließen sich Hinweise auf die seit weit zurückliegenden Zeiten stattfindende *unbewusste* Umarbeitung der Leibesglieder in die seelischen Glieder Empfindungsseele, Verstandes- oder Gemütsseele und die Bewusstseinsseele. Diese Seelenglieder und deren *gegenwärtige bewusste* Bearbeitungs- und Entfaltungsmöglichkeit durch das tätige Ich sind nun das Thema dieses und der beiden folgenden Vorträge.

Steiner macht deutlich, dass das Ich in seiner die Seele erweiternden und bereichernden Arbeit an den Seelengliedern zwei Gefahren ausgesetzt ist, einerseits dem selbstgenießerischen Rückzug auf sich selbst, dem Egoismus oder der Selbstsucht, und andererseits dem schwärmerischen Sich-Verlieren in der Welt, der Selbstflucht. Die konkrete Arbeit des Ich an den drei Seelengliedern muss nun diesen Gefahren Rechnung tragen. So ist für die Empfindungsseele der edle Zorn (im

Kontrast zur blinden Wut) ein Erziehungsmittel, einerseits zur Stärkung der Selbstlosigkeit (als Heilmittel für den Egoismus) und andererseits auch zur Stärkung des Selbsterlebens (als Heilmittel für die Selbstflucht) – ehe die Seele dazu reif ist, in lichter Klarheit ein Urteil zu fällen. Nun ist natürlich der Zorn nicht das Ziel der Entwicklung der Empfindungsseele, sondern der Boden, mit dem sich Liebe und Milde als überwundener, geläuterter Zorn entfalten können.

Im Vortrag über «Die Mission der Wahrheit» vom 22. Oktober 1909 behandelt Steiner die Erziehung der Verstandes- oder Gemütsseele durch ein *Streben* nach höheren Wahrheiten durch die Ausbildung eines Sinns für Wahrheit. Durch sie soll Lüge und Irrtum überwunden werden. Dazu gehört unter anderem die Einsicht, dass unterschiedliche Meinungen durch unterschiedliche Gesichtspunkte bedingt sind, insbesondere die eigene persönliche Meinung durch den eigenen Standpunkt:

«Alles Wahrheitsstreben kann leiden dadurch, dass der Mensch nicht Rücksicht nimmt darauf, dass er zum Wahrheitsstreben von sich loskommen muss. Von sich loskommen kann der Mensch nur nach und nach. Aber das ist das Auszeichnende der Wahrheit, dass sie im strengsten Sinne fordert, dass man von sich ganz absieht und alles vergisst, wenn man durch sie weiterrücken will. Sie hat also eine Eigenschaft, welche sie unterscheidet von allem übrigen, nämlich die, dass man ganz in sich sein kann, in seinem Ich leben kann, in seinem Wahrheitsstreben, und dennoch etwas gewinnt in seinem Ich – wenn man dieses Leben im Ich durchmacht –, was im Grunde genommen mit dem egoistischen Ich nichts zu tun hat.»[370]

Durch Liebe zur Wahrheit wird also sowohl Selbstsucht wie Selbstflucht überwunden:

«So ist die Wahrheit die Führerin des Menschen zur Einigkeit und zum gegenseitigen Verständnis. Damit ist sie auch die Vorbereiterin von Gerechtigkeit und Liebe.»[371]

Steiner macht dann aufmerksam auf die zwei Formen von Wahrheit, die *Wahrheit des Nachdenkens* und die *Wahrheit des Vorausdenkens*. Unter Ersterem versteht Steiner das Erkennen sinnlicher Tatsachen und Vorgänge, das Erkennen der Wahrheit und Weisheit in der sinnlich erscheinenden Natur. Die Wahrheiten des Vorausdenkens lassen sich in der äußeren Natur nicht finden: Sie müssen erarbeitet, geschöpft werden, besonders die Wahrheiten der anthroposophischen Geisteswissenschaft. Der Beweis ihrer Richtigkeit liegt in der Bewahrheitung, in der Fruchtbarkeit im konkreten wirklichen Leben. Erstere Wahrheiten wirken verödend und ausleerend auf das Ich, machen es egoistisch und menschenfeindlich, Letztere machen es schöpferisch und produktiv, offen und frei für die Zukunft:

«Kein Grund ist vorhanden, jemals bei einer erkannten Sache stehen zu bleiben.»[372]

Der Vortrag über «Die Mission der Andacht» vom 28. Oktober 1909 widmet sich der Andacht als Erziehungsmittel der Bewusstseinsseele. Das Denken als seelische Grundkraft steht im Zentrum der Bewusstseinsseele. Wie kann es aus der Seele heraus zum Geist geführt werden? Durch Gefühl und Wille, indem diese aus dem Ich heraus sich zur Liebe und Ergebenheit gegenüber dem Unbekannten, zu Erkennenden, zu Denkenden, steigern. Die Vereinigung, die gegenseitige Befruchtung von Liebe und Ergebenheit ist die Andacht. Die so weiterentwickelten seelischen Qualitäten des Gefühls und des Willens sind die Führer zum Übersinnlichen, und nicht zu verwechseln mit dem so Angestrebten selbst: «Dasjenige, was uns führt, ist nicht dasjenige, was wir suchen.»[373] Liebe und Ergebenheit überwinden die eine Seite der Gefahren des Willens und des Gefühls, die selbstsüchtige Isolation und die egoistische Verhärtung. Den anderen Gefahren, der Selbst-flucht (Sich-Verlieren) und der Schwärmerei, kann nur durch ein starkes, vom Ich getragenes schöpferisches Denken begeg-net werden, das sowohl das Wollen durchleuchtet als auch das Liebe-getragene Erkennen von Mensch und Welt stärkt.

Aufschlussreich für eine philosophische Menschenkun-de ist auch der Vortrag vom 25. August 1919 in *Allgemeine Menschenkunde als Grundlage der Pädagogik*. Dort geht es in erster Linie um die Natur des Willens. Steiner beginnt mit einer Beschreibung des Menschenwesens von seinen geistigen Gliedern her, um besonders auf dessen zukünftige Aspekte aufmerksam zu machen. Angelangt bei der Charakterisierung der leiblichen Glieder, geht er näher auf die Willensaspekte derselben ein und bringt den physischen Leib, den Ätherleib und den Empfindungsleib in Zusammenhang mit verschie-denen Arten der eher von außen kommenden Instinkte, mit den eher von innen kommenden Trieben bzw. mit den bereits in erlebbarer Form auftretenden Begierden. Das spezifisch Menschliche beginnt erst mit den Seelengliedern Empfin-dungsseele, Verstandes- oder Gemütsseele und der Bewusst-seinsseele. Hier spricht Steiner einheitlich vom Motiv, da sich das Willensmäßige innerhalb der Seele nicht so ohne Weiteres differenzieren ließe. Dagegen zeigt sich der Willen im Geisti-gen zunächst als allgemeiner Wunsch, eine bereits vollzogene Sache ein nächstes Mal besser zu machen (nicht: zu bereuen), sich entsprechend weiterzuentwickeln (Geistselbst). Wird dieser Wunsch konkretisiert, so wird er zum Vorsatz, zu einer «Art Vorstellung davon, wie man die Handlung, wenn man sie noch einmal machen müsste, besser machen würde».[374]

Zusammenfassend heißt es dann:

«Und erst wenn die Seele einmal vom Leibe befreit sein wird, wird aus diesem Vorsatz der Entschluss. Der Vorsatz bleibt ganz keimhaft in der Seele liegen; dann folgt der Entschluss später nach. Und der Entschluss sitzt ebenso im Geistesmenschen, wie der Vorsatz im Lebensgeist und wie der reine Wunsch im Geistselbst sitzt. Fassen Sie also den Menschen als wollendes Wesen ins Auge, so können Sie alle diese Bestandteile finden: Instinkt, Trieb, Begierde und Motiv, und dann leise anklingend das, was schon im Geistselbst, im Lebensgeist und im Geistesmenschen lebt als Wunsch, Vorsatz und Entschluss.

Das hat nun für die Entwicklung des Menschen eine große Bedeutung. Denn was da leise lebt als sich aufbewahrend für die Zeit nach dem Tode, das lebt sich im Bilde aus beim Menschen zwischen Geburt und Tod. Da bezeichnet man es dann mit denselben Worten. Vorstellungsmäßig erleben wir auch da Wunsch, Vorsatz und Entschluss.»[375]

Einen interessanten Blick auf die Viergliederung der menschlichen Organisation, der diese in ihrer entwicklungsbedingten Einseitigkeit offenbart, eröffnet Steiner durch einen Rückblick auf seine Untersuchungen der menschlichen Organisation, wie er sie zum ersten Mal in der *Theosophie* schriftlich niedergelegt hat, im 3. Vortrag vom 2. April 1923 in *Der Jahreskreislauf als Atmungsvorgang der Erde und die vier großen Festeszeiten*:

«Als ich mein Buch ‹Theosophie› schrieb, da konnte ich nicht einfach aneinanderreihen: physischer Leib, ätherischer Leib, astralischer Leib und Ich, wie man es zusammenfassen kann, wenn die Sache schon da ist, wenn man die Sache innerlich durchschaut. Da musste ich nach der Dreizahl anordnen: physischer Leib, Ätherleib, Empfindungsleib; erste Dreiheit. Dann die damit verwobene Dreiheit: Empfindungsseele, Verstandesseele, Bewusstseinsseele; dann die damit verwobene Dreiheit: Geistselbst, Lebensgeist, Geistesmensch, drei mal drei, ineinander verwoben, dadurch wird es zu sieben. Aber die Sieben ist eben drei mal drei ineinander verwoben. Und nur, wenn man auf das gegenwärtige Stadium der Menschheitsentwickelung blickt, kommt die Vier heraus, die eigentlich im Grunde genommen eine sekundäre Zahl ist.»[376]

B. Unterschiedliche Gliederungen der menschlichen Organisation: Eine Übersicht

B.1 Neungliederung und Siebengliederung der menschlichen Organisation

Steiner macht in seinen Neungliederungen der menschlichen Wesenheit (Organisation) darauf aufmerksam, dass die Grenzen zwischen dem Seelenleib und der Empfindungsseele einerseits und zwischen der Bewusstseinsseele und dem Geistselbst andererseits nicht scharf zu ziehen sind: Diese Paare von nebeneinander wirkenden Gliedern der menschlichen Organisation sind so eng miteinander verbunden, dass es auch sachgemäß ist, sie jeweils zu einem einzigen Glied zusammenzufassen (Tabelle 5): Die Einheit von Seelenleib und Empfindungsseele, *empfindender Seelenleib* oder *Astralleib* genannt, ist gekennzeichnet durch die Vermittlung von erlebnismäßig an Wahrnehmungen des Leibes gebundenen Erfahrungen, die unabhängig vom individuellen Vollzug des Erkennens und Handelns präsent sind.

Die Einheit von Bewusstseinsseele und Geistselbst, *geisterfüllte Bewusstseinsseele* genannt, ist gekennzeichnet durch die Ermöglichung und aktive Vermittlung eines aktuell bewussten Denkens, Erkennens und ideenbewussten freien Handelns. In ihr wird der Ausnahmezustand des reinen Denkens zum intuitiven Erleben desselben weitergeführt.

Dazwischen liegt die Verstandes- oder Gemütsseele, in der die ersten Erfahrungen eines «Ich» als Zentrum des Innen-

Dreigliederung	Neungliederung	Siebengliederung	Fünfgliederung
Leib	Physischer Leib	Physischer Leib	Physischer Leib
	Lebensleib (Ätherleib)	Lebensleib (Ätherleib)	Lebensleib (Ätherleib)
	Seelenleib (Astralleib, Empfindungsleib)	Empfindender Seelenleib (Astralleib, Empfindungsleib)	Astralleib (Empfindungsleib)
	Empfindungsseele (Astralseele)		
Seele	Verstandes- oder Gemütsseele («Ich»)	«Ich» als Seelenkern (Verstandes- oder Gemütsseele)	Ich-Organisation (Ich-Leib, «Ich», gewöhnliches Ich, niederes Ich): gegenwärtiger Arbeitsbereich des individuellen Wesenskernes (Ich).
	Bewusstseinsseele	Geisterfüllte Bewusstseinsseele (Geistselbst)	
Geist	Geistselbst	Lebensgeist	Höheres Ich (höherer Mensch, geistiger Mensch)
	Lebensgeist	Geistesmensch	
	Geistesmensch		

Menschliche Organisation

Tabelle 5: Verschiedene Gliederungen der menschlichen Organisation als in sich differenziertes, entwickelbares und individualisierbares Instrument (Erscheinungsmedium) des individuellen Wesenskernes, des Menschen-Ich.

lebens auftauchen. Dieses «Ich» erscheint dann wie eine «Seele in der Seele», oder als «Seelenkern». Es ist die *seelische Erscheinungsform des Ich* als individueller Wesenskern, oder mit anderen Worten: der gegenwärtige seelische Arbeitsbereich des individuellen Wesenskernes oder Ich im Rahmen der Verstandes- oder Gemütsseele, der sich mit fortschreitender Entwicklung des Menschen immer mehr in den geistigen Bereich verschieben wird.

Zusammen mit den beiden ersten Gliedern des Leibes, dem physischen Leib und dem Lebensleib, und den beiden höchsten Gliedern des Geistes, dem Lebensgeist und dem Geistesmenschen, ergeben sich daraus sieben Glieder der menschlichen Organisation als Instrument des individuellen Wesenskernes, des Ich (Tabelle 5).

B.2 Gliederungen des Selbst

Tabelle 6 zeigt die Gliederung des Selbst im vorliegenden Buch. Sie ist mehr oder weniger parallel zu denken zur Neungliederung von Steiner, wurde aber in der Regel unter etwas eingeschränkteren Gesichtspunkten entwickelt, nämlich vorzüglich im Hinblick auf bewusstes Erleben im Umfeld des dem gewöhnlichen Bewusstsein bei gesteigerter Aufmerksamkeit zugänglichen Erkennens und Handelns. Man kann es auch so ausdrücken: Es handelt sich um die neun Wesensglieder Steiners aus der Perspektive des Übergangs vom bewussten Selbst zum geistbewussten Selbst (siehe dazu die Abschnitte 5.1 und 5.2).

Dreigliederung	Neungliederung
Leibliches Selbst *(Tabelle 1, Abschnitt 3.1)*	*Körper-Selbst*
	Lebens-Selbst
	Reaktives Leibes-Selbst
Seelisches Selbst *(Tabelle 3, Abschnitt 3.8)*	*Erlebendes Selbst*
	Gegenüber-Selbst
	Bewusstes Selbst
Geistiges Selbst *(Tabelle 4, Abschnitt 5.7)*	*Geistbewusstes Selbst*
	Verwandelndes Selbst
	Weltgestaltendes Selbst

(Spaltenbeschriftung links: Menschliches Selbst)

Tabelle 6: Gliederungen des Selbst als in sich differenzierte, entwickelbare und individualisierbare Erscheinung des individuellen Wesenskernes, des Menschen-Ich.

B.3 Vier- oder Fünfgliederung der menschlichen Organisation

Möchte man zum Ausdruck bringen, in welchen Gliedern sich der individuelle Wesenskern des Menschen, sein wahres Ich, in der gegenwärtigen Entwicklungsepoche vor allem zur Erscheinung bringt, was seine zurzeit ihm am nächsten liegenden Hüllen sind, so muss auf die Funktionen der Verstandes- oder Gemütsseele (hier: Gegenüber-Selbst; siehe hier Tabelle 6 und oben Tabelle 3 in Abschnitt 3.8) und die der Bewusstseinsseele (hier: bewusstes Selbst) hingewiesen werden. Von

ihnen werden diejenigen Erlebnisse vermittelt, in denen sich
der gegenwärtige Mensch zu Hause fühlt; sie sind der Hafen,
von dem aus seine Gedanken und Empfindungen ihren Aus-
gang nehmen und in den sie immer wieder zurückkehren, sei
es nach Abenteuern im intensiven sinnlich-physischen Erleben oder nach Ausflügen in sublimes geistiges Erleben und
Erkennen. Sowohl der intuitive Erlebniszustand des reinen
Denkens als auch das intuitive Bewusstsein desselben sind
gegenwärtig (zumindest für Menschen mit weitgehend ge-
wöhnlichem Bewusstsein) nicht die normalen, das heißt die
alltäglich oder dauernd vorhandenen Bewusstseinszustände.
Es sind ausgewählte Momente innerhalb des Erlebnishorizon-
tes, der vor allem durch die Funktionen der Verstandes- oder
Gemütsseele und die der Bewusstseinsseele vorgegeben sind.
Demzufolge ist es sinnvoll, die Einheit von Verstandes- oder
Gemütsseele und Bewusstseinsseele zur *Ich-Organisation* zusammenzufassen, die für den gegenwärtigen Entwicklungs-
zeitraum eine Art seelische Hülle in der Funktion eines Er-
möglichungsgrundes für das individuelle Ich bildet (Tabelle
5). Mit fortschreitender Ausbildung der geistigen Anteile der
menschlichen Organisation (hier: geistiges Selbst; siehe hier
Tabelle 6 und oben Tabelle 4, Abschnitt 5.7) wird sich auch der
Arbeitsschwerpunkt des Ich immer mehr in den Geistbereich
verschieben und damit die durch diese Glieder vermittelten
Bewusstseinsformen zu Normalzuständen werden lassen.

Die Ich-Organisation kann als (gegenwärtige) *seelische
Erscheinungsform* des Menschen-Ich im Sinne seines Wesenskernes betrachtet werden. Manchmal ist in diesem Zusammenhang auch vom «niederen Ich» die Rede. Davon zu
unterscheiden sind die g*eistigen Erscheinungsformen* des Ich,
das heißt die in den Funktionen des Geistes, insbesondere im
Geistselbst (hier: geistbewusstes Selbst), Lebensgeist (hier:

verwandelndes Selbst) und im Geistesmenschen (hier: welt-
gestaltendes Selbst; siehe hier Tabelle 6 und oben Tabelle 4,
Abschnitt 5.7) zum Ausdruck kommenden Erfahrungen und
Tätigkeiten; sie können als «höheres Ich» bezeichnet werden. Sie sind nicht zu verwechseln mit dem wahren Ich, dem
Ich als Wesenszentrum des Menschen, für welches alle Glieder
der menschlichen Organisation Mittel zur Bewusstwerdung
und Verwirklichung seiner selbst und der übrigen Welt sind
und von ihm selbst funktionell unterschieden werden müssen.

Vom Gesichtspunkt des Prozesses der Bewusstwerdung erscheint die Sache zunächst wie umgekehrt: Die geistigen Wesensglieder (hier: geistiges Selbst) werden aus dem im Bereich
der Seele erscheinenden «Ich» heraus geboren. Das bedeutet
jedoch nichts anderes, als dass das individuelle Ich dem Erscheinen der geistigen Wesensglieder ebenso dient, wie diese
dem Erscheinen des Ich dienen. Beide Prozesse bedingen sich
gegenseitig.

Zusammenfassend ergeben sich mit dem physischen Leib,
dem Lebensleib, dem Astralleib und dem «Ich» vier Wesensglieder des Menschen[377], die mit dem «höheren Ich» zusammen eine Fünfgliederung der gesamten menschlichen Organisation ausmachen (Tabelle 5).

ANMERKUNGEN

1 Der Titel dieses Buches stand schon fest, bevor ich ein anderes Buch mit einem ähnlichen Titel entdeckte: KIENZLE/PAPE (HRSG.): *Dimensionen des Selbst* (genaue bibliographische Angaben für dieses und alle folgenden Literaturzitate in Kurzform finden sich im Literaturverzeichnis). Inhalt und Zielsetzung dieser heterogenen Aufsatzsammlung sind allerdings ganz andere als hier: Dort geht es vor allem um sprachanalytische und kommunikative Konzeptionen des menschlichen Selbst. – In welch verschiedenartiger Weise man im Zusammenhang der Selbstbestimmung des Menschen über «Seele» schreiben kann, in historischer Perspektive und im gegenwärtigen bewusstseinstheoretischen Kontext, siehe CRONE / SCHNEPF/STOLZENBERG (HRSG.): *Über die Seele.* Ähnliches lässt sich vom «Geist» und weiteren damit zusammenhängenden Begriffen sagen, siehe dazu neben diversen Lexika-Einträgen exemplarisch MEIXNER/NEWEN (HRSG.): *Seele, Denken, Bewusstsein* und ARNDT/ZOVKO (HRSG.): *Geist.* – Vor Kurzem erschienen drei Schriften zum Thema des Ich des Menschen, welche direkt oder indirekt auf *Die Philosophie der Freiheit* Bezug nehmen: JAENSCH: *Was ist die wahre Natur des Ich?*, KLÜNKER: *Anthroposophie als Ich-Berührung* und PROKOFIEFF: *Das Rätsel des menschlichen Ich.* Am ehesten Berührung mit der vorliegenden Darstellung haben die Ausführungen von JAENSCH, da sie unmittelbar an die Denkerfahrung des gegenwärtigen Menschen anknüpfen. Um eine philosophisch-begriffliche Analyse, die konkret auf das Erfahrungsfeld des Werkes *Die Philosophie der Freiheit* von STEINER eingeht, handelt es sich bei keinem dieser Werke; siehe dazu die Besprechung ZIEGLER: «Drei Ich-Perspektiven». Zum Buch von MERHOLZ: *Die Philosophie des Ich*, der die Bedeutung des sich selbst bestimmenden und in sozialer Interaktion befindlichen Ich herausarbeitet, siehe die Besprechung ZIEGLER: «Individuelle Ich-Erfahrung». – Das Buch von TRAUB: *Philosophie und Anthroposophie* erschien erst

nach Abschluss des Manuskriptes und konnte nicht mehr berücksichtigt werden.

2 Die Fragen, ob es einen uneingeschränkten Zugang zum Selbst überhaupt gibt (also keine prinzipielle Grenze der Selbsterkenntnis) und ob die immer wieder vorkommenden Selbsttäuschungen in der Selbsteinschätzung grundsätzlich überwindbar sind, wurden und werden immer wieder diskutiert und experimentell untersucht (siehe beispielsweise WILSON/DUNN: «Self-knowledge», FINE: «Das unmoralische Gehirn», AYAN: «Innenansichten der Psyche»), jedoch im Wesentlichen mit Nein beantwortet. Dass spezifische Untersuchungen des seelischen Selbst schwierig sind und unter Umständen zu keinem eindeutigen oder einheitlichen Ergebnis kommen, berechtigt jedenfalls nicht zur Ansicht, dass es *immer* einen letzten Rest unerkennbarer (nicht bewusster) Anteile des Seelenlebens geben muss. Wichtig ist in diesem Zusammenhang die Beobachtung, dass die in diesem Kontext durchgeführten psychologischen Experimente in den weitaus meisten Fällen ein spontan-reflexives und möglichst automatisches Reagieren betreffen und nicht eine aktive, selbstbestimmte Umgangsweise mit sich und seinen seelischen Reaktionen.

3 Ich danke neben den Teilnehmern an meinen Seminaren in verschiedenen Institutionen, vor allem den Mitarbeitenden einer Arbeitsgruppe zum Werk *Die Philosophie der Freiheit* im Rahmen des Friedrich von Hardenberg-Instituts für Kulturwissenschaften in Heidelberg und insbesondere THOMAS KRACHT, STEFAN BROTBECK und CHRISTIAN TEWES, für philosophisch-anthroposophische Anregungen und Verbesserungsvorschläge. Für Korrekturen und weitere Anregungen danke ich darüber hinaus THOMAS REISSIG und JEAN-MARC DECRESSONNIÈRE. Die Lektorierung des Manuskriptes durch BARBARA DIETZ verhalf mir an mehreren Stellen, die begriffliche Präzision dem Medium der Sprache gemäß zur Erscheinung zu bringen. Stehen gebliebene Fehler oder sprachliche Holprigkeiten gehen ganz zu Lasten des Autors.

4 Eine verwandte, jedoch mit anderen Schwerpunkten (insbesondere einige Feinheiten der Denkerfahrung betreffend) versehene systematische Einführung in verschiedene Dimensionen der Selbst- und Ich-Erfahrung im Geiste des Werkes *Die Philosophie der Freiheit*

findet man auch in ZIEGLER: *Intuition und Ich-Erfahrung* (Kapitel 6–8, 12–13).

5 Auf die anthropologische Dimension des Werkes *Die Philosophie der Freiheit* hat mit Vehemenz LINDENBERG in «Wissen, worum es geht» hingewiesen, ohne jedoch in Details zu gehen. Siehe dagegen die frühere und gründlichere Arbeit von SCHNEIDER: *Einführung in die Waldorfpädagogik* (Teil II: Menschenkunde als Grundlage der Pädagogik Rudolf Steiners), wo zentrale Aspekte der anthroposophischen Menschenkunde in enger Anknüpfung an die philosophisch-anthroposophischen Schriften Steiners (GA 1–4) entfaltet werden. Siehe jetzt neuerdings auch die vorzügliche Darstellung von HEUSSER: *Anthroposophische Medizin und Wissenschaft*. – Ein eigenständig-origineller Ansatz zu einer philosophisch-anthroposophischen Anthropologie findet sich bei UNGER: «Das Ich und das Wesen des Menschen», «Naturwissenschaft und Geisteswissenschaft», «Gedanken zur Philosophie des Widerspruchs». – Auf anderen Wegen, nämlich über Aufbau und Form des Werkes *Die Philosophie der Freiheit,* stellen WITZENMANN: *Die Philosophie der Freiheit als Grundlage künstlerischen Schaffens* (Erster Teil: «Die Philosophie der Freiheit als Gedankenkunstwerk») und TEICHMANN: *Auferstehung im Denken* (S. 68–12), einen Zusammenhang dieses Werkes mit den menschlichen Wesensgliedern her.

6 Siehe dazu und zum Folgenden Steiner: *Von Seelenrätseln*, Kapitel I: Anthropologie und Anthroposophie (S. 11–33) und Kapitel IV: Skizzenhafte Erweiterungen des Inhaltes dieser Schrift, Nr. 3 (S. 138–142) und 8 (S. 169–171).

7 Für eine Diskussion der Inhalte der wichtigsten Strömungen der philosophischen Anthropologie des 20. Jahrhunderts sowie eine Herstellung konkreter Bezüge zu Resultaten derselben verweise ich auf die Übersichtsdarstellungen GADAMER/VOGLER (HRSG.): *Philosophische Anthropologie*, FISCHER: *Philosophische Anthropologie*, NESCHKE/SEPP (HRSG.): *Philosophische Anthropologie*, und mehr aus medizinischer Sicht auf die knappe Zusammenstellung von SELG: «Die geistige Dimension des Menschen?». Besonders zu berücksichtigen wären hier die Originalarbeiten SCHELER: *Die Stellung des Menschen im Kosmos*, PLESSNER: *Die Stufen des Organischen und der Mensch*, GEHLEN: *Der Mensch*, JONAS: *Das Prinzip Leben* sowie HARTMANN: *Der Aufbau der realen Welt* und

Philosophie der Natur. An HARTMANN und andere knüpft etwa für den hier interessierenden Zusammenhang JOHST: «Die Willensfreiheit ist keine Illusion» an. – Für eine medizinische Anthropologie auf philosophisch-anthroposophischer Grundlage siehe die vorzügliche Habilitationsschrift von HEUSSER: *Anthroposophische Medizin und Wissenschaft.*

8 Siehe zu diesen Verwendungen etwa GIGERENZER: *Bauchentscheidungen* und LABHART: «Intuition in der Wissenschaft». Für die im vorliegenden Buch verwendete Bedeutung von Intuition siehe auch HEUSSER: «Intuition. Die innere Basis von Wissenschaft und Ethik».

9 Die Kapitel (und Abschnitte) des vorliegenden Buches werden mit arabischen Ziffern (1, 2, 3, ...) bezeichnet, diejenigen des Werkes *Die Philosophie der Freiheit* mit römischen (I, II, III, ...). – Zitiert wird hier nach der zweiten Auflage von 1918. Falls es sich um Neufassungen gegenüber der 1. Auflage von 1894 handelt, wird in den Anmerkungen explizit darauf hingewiesen. Herangezogen wurde dazu der photomechanische Nachdruck STEINER 1894. Erläuternde Texte in eckigen Klammern innerhalb von Zitaten stammen von mir.

10 Im Kontext einer systematischen Einführung in das in dem Werk *Die Philosophie der Freiheit* von STEINER dargestellte reine und intuitive Denken, das selbstständige Erkennen und das freie Handeln finden sich weitere Ausführungen zu den hier bearbeiteten Themen in ZIEGLER: *Intuition und Ich-Erfahrung.* – Für den ersten Teil des Werkes *Die Philosophie der Freiheit* verweise ich außerdem auf die beiden von KRACHT herausgegebenen Sammelbände: *Erfahrung des Denkens* und *Erkennen und Wirklichkeit.* Siehe auch MUSCHALLE: *Beobachtung des Denkens bei Rudolf Steiner,* WITZENMANN: «Intuition und Beobachtung» (insbesondere S. 74–82).

11 Die Unterscheidung von «manifest» und «manifestativ» verdanke ich STEFAN BROTBECK.

12 Zur Unterscheidung von Erscheinungs- und Wesensentwicklung und deren Begründung in Erkenntniswissenschaft und Freiheitslehre, siehe ZIEGLER: «Individuelle menschliche Entwicklung zur Freiheit als Urbild aller Entwicklung» (Teil I und II). – Zur für die Selbstentwicklung zentralen sozialen Dimension siehe

etwa DIETZ: *Produktivität und Empfänglichkeit* und ZIEGLER: *Intuition und Ich-Erfahrung* (Kap. 12).

13 Eine systematisch-philosophische Begründung und Entfaltung der Ideen von Wiederverkörperung und Schicksal auf dem Fundament von Erkenntnis- und Freiheitswissenschaft findet man in ZIEGLER: *Freiheit und Schicksal.*

14 Zu den Begriffsverwirrungen, die mit diesen Unterscheidungen verbunden sind, siehe BROTBECK: *Das entzauberte Hirngespinst* und WAGEMANN: «Strukturphänomenologische Anthropologie – ein transdisziplinärer Ansatz zur Korrelation von Gehirn und Bewusstsein», *Gehirn und menschliches Bewusstsein.* Siehe auch die vehemente Verteidigung der Notwendigkeit und Durchführbarkeit einer direkten Untersuchung psychischer Phänomene von JONAS: *Macht oder Ohnmacht der Subjektivität? –* Zur Neubegründung und Fortführung der Introspektion um 1900, also noch zu Steiners Zeiten, durch die Würzburger Schule der Denkpsychologie, siehe ZICHE: *Introspektion. –* CHRISTIAN TEWES verdanke ich den Hinweis, dass die Methoden der Introspektion in der zeitgenössischen Kognitionswissenschaft zumindest teilweise einer positiven Re-Evaluation unterzogen werden und ihre methodische Unverzichtbarkeit herausgestellt wird; siehe dazu exemplarisch die Übersichten VERMERSCH: «Introspection as practice», «Describing the practice of introspection», MARCEL: «Introspective report» und JACK/ROEPSTORFF: «Introspection and cognitive brain mapping».

15 Zur Problemlage im Rahmen der zeitgenössischen Philosophie siehe RAGER: «Hirnforschung und die Frage nach dem Ich», RUNGGALDIER: «Die Fortdauer (Identität) des Ich durch die Zeit», «Personen und diachrone Identität» und HARWOOD: *The Survival of the Self. –* Zur gegenwärtigen Diskussion siehe auch die Anmerkungen in Abschnitt 8.1.

16 Vgl. STEINER: *Die Philosophie der Freiheit*, Kapitel III, Zusatz zur Neuauflage 1918, S. 55.

17 Vgl. ebenda, Kapitel VIII, Zusatz zur Neuauflage 1918, S. 143.

18 Vgl. ebenda, Kapitel IV, Absatz 1, S. 57.

19 Vgl. ebenda, Kapitel IV, Absatz 21, S. 68 und Kapitel V, Absatz 30, S. 98–100.

20 Vgl. ebenda, Kapitel IV, Absatz 22, S. 68.

21 Vgl. ebenda, Kapitel VI, Absatz 4–6, S. 106–107.

22 Siehe dazu auch MUSCHALLE: «Versuch eines Verständnisansatzes zum intuitiven Denken».

23 Vgl. STEINER: *Die Philosophie der Freiheit*, Kapitel III, Absatz 1, S. 36.

24 Vgl. ebenda, Kapitel III, Absatz 8ff., S. 40 ff.

25 Vgl. ebenda, Kapitel III, Absatz 8, S. 40.

26 Vgl. ebenda, Kapitel III, Absatz 14, S. 43.

27 Vgl. ebenda, Kapitel III, Absatz 7–8, S. 39–40.

28 Vgl. ebenda, Kapitel VIII, Zusatz zur Neuauflage 1918, S. 142.

29 Vgl. ebenda, Kapitel IX, Absatz 3 (Ergänzung zur Neuauflage 1918), S. 146.

30 Vgl. ebenda, Kapitel III, Absatz 16, S. 44.

31 Vgl. ebenda, Kapitel III, Absatz 31, S. 52–53.

32 Vgl. ebenda, Kapitel IV, Absatz 6, S. 60.

33 Vgl. ebenda, Kapitel IV, Absatz 1, S. 57.

34 Vgl. ebenda, Kapitel IV, Absatz 2, S. 58.

35 Vgl. ebenda, Kapitel V, Absatz 19, S. 91.

36 Ausführlichere Darstellungen in ähnlichem Duktus und mit weiteren Beispielen und Literaturhinweisen finden sich in ZIEGLER: *Intuition und Ich-Erfahrung* (Kap. 3, 4, 5), *Mathematik und Geisteswissenschaft* (Kap. 1, 2, 4, 7) und *Selbstreflexion* (Kap. I, II, III, IV).

37 Für die weittragende Bedeutung von Vollziehen im Kontrast zu Geschehen-Lassen siehe insbesondere Abschnitt 9.3.

38 Siehe dazu ausführlicher ZIEGLER: «Reines Denken und reine Begriffe: Einwände und Widerlegungen».

39 Dass vieles aus dem alltäglichen Seelenleben nur schwer oder momentan gar nicht zugänglich erscheint, ist zwar eine Tatsache (siehe etwa WILSON/DUNN 2004), jedoch kein Gegenargument, da erstens die Postulierung einer absoluten Erkenntnisgrenze unbegründet (spekulativ) ist und zweitens diese scheinbar grundsätzlichen Erkenntnisschwierigkeiten bezüglich des *rezeptiven* Seelenlebens sicher nicht für das *aktive* erkennende Denken gelten. Denn als selbst hervorgebrachte Tatsache *kann* ich (aber muss selbstverständlich nicht) darüber Bescheid wissen, was ich vollziehe.

40 Vgl. STEINER: *Die Philosophie der Freiheit*, Kapitel III, Absatz 8ff., S. 40 ff. und Ziegler, *Intuition und Ich-Erfahrung* (Kap. 4).

41 Siehe dazu die näheren Ausführungen in Abschnitt 1.1.

42 Vgl. STEINER: *Die Philosophie der Freiheit*, Vorrede zur Neuauflage 1918, Absatz 1, S. 7–8.

43 Vgl. ebenda, Vorrede zur Neuauflage 1918, Absatz 2, S. 8.

44 Vgl. ebenda, Kapitel I, Absatz 5, S. 18–20.

45 Vgl. ebenda, Kapitel I, Absatz 8, S. 21.

46 Vgl. ebenda, Kapitel I, Absatz 9, S. 21.

47 Vgl. ebenda, Kapitel I, Absatz 14, S. 23.

48 Vgl. ebenda, Kapitel II, Absätze 1–3, S. 27–28.

49 Vgl. ebenda, Kapitel II, Absätze 4, 10–11, S. 28–30, 33.

50 Vgl. ebenda, Kapitel II, Absätze 4, 12–13, S. 28–30, 34.

51 Vgl. ebenda, Kapitel II, Absatz 4, S. 28–29.

52 Vgl. ebenda, Kapitel III, Absatz 9, S. 40–41.

53 Vgl. ebenda, Kapitel III, Absatz 19, S. 46–47.

54 Vgl. ebenda, Kapitel III, Zusatz zur Neuauflage 1918, Absatz 1, S. 54–55.

55 Vgl. ebenda, Kapitel III, Absatz 8, S. 40.

56 Vgl. ebenda, Kapitel III, Zusatz zur Neuauflage 1918, Absatz 1, S. 54–55.

57 Vgl. ebenda, Kapitel III, Absatz 31, S. 52–53.

58 Vgl. ebenda, Kapitel IV, Absatz 5[6], S. 59–60. Siehe auch Kapitel VIII, Absatz 1, S. 137–138. – Da in Kapitel IV im Absatz 3 nach einem Doppelpunkt ein Zitat eingeschoben wird, das durch eine drucktechnische Einrückung zusätzlich hervorgehoben wird, könnte dieses Zitat als eigener Absatz gezählt werden; die entsprechende alternative Nummerierung wird mit eckigen Klammern angegeben.

59 Vgl. STEINER: *Die Philosophie der Freiheit*, Kapitel III, Absatz 30, S. 13.

60 Vgl. ebenda, Kapitel IV, Absatz 5[6], S. 59–60.

61 Vgl. ebenda.

62 Vgl. ebenda.

63 Vgl. ebenda, Kapitel IV, Absatz 6[7], S. 60.

64 Siehe auch Abschnitt 5.3. – Für eine ausführlichere Darstellung sei verwiesen auf ZIEGLER: *Intuition und Ich-Erfahrung* (Kap. 6).

65 Für eine Auseinandersetzung mit der Frage, ob durch den Reflexionsakt das Bewusstsein als eigenes Bewusstsein oder Selbstbewusstsein überhaupt erst geschaffen wird, siehe TEWES: «Das paradoxale Selbst».

66 Der Einwand, diese sich selbst erhaltende Funktion des Ich könnte auch dem Gedächtnis zugesprochen werden, ist nicht zutreffend. Zunächst ist die Annahme eines unseren fragmentarischen und nicht kontinuierlich präsenten Erinnerungen zugrunde liegenden invarianten Gedächtnisses ebenso rein hypothetisch wie die Annahme eines invarianten Ich. Darüber hinaus umfasst jede Erinnerungsvorstellung die unmittelbare Gewissheit, ein Erlebnis von mir gewesen zu sein (andernfalls wäre sie nicht als Erinnerung identifizierbar und unterschiede sich nicht von Einfällen, Phantasien, Halluzinationen etc.). Sie impliziert also gleichfalls eine Instanz, die Erlebnisse *hat* und nicht bloß Erlebnis *ist*, deshalb Erlebnisse überdauert und somit sich selbst erhält, unabhängig von ihren jeweiligen Erlebnissen.

67 Vgl. STEINER: *Die Philosophie der Freiheit*, Kapitel V, Absatz 18, S. 89–90.

68 Vgl. ebenda, Kapitel V, Absätze 18, 20, S. 89–90, 91.

69 Vgl. ebenda, Kapitel V, Absatz 18, S. 89–90.

70 Vgl. ebenda, Kapitel IV, Absatz 17[18], S. 63–65.

71 Dies ist im Wesentlichen dasjenige Selbst, das RAGER nach GERARD EDELMANN in «Bewusstsein und Person» das *biologische Selbst* (S. 92) nennt. Siehe dazu auch RAGER: «Neuronale Korrelate» (Abschnitt 4).

72 Vgl. STEINER: *Die Philosophie der Freiheit*, Kapitel IV, Absatz 17[18], S. 63–65.

73 Für den Sehsinn ist dieses Phänomen gut bekannt. Eine entsprechende Untersuchung des Hörsinns hat HARTMANN vorgelegt: «Tonerleben und Meditation».

74 Für eine umfassende Studie zum Leib als Instrument von Seele und Geist, siehe KRANICH: *Der innere Mensch und sein Leib*.

75 Vgl. STEINER: *Die Philosophie der Freiheit*, Kapitel IV, Absatz 10[11], S. 61.

76 Vgl. ebenda, Kapitel IV, Absatz 21–22[22–23], S. 67–69.

77 Vgl. ebenda, Kapitel V, Absatz 30, S. 99.

78 Vgl. ebenda, Kapitel VI, Absatz 8, S. 108.

79 Vgl. ebenda, Kapitel IV, Absatz 22[23], S. 67–68.

80 Eine ausführliche Diskussion dieses Problems findet sich in Kapitel 10 des Buches ZIEGLER: *Intuition und Ich-Erfahrung*.

81 Vgl. STEINER: *Die Philosophie der Freiheit*, Kapitel VI, Absatz 10, S. 108; Kapitel VIII, Absatz 4, S. 140.

82 Vgl. ebenda, Kapitel VI, Absatz 10, S. 108; Kapitel VIII, Absatz 4–5, S. 140. Steiner verwendet an diesen Stellen die Ausdrücke «Lust» und «Unlust».

83 Was hier als fühlende Komponente des seelischen Selbst beschrieben wird, trifft man in der neueren Philosophie der Gefühle eher unter der Bezeichnung *Emotion* an. Allerdings umfasst Emotion in der Regel mehr Kennzeichen, als sie hier dem Gefühl zugesprochen werden: Der Emotion wird nicht nur der erlebte phänomenale Bezug des Objekts auf das Subjekt zugeordnet, sondern auch die kognitiven, das heißt die vorstellungsartigen Kennzeichen der das Gefühl auslösenden Wahrnehmung, zweitens die Bewertung der Situation (als gefährlich, angenehm etc.) im Sinne einer weiteren sich an die Situationswahrnehmung angliedernden Vorstellung und drittens seine Funktion in der Motivbildung (Wünsche, Handlungsbereitschaft) aufgrund der gegebenen Situation. Letzteres Kennzeichen wird im vorliegenden Buch zur wollenden Komponente des Selbst gerechnet und die beiden ersten Elemente zur vorstellenden Komponente. Für den gegenwärtigen Stand der philosophischen Diskussion siehe DÖRING (HRSG.): *Philosophie der Gefühle*, zusammenfassend in DÖRING: *Gefühl und Vernunft*, und für eine prägnante, originelle und gut zugängliche Darstellung BEN-ZE'EV: *Die Logik der Gefühle*.

84 Vgl. STEINER: *Die Philosophie der Freiheit*, Kapitel V, Absatz 18, S. 89–90; Kapitel VI, Absatz 16, S. 110.

85 Vgl. ebenda, Kapitel VI, Absatz 14, S. 109–110.

86 Dies ist im Wesentlichen dasjenige Selbst, das RAGER nach GERARD EDELMANN in «Bewusstsein und Person» das *konzeptuelle Selbst* (S. 92) nennt. Siehe dazu auch RAGER: «Neuronale Korrelate» (Abschnitt 4).

87 Vgl. STEINER: *Die Philosophie der Freiheit*, Kapitel VIII, Absatz 5, S. 140.

88 Vgl. ebenda, Kapitel IX, Absatz 7, S. 149. – Terminologisch knüpft Steiner an HARTMANN: *Phänomenologie des sittlichen Bewusstseins* an, insbesondere an die Kapitel «Die Triebfedern der Sittlichkeit oder die subjektiven Moralprinzipien» (2. Abteilung, A) und «Die Ziele der Sittlichkeit oder die objektiven Moralprinzipien» (2. Abteilung, B) unterscheidet.

89 Vgl. ebenda, Kapitel IX, Absatz 8, S. 150–151.

90 Vgl. ebenda, Kapitel IX, Absatz 11, S. 151–152. – Steiner verwendet an dieser Stelle auch den Ausdruck «Takt» für diese elementarste Form der Triebfeder und macht damit aufmerksam auf die Tatsache, dass über längere Zeit eingeübte und praktizierte Verhaltensregeln zum höflichen und/oder konventionellen zwischenmenschlichen Umgang zu triebartigen Verhaltensweisen werden können (aber nicht müssen).

91 Vgl. ebenda.

92 Vgl. ebenda, Kapitel IX, Absatz 12, S. 152.

93 Vgl. ebenda, Kapitel IX, Absätze 13, 20–22, S. 152–153, 156–157.

94 Vgl. ebenda, Kapitel VIII, Zusatz zur Neuauflage 1918, S. 143.

95 Vgl. ebenda, Kapitel V, Absatz 30, S. 98–100.

96 Vgl. ebenda.

97 Vgl. ebenda, Kapitel VI, Absatz 15, S. 110.

98 Vgl. ebenda, Kapitel VI, Absatz 8, S. 108.

99 Vgl. ebenda, Kapitel V, Absatz 30, S. 98–100. – Entscheidend für die Erinnerungsartigkeit einer Vorstellung ist nicht ihr Inhalt, dessen allfällige Übereinstimmung mit einem früher erlebten Ereignis im Rahmen des seelischen Erlebens ohnehin nicht überprüft werden kann, sondern die unmittelbare (nicht durch Denken vermittelte) Erlebnisgewissheit, dass der Vorstellungsinhalt schon einmal erlebt worden ist, dass man bei dem, was der Inhalt anzeigt, mit dabei gewesen ist (ob das nun stimmt oder nicht).

100 Vgl. STEINER: *Die Philosophie der Freiheit*, Kapitel III, Absätze 1, 3, S. 36–38.

101 Vgl. ebenda, Kapitel V, Absätze 15–16, S. 88–89; Kapitel VII, Absätze 7–8, 29–30, S. 115–116, 124–126.

102 Vgl. ebenda, Kapitel VII, Absatz 8, S. 115–116.

103 Um hier nicht in einen Subjektivismus zu geraten, muss klargemacht werden, dass Ideen Teil der Welterfahrung und keine subjektiven Konstrukte sind; siehe Abschnitte 1.1, 1.2, 4.1 und 4.2 und ZIEGLER: *Intuition und Ich-Erfahrung* (Kapitel 4, 5).

104 Vgl. STEINER: *Die Philosophie der Freiheit*, Kapitel IX, Absätze 13, 20–22, S. 152–153, 156–157.

105 Vgl. ebenda, Kapitel IX, Absätze 14, 23, S. 153–154, 157–158.

106 Zur Struktur der Intuition und ihrer eigenständigen (nicht naturalisierbaren) Bedeutung siehe MEIXNER: «Classical Intentionality».

107 Dieser nicht greifbare Charakter des seelischen Selbst hat be-
wusstseinsphänomenologisch orientierte Philosophen dazu veranlasst, nicht dieses Selbst im Sinne eines leeren Bezugspunktes
in Betracht zu ziehen, sondern in den diesem Selbst gegebenen
Bewusstseinsstrom auszuweichen. Dieser wird durch sich über-
lappende Erlebnisse zu einem kontinuierlichen Strom, dessen
verbleibende Lücken durch die *Potenz* zum Erleben überbrückt
werden. Dabei ist zu beachten: Diese Potenz ist eine Potenz zum
Erleben rezeptiver Erlebnisabläufe und keine Potenz zur Realisierung produktiv hervorgebrachter Erlebnisvollzüge; siehe dazu
etwa DAINTON: «The self and the phenomenal», «Consciousness as a guide to personal persistence», *The Phenomenal Self.*

108 An dieser Stelle muss noch einmal darauf aufmerksam gemacht
werden, dass hier «Intuition» im Anschluss an das Werk von
STEINER: *Die Philosophie der Freiheit*, als *terminus technicus* für
ein tätig-anschauendes Denken und nicht für irgendeine Art unmittelbare spontane oder rezeptive Einsicht (was der meist üblichen Verwendungsweise entspricht) verwendet wird (siehe dazu
auch HEUSSER: «Intuition: Die innere Basis von Wissenschaft
und Ethik»); dass Letzteres sowohl im psychologischen als auch
im philosophischen Rahmen der Normalfall ist, zeigen etwa die
Beiträge in DEPAUL/RAMSEY (HRSG.): *Rethinking Intuition*
und STRATTON-LAKE (HRSG.): *Ethical Intuitionism* sowie die
mehr populäre Darstellung GIGERENZER: *Bauchentscheidungen.*

109 Vgl. STEINER: *Die Philosophie der Freiheit*, Titelzusatz (2. Unter-
titel), S. 3.

110 Vgl. ebenda, Kapitel III, Absatz 13 und 20, S. 42–43, 47–48.

111 Vgl. ebenda, Kapitel III, Absatz 8, S. 40.

112 Vgl. ebenda sowie das ganze Kapitel III.

113 Vgl. ebenda, Kapitel VIII, Zusatz zur Neuauflage 1918, S. 143.

114 Vgl. ebenda, Kapitel V, Absatz 25, S. 95. – In ähnlicher Weise
verwendet STEINER den Ausdruck «Intuition» auch in den
Grundlinien einer Erkenntnistheorie, Kap. 16: «Die organische
Natur», Absätze 31–41, S. 109–113.

115 Vgl. ebenda, Kapitel VIII, Zusatz zur Neuauflage 1918, S. 142–
144.

116 Vgl. ebenda, Kapitel IX, Absatz 3 (Ergänzung zur Neuauflage
1918), S. 146.

117 Vgl. ebenda, Kapitel III, Absatz 8, S. 40.

118 Vgl. ebenda, Kapitel V, Absatz 25, S. 95.

119 Vgl. ebenda, Kapitel IX, Absatz 3 (Ergänzung zur Neuauflage 1918), S. 146.

120 Vgl. ebenda, Kapitel IX, Absatz 25–26, S. 158–159.

121 Siehe dazu auch MUSCHALLE: «Über den Zusammenhang der Freiheitsfrage und Erkenntnisfrage» (S. 12–18). – Zum Ausnahmezustand und zur Intuition als geistige Erfahrung, siehe auch RAPP: «Von der Intuition zur Erfahrung», MEYER (HRSG.): *Walter Johannes Stein / Rudolf Steiner: Dokumentation eines wegweisenden Zusammenwirkens* (Kapitel III und V), SCHNEIDER: *Einführung in die Waldorfpädagogik* (Teil I). – Für die Bedeutung des Denkens für die Wesens- und Ich-Erkenntnis siehe auch HARTMANN: «Wesen und Erscheinung».

122 Vgl. STEINER: *Die Philosophie der Freiheit*, Kapitel III, Absatz 7, S. 39.

123 Siehe zu den Grundbegriffen der Erscheinungsentwicklung ZIEGLER: «Individuelle menschliche Entwicklung zur Freiheit als Urbild aller Entwicklung. Teil I: Erscheinungsentwicklung des freien Menschen». – Auf den Schulungscharakter des Werkes *Die Philosophie der Freiheit* machen auch KRACHT: «Philosophieren der Freiheit» und TEICHMANN: «Die ‹Philosophie der Freiheit› als Übungs- und Schulungsbuch» aufmerksam. Siehe auch WITZENMANN: *Die Philosophie der Freiheit als Grundlage künstlerischen Schaffens* (Zweiter Teil: Die Philosophie der Freiheit als Schulungsweg des Künstlers), RAVAGLI: *Meditationsphilosophie*, GUERRANIC: *Die 7 begrifflichen Stufen* und *Wissenschaft und Wirklichkeit der Freiheit*. – Zu Steiners Begriff der Entwicklung siehe auch ZIEGLER: «Steiners frühe Ideen zur Entwicklung» und MORATSCHKE: *Evolution und Freiheit*.

124 Vgl. STEINER: *Die Philosophie der Freiheit*, Kapitel III, Absatz 2, S. 37.

125 Vgl. ebenda, Kapitel III, Absatz 13, S. 37.

126 Vgl. ebenda, Kapitel II, Absatz 1, S. 27.

127 Vgl. ebenda, Kapitel II, Absatz 2 und 4, S. 28–30.

128 Vgl. ebenda, Kapitel IV, Absatz 15, S. 62–63.

129 Vgl. ebenda, Kapitel V, Absatz 25, S. 95.

130 Vgl. ebenda, Die Konsequenzen des Monismus, 2. Zusatz zur Neuauflage 1918, S. 255–257.

131 Vgl. ebenda, Kapitel III, Absatz 9, S. 41. An der ersten Stelle steht in der 1. Auflage von 1894 anstatt «Gefühl» der Ausdruck «Lust».

132 Vgl. ebenda, Kapitel III, Absatz 10, S. 42.

133 An dieser Stelle wird deutlich, dass STEINER den Ausdruck «seelisch» in seinem philosophisch-anthroposophischen Grundlagenwerk *Die Philosophie der Freiheit* nicht spezifisch verwendet, sondern bloß im Kontrast zu sinnlich/physisch. Denn das tätige Denken ist keine Seelentätigkeit im engeren Sinne, sondern eine geistige Aktualität, die sich von den seelischen Qualitäten des Fühlens, Wollens und Gedankenhabens deutlich abhebt, wie gerade im vorliegenden Kapitel gezeigt wird. Dieser umfassende Seelenbegriff liegt im Übrigen auch den Ausführungen STEINERs in *Wie erlangt man Erkenntnisse der höheren Welten?* zugrunde, wo in mannigfaltiger Weise von einer Entwicklung des Seelenlebens die Rede ist, die weit in geistige Bereiche hineinreicht.

134 Vgl. STEINER: *Die Philosophie der Freiheit*, Kapitel III, Zusatz zur Neuauflage 1918, S. 54.

135 Vgl. ebenda, Kapitel VI, Absatz 10, S. 108 und Kapitel VIII, Absatz 4, S. 140. – «Lust» und «Unlust» werden von Steiner hier im Wesentlichen synonym verwendet zu «Sympathie» und «Antipathie».

136 Vgl. ebenda, Kapitel VI, Absatz 11, S. 109.

137 Vgl. ebenda, Kapitel VI, Absatz 12, S. 109.

138 Vgl. ebenda, Kapitel VI, Absatz 13, S. 109.

139 Vgl. ebenda, Kapitel VI, Absatz 14, S. 110.

140 Vgl. ebenda, Kapitel VI, Absatz 17, S. 110.

141 Siehe dazu exemplarisch einige der reichhaltigen Abhandlungen von BROTBECK: *Zukunft*, «‹Stellt Euch nicht dem Bösen entgegen›», «Seelenumschwung».

142 Vgl. STEINER: *Die Philosophie der Freiheit*, Kapitel VI, Absatz 18, S. 111.

143 Vgl. ebenda, Kapitel VIII, Zusatz zur Neuauflage 1918, S. 142–144.

144 Siehe zu dieser Entwicklung auch ZIEGLER: «Individuelle

menschliche Entwicklung zur Freiheit als Urbild aller Entwicklung. Teil III: Gestaltung ‹anorganischer› und ‹organischer› Elemente der menschlichen Organisation in der Freiheitsentwicklung des Menschen» und zu diesem Thema im Allgemeinen DIETZ: *Wenn Herzen beginnen, Gedanken zu haben* und VANDERCRUYSSE: *Herzwege.*

145 Vgl. STEINER: *Die Philosophie der Freiheit*, Kapitel IX, Absatz 3 (Ergänzung zur Neuauflage 1918), S. 146.

146 Im Werk *Die Philosophie der Freiheit* deutet «moralisch», «sittlich», «ethisch» etc. auf keine Einschränkung der Inhalte von Zielen und Motiven (Vorstellungen, Begriffe, Ideen), sondern allein auf den Bezug derselben zum handelnden Menschen. So sind «moralische Intuitionen» im Kontext der Willens-, Zieloder Motivbildung auftretende Begriffsintuitionen, die keinerlei weiteren inhaltlichen Bestimmungen unterliegen. – Zur «moralischen Intuition» siehe auch DIETZ: «Die moralische Intuition» (insbesondere Abschnitt 2, S. 74–84).

147 Wie schon in der ersten Anmerkung im «Vorblick» (Abschnitt 4.1) erwähnt, unterscheidet sich die Verwendung des Ausdrucks «Intuition» in der philosophischen Literatur im *moralischen* Kontext in der Regel wesentlich von Steiners Bestimmung: Intuition wird meist als spontane Erfahrung des «richtigen» Handlungszieles aufgefasst, siehe exemplarisch SMYTHE/ EVANS: «Intuition as a basic source of moral knowledge», die Beiträge in STRATTON-LAKE (HRSG.): *Ethical Intuitionism* und GIGERENZER: *Bauchentscheidungen.* Entscheidend für den hier entwickelten Kontext ist, dass moralische *Intuitionen*, wie Intuitionen überhaupt, dem Inhalt nach nicht einfach aufgefunden werden können, sondern hervorgebracht werden müssen und zudem durch einen individuellen Akt der Hingabe zu *moralischen* Intuitionen gemacht werden müssen (siehe Abschnitt 4.9). Wie psychologisch-empirische Studien von Alltagssituationen zeigen, neigen viele Menschen, vor allem in religiösem Kontext, allerdings zur Auffassung von moralischen Werten als objektiven Tatbeständen, siehe GOODWIN/DARLEY: «The perceived objectivity of ethical beliefs». Für Steiner handelt es sich gerade nicht um diesen Alltag, sondern um die Anstrengung, sich einen individuellen ethischen Standpunkt jeweils aktuell

zu *erarbeiten*. – Zur Geschichte und Systematik verschiedener Bedeutungen von «Intuition» im Allgemeinen, vor allem im deutschen Sprachraum, siehe die Übersicht von OLDEMEYER: «Zur erkenntnistheoretischen Einschätzung der Intuition» und die gründliche Studie EGGENBERGER: *Grundlagen und Aspekte einer pädagogischen Intuitionstheorie*; siehe auch die Beiträge in SCHIEREN (HRSG.): *Rationalität und Intuition*. – Für lebenspraktisch-medizinische Konsequenzen des Steinerschen Intuitionsbegriffes siehe etwa HEUSSER: «Intuition» und ZIEGLER: «Erkenntnismethodische und ethische Grundlagen».

148 Vgl. STEINER: *Die Philosophie der Freiheit*, Kapitel XII, Absatz 18–20, S. 201–203.

149 Dies ist die klassische Unterscheidung zwischen Willensfreiheit und Handlungsfreiheit, die auch in der gegenwärtigen Freiheitsdiskussion eine wichtige Rolle spielt; siehe etwa KEIL: *Willensfreiheit* (S. 1–2).

150 Vgl. STEINER: *Die Philosophie der Freiheit*, Kapitel IX, Absatz 18, S. 155.

151 Vgl. ebenda, Kapitel IX, Absatz 19, S. 155–156.

152 Vgl. ebenda, Kapitel IX, Absatz 20–22, S. 156–157. – Siehe dazu auch die Untersuchungen zur Freiheits- und Moralentwicklung in ZIEGLER: «Individuelle menschliche Entwicklung zur Freiheit als Urbild aller Entwicklung, Teil III: Gestaltung ‹anorganischer› und ‹organischer› Elemente der menschlichen Organisation in der Freiheitsentwicklung des Menschen». – Die drei Arten von Quellen möglicher moralischer Vorstellungen (Motive) können in Zusammenhang gebracht werden mit den drei Hauptniveaus oder Stufen der Entwicklung des moralischen Urteils nach LAWRENCE KOHLBERG, dem präkonventionellen, konventionellen und postkonventionellen Niveau; siehe dazu COLBY/KOHLBERG: «Das moralische Urteil», KOHLBERG: *Die Psychologie der Moralentwicklung*, und für eine konzeptionell und empirische Weiterentwicklung der KOHLBERGschen Theorie etwa KELLER «Moralentwicklung und moralische Sozialisation».

153 Dies führt nur dann zum *ethischen Nihilismus*, wenn vorausgesetzt wird, dass ethische Prinzipien oder moralische Normen in irgendeinem Sinne auffindbar oder gegeben sein müssen. Das gilt

jedoch nur für die durch tätiges Denken erfahrbaren *Intuitionen* und *nicht* für deren individuelle *moralische Qualität*, die ihnen nur aktuell und vorübergehend durch einen der Welt in Liebe zugewandten Menschen erteilt werden kann und die nach Beendigung der entsprechenden Handlung erlischt.

154 Vgl. STEINER: *Die Philosophie der Freiheit*, Kapitel IX, Absatz 23, S. 157–158.

155 Vgl. ebenda, Kapitel IX, Absatz 9, S. 151.

156 Vgl. ebenda, Kapitel IX, Absatz 11, S. 151–152.

157 Vgl. ebenda, Kapitel IX, Absatz 12, S. 152.

158 Vgl. ebenda, Kapitel IX, Absatz 13, S. 152–153.

159 Vgl. ebenda, Kapitel IX, Absatz 14 und 30, S. 153–154, 161–162.

160 Siehe dazu die Ausführungen von STEINER im Vortrag über «Ursprung und Ziel des Menschen».

161 Vgl. STEINER: *Die Philosophie der Freiheit*, Kapitel IX, Absatz 25, S. 158.

162 Vgl. ebenda, Kapitel IX, Absatz 24, S. 158.

163 Vgl. ebenda, Kapitel IX, Absatz 25, S. 158.

164 Diese fundamentale Unterscheidung wirft ein Licht auf die Debatte um die Möglichkeit einer universalen Ethik angesichts scheinbar isolierter Individuen. Wird diese Unterscheidung nicht ernst genommen (in der Regel, weil die Universalität der Ideenwelt nicht akzeptiert wird), so muss zur Lösung dieses Problems auf Ansichten zurückgegriffen werden, durch welche das individuelle Subjekt und sein Selbstbewusstsein entweder eliminiert oder zugunsten eines universellen Bewusstseins ersetzt werden. Für letztere Position kann im Rahmen der Ethik exemplarisch auf KOLAK: «I am you» und die Diskussion bei ZOVKO: «Metaphysics as interpretation of conscious life» hingewiesen werden. Für die Debatte um die Stellung des Selbst siehe Abschnitt 8.1.

165 Vgl. STEINER: *Die Philosophie der Freiheit*, Kapitel IX, Absatz 27, S. 159–160.

166 Vgl. ebenda, Kapitel IX, Absatz 32, S. 163–164.

167 Vgl. ebenda, Kapitel IX, Absatz 28, S. 160.

168 In der zeitgenössischen Literatur zur Willensfreiheit wird der Möglichkeit, ein Willensziel *nicht* durchzuführen, das heißt es

zu suspendieren und nicht zur Handlung werden zu lassen, eine zentrale Rolle zugewiesen (siehe etwa die Übersicht in KEIL: *Willensfreiheit und Determinismus*, S. 73–91, oder *Willensfreiheit*, Kap. 5): Es ist eine notwendige Bedingung einer freien Handlung. Aus der hier entwickelten Sicht auf die freie Handlung gilt dies nur für nicht selbst gebildete, von anderen Menschen (oder aus der eigenen Vergangenheit) übernommene Ziele, von denen man sich mit Recht befreien muss. Das ist genau die Aufgabe der intuitiven Form der Zielbildung. Da der die Zielbildung bewirkende Realbezug (Liebe zur Handlung) bereits auf die Handlungssituation geht (aber nicht von dorther, sondern vom Individuum her bestimmt ist), bedarf es keines zweiten Willensaktes, um die Handlung nach dem Maßstab des Ziels zu realisieren, sondern es ist ein und derselbe Realbezug, welcher über die Herstellung des *intuitiven* Gehaltes des Ziels sich weiter auf dessen Verwirklichung fokussiert und diese bestimmt. Es bedarf keiner Möglichkeit der Suspension des Handelns, da der Handelnde es ja ist, der dies genau so tut, wie er es will. Er müsste sich in die Lage versetzen, das eigentlich nicht zu wollen, was er selbst will, um die genannte Bedingung zu erfüllen, was natürlich keinen Sinn ergibt. Auf der anderen Seite bin ich selbstverständlich nicht durch eine Instanz von außerhalb meiner selbst gezwungen, das zu tun, was ich will, Ich kann mein Tun jederzeit unterbrechen und mich anderem zuwenden, wenn ich will. Aber warum sollte ich das, wenn ich ja tue, was ich will? Und warum sollte dies ein Kriterium sein für etwas, was ich tatsächlich will? Falls ich mich doch anders entscheide, dann treffen dafür dieselben Überlegungen zu: Auch dann will ich das ja tatsächlich und nicht bloß hypothetisch und/oder suspendierbar. Siehe zu diesem Thema auch Abschnitt 4.9 und 8.3.

169 Vgl. STEINER: *Die Philosophie der Freiheit*, Kapitel IX, Absatz 36, S. 165–166; Kapitel XIV, Absatz 6, S. 239–241; Die Konsequenzen des Monismus, Erster Anhang (Zusatz zur Neuauflage 1918), Absatz 3, S. 260–261.

170 Zum Problem der Gemeinschaftsbildung und zum Verhältnis von Individuum und Gemeinschaft, siehe auch DIETZ: «Der freie Geist», HEGGE: *Freiheit, Individualität und* Gesellschaft und RAVAGLI: «Moralische Phantasie, moralische Technik,

moralische Intuition». Siehe auch ZIEGLER: *Intuition und Ich-Erfahrung* (Kapitel 12.3 und die entsprechenden Anmerkungen in Kapitel 15).

171 Vgl. dazu STEINER: *Die Philosophie der Freiheit*, Kapitel IX, Absatz 36–37, S. 165–167 und Kapitel X, Absatz 8, S. 241–242.

172 Vgl. ebenda, Kapitel IX, Absatz 30, S. 161–162. Siehe dazu auch Abschnitt 5.4.

173 Vgl. ebenda, Kapitel XIII, Absatz 46, S. 232.

174 Vgl. ebenda, Kapitel XII, Absatz 3, S. 193.

175 Siehe zur moralischen Phantasie auch DIETZ: «Die moralische Intuition», RÖSCHERT: «Situationsethik und moralische Phantasie» und RAVAGLI: «Moralische Phantasie, moralische Technik, moralische Intuition».

176 Vgl. STEINER: *Die Philosophie der Freiheit*, Kapitel XII, Absatz 4, S. 193–194.

177 Siehe dazu auch BROTBECK: «Gegenwart des Geistes», «Kosmische Ich-Achse», «Lebendige Ewigkeit».

178 Vgl. STEINER: *Die Philosophie der Freiheit*, Vorrede zur Neuauflage 1918, Absatz 4, S. 10.

179 Vgl. ebenda, Kapitel VIII, Zusatz zur Neuauflage 1918, S. 142.

180 Für eine andere Charakterisierung einer Art unbedingter Liebe (die einer starken Sympathie näher steht als der geistigen Liebe) im Kontext von freien Handlungen, siehe FRANKFURT: «Autonomie, Nötigung und Liebe»; siehe dazu die Kritik von BRACHTENDORF: «Personalität und Freiheit».

181 Vgl. STEINER: *Die Philosophie der Freiheit*, Kapitel IX, Absatz 30, S. 161–162.

182 Vgl. ebenda.

183 Vgl. ebenda. Diese Sätze hat Steiner für die Neuauflage 1918 umgearbeitet. Insbesondere der letzte Satz des Zitats ist neu.

184 Falls man die Ideen-Erfahrung und die gegenwärtigen Bezüge derselben im intuitiven Denken selbst als höhere Wahrnehmung einbezieht, so muss zumindest diesem Teil der Gesamtwahrnehmungswelt von vornherein die Qualität des Harmonischen zugeordnet werden und damit die Qualität des «Guten».

185 Man kann mit CHRISTIAN TEWES die Frage stellen (private Mitteilung), ob es nicht auch Handlungen gibt, deren «Gutheit» man unmittelbar im Vollzug einer Handlung gewahr wird

– was nicht bedeuten muss, dass jede Folge dieser Handlung als «gut» einzuschätzen ist. Beispielsweise könnte der Erwerb von Tugenden hier angeführt werden und/oder Vorübungen zum Vollzug freier Handlungen. – Das würde bedeuten, verschiedene Grade des «Guten» zu unterscheiden; siehe dazu etwa den Versuch in ZIEGLER: «Individuelle menschliche Entwicklung zur Freiheit als Urbild aller Entwicklung, Teil III: Gestaltung ‹anorganischer› und ‹organischer› Elemente der menschlichen Organisation in der Freiheitsentwicklung des Menschen».

186 Vgl. STEINER: *Die Philosophie der Freiheit*, Kapitel IX, Absatz 30, S. 161–162 (Ergänzungen zur Neuauflage 1918). – Das «Harmonische» ist hier eine notwendige Bedingung des «Guten», und es wird offen gelassen, ob es auch hinreichend ist.

187 Man beachte, dass dies nicht verwechselt werden darf mit der richtigen Behauptung, dass ich, zumindest im Prinzip, befreit bin oder mich befreien kann sowohl von dem direkten Zwang zum «Guten» als auch von dem direkten Zwang zum «Bösen», dass ich in diesem Sinn «freie» Wahl habe. Aber eben: Wahlfreiheit ist nur eine notwendige, aber keine hinreichende Vorbedingung der freien Willensbildung.

188 Eine umfassendere und differenziertere Untersuchung von «Stufen des Bösen» wird davon ausgehen müssen, dass «böse» Taten im Rahmen freier Handlungen von ganz anderer Qualität und von ganz anderen Folgen sind als solche im Rahmen unfreier Handlungen. – Zu «gut» und «böse» im Kontext des Werkes *Die Philosophie der Freiheit* siehe auch DIETZ: «Die moralische Intuition» (Abschnitt 3, S. 85–90) und ZIEGLER, *Intuition und Ich-Erfahrung* (Abschnitt 11.3, 11.4) und weiter unten Abschnitt 9.2.

189 Vgl. STEINER: *Die Philosophie der Freiheit*, Kapitel IX, Absatz 30, S. 161–162.

190 Vgl. ebenda, Kapitel XIII, Absatz 48, S. 233.

191 Die Frage nach der Möglichkeit freien und zugleich «bösen» Handelns könnte dahingehend verschärft werden, dass gemäß einem *universellen* Prinzip des «Bösen» gehandelt wird, was von vornherein keines Wahrnehmungs- oder Vorstellungs-Bezuges bedürfe. Ein solches Prinzip ist auch wie jeder andere Intuitionsinhalt als Teil der Ideenwelt jenseits von «gut» und

«böse». Als Prinzipien des «Bösen» könnte man anführen: un-harmonische Relationen des Intendierten zum Gegebenen (zum Beispiel unpassender Ort und unpassender Zeitpunkt), Beein-trächtigung/Verhinderung oder Verunmöglichung freier Hand-lungen. Damit wäre zumindest eine freie Zielbildung mit einem universellen Gesetz des «Bösen» möglich. Allerding gerät man mit dessen Verwirklichung im Rahmen der Liebe zur Handlung in einen unmittelbaren Konflikt (performativer Widerspruch): Das Angestrebte wird durch die Handlung selbst widerlegt, oder die handelnde Realisierung eines Prinzips des «Bösen» ist *keine* Erscheinung dieses Prinzips. Denn es gehört im ersten Fall zur Intention des liebegetragenen freien Handelns, einen harmoni-schen Zusammenhang des Gewollten mit der gegebenen Welt *anzustreben* (nicht: zu erreichen) und im zweiten Fall, eben ge-rade eine freie Handlung zu verwirklichen. Also verhindert auch in diesem verschärften Falle das Gesetz der Freiheit eine frei in-tendierte «böse» Handlung.

192 Vgl. STEINER: *Die Philosophie der Freiheit*, Kapitel XIII, Absatz 52, S. 235.

193 Siehe dazu die Abschnitte 1.1, 1,2 und weitere Einzelheiten und Beispiele in Kapitel 4 und in ZIEGLER: *Intuition und Ich-Erfah-rung* (Kapitel 3 und 4).

194 In der Arbeit «Herausforderungen der Individualität» wird von DIETZ dem Unterschied von seelischem Selbst oder Persönlich-keit und geistigem Selbst oder Individualität im Werk Steiner nachgespürt. Die dort und im Aufsatz «Der freie Geist» gründ-lich ausgearbeiteten vier «Stufen des Ich» entsprechen in ihren drei letzten Stufen im Wesentlichen den drei Dimensionen des geistigen Selbst (siehe weiter unten) und in ihrer ersten Stufe der seelischen Dimension des bewussten Selbst. Im letzteren Aufsatz wird sowohl der Übergang vom seelischen zum geistigen Selbst als auch der scheinbare Widerspruch zwischen der Universali-tät des Ideeninhaltes und der Individualität des freien Handelns detailliert und textnah am Werk *Die Philosophie der Freiheit* ent-wickelt. In Ergänzung zu den Gesichtspunkten dieser Aufsätze von Dietz versuche ich hier zu zeigen, dass im genannten Werk von Steiner bereits eine differenzierte Gliederung des *totalen* Menschenwesens angelegt ist. – Auf vier Stufen der Denkerfah-

rung macht auch RAPP aufmerksam in dem Aufsatz «Von der Intuition zur Erfahrung». – Die vier Bewusstwerdungsstufen in RAVAGLIs *Meditationsphilosophie* (Abschnitt E 2.3, S. 348–353) entsprechen im Wesentlichen den drei Dimensionen der Seele und der ersten Dimension des Geistes. – Auf den zentralen Unterschied von seelischem und geistigem Selbst macht auch KLÜNKER wiederholt aufmerksam; siehe exemplarisch «Was bleibt? Die Grenze der Ich-Erfahrung». – Siehe zu diesem Thema auch SCHNEIDER: *Einführung in die Waldorfpädagogik* (Teil II, Kap. 3: Vom Wesen des Menschen, S. 161–175), WITZENMANN: «Vom dreifachen Ich und der vierfachen Wurzel der Freiheit», RAVAGLI: «Moralische Phantasie, moralische Technik, moralische Intuition».

195 Auf die Notwendigkeit, eine philosophische Anthropologie unter dem Gesichtspunkt der Fähigkeit des (unbedingten) *Vollzugs* (im Kontrast zu einem bloß beobachtbaren Sein oder Ablauf) macht auch PÖLTNER aufmerksam; «‹Homo quodammodo totum ens›: Überlegungen zum Methodenproblem einer Anthropologie». Dagegen unterscheidet BAKER in «Tätigsein und die Erste-Person-Perspektive» zwar verschiedene Arten von Tätigsein, lehnt jedoch eine unbedingte Akteurskausalität oder Ich-Kausalität strikt ab (siehe dazu Kapitel 8).

196 Vgl. STEINER: *Die Philosophie der Freiheit*, Kapitel VIII, Absatz 1, S. 137–138.

197 Für weitere Details dieses Übergangs siehe ZIEGLER, *Intuition und Ich-Erfahrung* (Kapitel 4, 5 und S. 406–407).

198 Vgl. STEINER: *Die Philosophie der Freiheit*, Kapitel X, 1. Zusatz zur Neuauflage 1918, S. 181–182; Die Konsequenzen des Monismus, 1. Zusatz zur Neuauflage 1918, S. 253–255.

199 Vgl. ebenda, Kapitel VIII, Zusatz zur Neuauflage 1918, S. 143.

200 Vgl. ebenda, Kapitel IX, Absätze 4–5 (Ergänzung zur Neuauflage 1918), S. 146–148.

201 Vgl. ebenda, Kapitel IX, Absatz 4 (Ergänzung zur Neuauflage 1918), S. 147.

202 Vgl. ebenda, Kapitel IX, Absatz 5 (Ergänzung zur Neuauflage 1918), S. 148.

203 Vgl. ebenda, Kapitel IX, Absatz 4 (Ergänzung zur Neuauflage 1918), S. 146–148.

204 Vgl. ebenda, Kapitel IX, Absatz 5 (Ergänzung zur Neuauflage 1918), S. 148.

205 Vgl. ebenda.

206 Man beachte, dass für die primäre Interpretation dieser Stelle im Werk *Die Philosophie der Freiheit* keinerlei Fakten der Gehirn-physiologie oder -anatomie notwendig sind. Darauf legte Steiner auch Wert, denn wie es in der Vorrede zur Neu-Ausgabe 1918 heißt: «Diese ‹Philosophie der Freiheit› enthält keine solchen speziellen Ergebnisse [der anthroposophischen Geisteswissen-schaft], ebenso wenig als sie spezielle naturwissenschaftliche Ergebnisse enthält [...].» (Vorrede, Absatz 3, S. 9) Dies schließt jedoch nicht aus, dass dieser in der Neuauflage 1918 ergänzte Ab-satz (Kapitel IX, Absatz 4, S. 146–148) unter gehirnphysiolo-gischen Aspekten *interpretiert* werden könnte (was im Rahmen dieses Aufsatzes nicht weiter ausgeführt werden kann), aber dar-auf hinweist, dass zumindest an dieser Stelle Steiners Ausführun-gen mehrschichtige Deutungen erlauben könnten. Siehe dazu die umfassenden Überlegungen von GUTLAND: «Das Ich und seine Wirklichkeit».

207 Vgl. STEINER: *Die Philosophie der Freiheit*, Kapitel IX, Absatz 5 (Ergänzung zur Neuauflage 1918), S. 148.

208 Vgl. ebenda.

209 Vgl. ebenda, Kapitel IX, Absatz 24–25, S. 158.

210 Vgl. ebenda, Kapitel IX, Absatz 28, S. 160.

211 Vgl. ebenda, Kapitel IX, Absatz 25, S. 158.

212 Vgl. ebenda, Kapitel IX, Absatz 32, S. 163–164.

213 Vgl. ebenda, Kapitel IX, Absatz 32, S. 163–164; Kapitel XII, Zu-satz zur Neuauflage 1918, S. 203–204.

214 Vgl. ebenda, Kapitel IX, Absatz 36, S. 165–166; Kapitel X, Ab-satz 8, S. 179; Kapitel XI, Zusatz zur Neuauflage 1918, S. 189–190; Kapitel XIV, Absatz 6, S. 239–241.

215 Siehe dazu ZIEGLER: *Intuition und Ich-Erfahrung* (Kapitel 12.3 und die dazugehörigen Anmerkungen in Kapitel 15) sowie BROTBECK: «Im Lichte des Anderen». – Zur Geschichte und Phänomenologie des Ichsinns siehe auch RANG: «Die Wahr-nehmung des fremden Ich», KRANICH: «Die personale Wahr-nehmung», BASFELD: «Die Welt durch den Leib erfahren» (S. 191–198), MERHOLZ: *Die Philosophie des Ich* (S. 81–94).

216 Vgl. STEINER: *Die Philosophie der Freiheit*, Kapitel IX, Absätze 33–34, S.164–165; Kapitel XII, Absatz 17 (Ergänzung zur Neuauflage 1918), S. 201.

217 Vgl. ebenda, Kapitel IX, Absatz 37, S. 166–167.

218 Vgl. ebenda, Kapitel IX, Absatz 48, S. 172–173; Kapitel XIV, Absätze 7–8, S. 241–242.

219 Vgl. ebenda, Kapitel X, 1. Zusatz zur Neuauflage 1918, S. 181–182.

220 Vgl. ebenda, Kapitel VIII, Zusatz zur Neuauflage 1918, S. 143.

221 Vgl. ebenda, Kapitel IX, Absätze 4–5, S. 146–148; Kapitel XII, Zusatz zur Neuauflage 1918, S. 203–204.

222 Vgl. ebenda, Kapitel IX, Absatz 30, S. 161–162.

223 Zu «gut» und «böse» im Rahmen von freien Handlungen, siehe hier insbesondere Abschnitt 4.9 sowie ZIEGLER: *Intuition und Ich-Erfahrung* (Kap. 11.3 und 11.4). Siehe auch DIETZ: «Die moralische Intuition» (Kapitel 3, S. 85–90) und RA-VAGLI: *Das Evangelium der Bewusstseinsseele* (Kap. 4: «Konformismus in der Philosophie der Freiheit?», S. 87–103).

224 Vgl. STEINER: *Die Philosophie der Freiheit*, Kapitel IX, Absätze 32, 39–43, S. 163–164, 167–170; Kapitel X, Absätze 9–11, S. 179–181; Kapitel XI, Absatz 3–4, S. 186.

225 Vgl. ebenda, Kapitel IX, Absatz 40, S. 168–169.

226 Vgl. ebenda, Kapitel XII, Absatz 9, S. 196–198.

227 Vgl. ebenda, Kapitel IX, Absatz 36, 48, S. 165–166, 172–173; Kapitel X, Absatz 8, S. 179; Kapitel XI, Zusatz zur Neuauflage 1918, S. 189–190; Kapitel XIV, Absatz 6–8, S. 239–242.

228 Vgl. ebenda, Kapitel IX, Absatz 36, S. 165–166; Kapitel XIV, Absatz 6, S. 239–241; Die Konsequenzen des Monismus, Erster Anhang (Zusatz zur Neuauflage 1918), Absatz 3, S. 260–261.

229 Vgl. ebenda, Kapitel XII, Absatz 3–4, S. 193–194. – Siehe dazu auch STEINER über «Ursprung und Ziel des Menschen».

230 Vgl. ebenda, Kapitel XII, Absatz 13, S. 199–200.

231 Vgl. ebenda, Kapitel XII, Absatz 18, S. 201–202. – Siehe dazu den Beitrag von RÖSCHERT «Situationsethik und moralische Phantasie».

232 Vgl. STEINER: *Die Philosophie der Freiheit*, Kapitel IX, Absätze 32, 39–43, S. 163–164, 167–170; Kapitel X, Absätze 9–11, S. 179–181; Kapitel XI, Absätze 3–4, S. 186; Kapitel XII, Zusatz

zur Neuauflage 1918, S. 203–204; Kapitel XIII, Absätze 50–51, S. 233–234; Kapitel XIV, Absatz 4, S. 237–238.

233 Darauf kann hier nicht näher eingegangen werden.

234 Vgl. STEINER: *Die Philosophie der Freiheit*, Kapitel XII, Absatz 13, S. 199–200.

235 Vgl. ebenda, Kapitel XIII, Absatz 46, S. 232; siehe dazu auch Abschnitt 4.8.

236 Vgl. ebenda, Kapitel IX, Absatz 27, S. 159–160.

237 Vgl. ebenda, Kapitel XII, Absatz 4, S. 193–194.

238 Vgl. ebenda, Kapitel XII, Absätze 13–14, S. 199–200.

239 Vgl. ebenda, Kapitel XIV, Absatz 6, S. 239–241.

240 Vgl. ebenda, Kapitel XIV, Absatz 5, S. 238–239.

241 Vgl. ebenda, Kapitel XIV, Absatz 6, S. 239–241; Die Konsequenzen des Monismus, Erster Anhang (Zusatz zur Neuauflage 1918), Absatz 3, S. 260–261.

242 Die hier entwickelten geistigen Dimensionen des Selbst, das geistbewusste Selbst, das verwandelnde Selbst und das weltgestaltende Selbst, umfassen nur Teilaspekte der von Steiner Geistselbst, Lebensgeist und Geistesmensch genannten geistigen Glieder des Menschenwesens (siehe dazu auch Anhang A und B). Deshalb ergibt sich auch kein Widerspruch zu den Ausführungen von STEINER in der *Theosophie* (Kapitel IV: «Leib, Seele und Geist», letzter Absatz) und der *Geheimwissenschaft im Umriss* (Kapitel «Wesen der Menschheit», Absätze 20–24): Dort führt die umfassende Ausgestaltung des Geistselbst, des Lebensgeistes und des Geistesmenschen bis hin zu einer Verwandlung der leiblichen Dimensionen des Selbst, vor allem des Astralleibes (Empfindungsseele in Einheit mit Seelenleib), des Lebensleibes beziehungsweise des physischen Leibes. Das kann jedoch an dieser Stelle nicht weiter ausgeführt werden.

243 Streng genommen stimmt natürlich auch dieses mathematisch-geometrische Bild nicht, wenn man es ganz genau nimmt. Denn die Einführung einer senkrechten Richtung auf alle bisherigen Dimensionen ist ein formales Werkzeug des Mathematikers, um neue (den alten formal vergleichbare) Dimensionen einzuführen. Damit wird also, rein mathematisch gesehen, der dimensionale Gesichtspunkt nicht verlassen, sondern sogar zu einem infiniten Regress gesteigert.

244 Zu den Begriffen Involution, Evolution und Schöpfung aus dem Nichts in ihrem Verhältnis zur Entwicklung siehe etwa den Vortrag von STEINER vom 17. Juni 1909 in *Geisteswissenschaftliche Menschenkunde*. Siehe dazu auch die Abschnitte 7.3 und 8.3.3.

245 Vgl. STEINER: *Die Philosophie der Freiheit*, Kapitel X, 1. Zusatz zur Neuauflage 1918, S. 181–182.

246 Vgl. STEINER: *Die Philosophie der Freiheit*, Kapitel VIII, Zusatz zur Neuauflage 1918, S. 143.

247 Eine umfassende Untersuchung des Ich-Begriffs (oder Selbst, Person, Individualität etc.) im *schriftlichen* Werk Steiners steht noch aus, ganz zu schweigen von einer entsprechenden Untersuchung des Vortragswerks. Hier handelt es sich nur um vereinzelte Hinweise, die mir aus gegenwärtiger Sicht besonders wichtig erscheinen. Siehe dazu auch die sich vor allem am Vortragswerk orientierenden Untersuchungen von DIETZ: «Herausforderungen der Individualität».

248 SCHELLING: «Philosophische Briefe über Dogmatismus und Kriticismus» (1796), Achter Brief, S. 165.

249 STEINER: *Briefe, Band I*, S. 13.

250 STEINER: «Über Fichtes ‹Wissenschaftslehre›» (Kommentar und Erläuterung: S. 34–35; alle folgenden Zitate aus diesem Fragment finden sich auf S. 30–31).

251 Siehe dazu hier die in Kapitel 2 herausgearbeitete parallele Argumentationsstruktur im Werk *Die Philosophie der Freiheit*.

252 Zu Steiners Anknüpfung an Fichte hinsichtlich der Bedeutung der Ich-Erfahrung, siehe auch TROBERG: «Die Entdeckung des Ich», KRACHT: «Philosophieren der Freiheit» (Abschnitt 2.2) und RAVAGLI: *Meditationsphilosophie* (Abschnitt B 10, S. 230–246) sowie zu Fichte und Steiner im Allgemeinen VEIGA GREUEL: *Wirklichkeit und Freiheit*. – SCHMIDT: *Rudolf Steiner und die Anfänge der Theosophie* (Kapitel V: Eckpunkte von Rudolf Steiners Esoterik-Begriff vor 1900, S. 107–122) zeigt, wie Steiners frühe Auseinandersetzung mit dem Esoterik-Begriff regelmäßig an die Ich-Erfahrung im Denken und an Fichte anknüpft.

253 STEINER: *Wahrheit und Wissenschaft*, Kapitel VI, Absatz 1, S. 72.

254 Ebenda, Kapitel VI, Absatz 4, S. 79.

255 Ebenda, Kapitel VI, Absatz 9, S. 83f. – Die Zitate aus diesem

Werk entsprechen alle der Erstauflage von 1892; siehe dazu HOFFMANN/KUGLER/TRAPP: *Rudolf Steiners Dissertation*.

256 Neu gedruckt mit dem von Steiner selbst noch vorgeschlagenen Titel «Der Individualismus in der Philosophie». – Dieser Aufsatz erschien zuerst als angefragter Beitrag für den Sammelband von DIX (HRSG.): *Der Egoismus*, S. 303–346.

257 STEINER: «Der Individualismus in der Philosophie», Absatz 107–109, S. 149–151.

258 Zu den mannigfachen Übergängen der philosophisch-anthroposophischen Grundlagenwerke Steiners durch deren Neubearbeitungen und Integration in die Entfaltung der Anthroposophie siehe RAVAGLI/RÖSCHERT: *Kontinuität und Wandel*.

259 Damit eröffnet sich ein weites Feld von Themen, die mit den Stichworten «Zwischenstufe» (STEINER: *Geheimwissenschaft*, S. 342), «ideelle Erkenntnis» (*Mein Lebensgang*, Kapitel XXII, S. 323–327) und anthroposophische Geisteswissenschaft vor und nach 1900 (siehe dazu zum Beispiel *Die Philosophie der Freiheit*, Vorrede, Absatz 3, S. 8–9; Die Konsequenzen des Monismus, 2. Zusatz zur Neuauflage 1918, S. 255–257) nur angedeutet, aber hier nicht weiter ausgeführt werden können.

260 STEINER: *Die Mystik*, Vorwort zur ersten Auflage 1901, S. 11.

261 Ebenda, Einführung, Absatz 4, S. 17–19.

262 Ebenda, Einführung, Absatz 6–7, S. 20–24.

263 Ebenda, Einführung, Absatz 13–14, S. 30–31.

264 Ebenda, Einführung, Absatz 16–19, S. 34–35.

265 Ebenda, Einführung, Absatz 20, S. 36.

266 Dieser Aufsatz ist die schriftliche Fassung eines Vortrages, den Steiner auf dem IV. Internationalen Kongress für Philosophie (6.–11. April 1911) in Bologna hielt. – Siehe dazu auch FÖRSTER 2011.

267 STEINER: «Die psychologischen Grundlagen und die erkenntnistheoretische Stellung der Anthroposophie», Absatz 14, S. 124.

268 Ebenda.

269 Ebenda, Absatz 21, S. 130.

270 Ebenda, Absatz 24, S. 132–134.

271 Ebenda, Absatz 25, S. 134.

272 Ebenda, Absatz 29, S. 139f. – Die leiblich-seelische Organisation ist ein Spiegel für *alle* Erfahrungen des gewöhnlichen Sinnesbe-

wusstseins und damit vornehmlich auch für die Spezialfälle der Beobachtungen des Denkens und des Selbst.

273 Ebenda, Absatz 29, S. 139.

274 Siehe STEINER: «Mathematik und Okkultismus», und die Ausarbeitung der dort angesprochenen Gesichtspunkte in ZIEGLER: *Mathematik und Geisteswissenschaft*.

275 STEINER: «Die psychologischen Grundlagen ...», Absatz 29, S. 139f.

276 Ebenda, Absatz 30, S. 142.

277 Zuerst erschienen in Berlin 1900 und 1901 im Verlag Siegfried Cronbach in der Reihe «Am Ende des Jahrhunderts. Rückschau auf 100 Jahre geistiger Entwicklung», Bände XIV und XIX.

278 Siehe dazu KLINGLER: *Gestalt der Freiheit* (Kap. 4.4: S. 202–209).

279 STEINER: «Skizzenhaft dargestellter Ausblick auf eine Anthroposophie», Absatz 9, S. 601f.

280 Ebenda, Absatz 16, S. 607f.

281 Ebenda, Absatz 20, S. 610–612.

282 Ebenda, Absatz 26, S. 620.

283 Dieser Aufsatz erschien in einer ersten Fassung als Nachschrift eines Vortrages in Stuttgart vom 17. August 1908 unter dem Titel *Philosophie und Theosophie*. Die 2. und letzte überarbeitete und erweiterte Auflage erschien 1918 im Rahmen einer unter anderem für deutsche Kriegsgefangene zusammengestellten Auswahl von Werken Steiners mit dem Titel: *Durch den Geist zur Wirklichkeits-Erkenntnis der Menschenrätsel*. Aus dieser Auflage wird hier zitiert.

284 STEINER: «Philosophie und Anthroposophie», Absatz 35, S. 93.

285 Ebenda, Absatz 36, S. 96. – Dieses Bild taucht auch im Bologna-Vortrag «Die psychologischen Grundlagen und die erkenntnistheoretische Stellung der Anthroposophie» auf, siehe dort Absatz 28, S. 138.

286 STEINER: *Von Seelenrätseln* (Kapitel IV: Skizzenhafte Erweiterungen des Inhalts dieser Schrift, Abschnitt 3: Von der Abstraktheit der Begriffe, S. 138–142).

287 Siehe dazu SCHNEIDER: *Einführung in die Waldorfpädagogik* (Teil I, Kap. 2: Steiners Erkenntniswissenschaft im philosophi-

schen Kontext, Abschnitt: Steiners Begriff der Abstraktion und
das Universalienproblem, S. 96–107), HEUSSER: *Anthroposophische Medizin und Wissenschaft* (Abschnitt 2.6: Objektiver
ontologischer Idealismus) und ZIEGLER: «Einführung in die
Universalienlehre» sowie *Intuition und Ich-Erfahrung* (Kap.
15, Abschnitt: Wesenslehre und Universalienlehre, S. 358–361).
Siehe dazu auch WITZENMANN: «Realismus und Nominalismus», «Das Universalienproblem und der Erkenntnisprozess»
und «Das Universalienproblem in linguistischer und strukturphänomenologischer Bedeutung». – Die *Meditationsphilosophie*
von RAVAGLI ist ein weit ausgreifender systematischer und vor
allem historischer Kommentar zu dem Aufsatz «Philosophie
und Anthroposophie» mit einer ausführlichen Diskussion des
Universalienproblems.

288 STEINER: «Philosophie und Anthroposophie», Absatz 43, S.
101f.

289 Auf die übergeistige Dimension des reinen Ich oder Wesenskerns
macht Steiner auch an anderen Stellen seines Werkes aufmerksam, siehe etwa STEINER: *Theosophie* (Kapitel: Die drei Welten:
«III. Das Geisterland», S. 128, und «IV. Der Geist im Geister-
lande nach dem Tode», S. 144) und *Die Schwelle der geistigen
Welt* (Kapitel: «Von dem ‹wahren Ich› des Menschen», S.
86–88, 91).

290 STEINER: «Philosophie und Anthroposophie», Absatz 43, S. 102.

291 Siehe dazu auch die Ausführungen zu *Wahrheit und Wissenschaft*
im Abschnitt 6.1.

292 Vgl. STEINER: *Die Philosophie der Freiheit*, Kapitel IX, Absatz 5
(Ergänzung zur Neuauflage 1918), S. 148.

293 STEINER: «Philosophie und Anthroposophie», Absatz 46,
S. 103f. Auf die besondere Stellung der Ich-Erfahrung macht
STEINER auch in dem Werk *Die Stufen der höheren Erkenntnis*
(Absatz 8, S. 22–23) aufmerksam: «Und so lebt man durch die
intuitive Erkenntnis in allen Dingen. Die Wahrnehmung des ei-
genen ‹Ich› ist das Vorbild für alle intuitive Erkenntnis.»

294 STEINER: «Skizzenhaft dargestellter Ausblick auf eine Anthroposophie», Absatz 32, S. 623–625.

295 Kapitel 7 ist mit einigen Umarbeitungen aus ZIEGLER: *Intuition
und Ich-Erfahrung* (Kap. 13) entnommen.

296 Zum Zeitbegriff sowie zu den beiden Zeitströmen siehe den
Vortrag vom 4. November 1910 in STEINER: *Anthroposophie,
Psychosophie, Pneumatosophie* sowie die Zusammenstellung von
WIESBERGER: «Rudolf Steiners Lebenswerk in seiner Wirk-
lichkeit ist sein Lebensgang».

297 Zu den Begriffen Involution, Evolution und Schöpfung aus dem
Nichts in ihrem Verhältnis zur Entwicklung siehe zum Beispiel
den Vortrag vom 17. Juni 1909 in STEINER: *Geisteswissenschaftliche Menschenkunde*. Siehe dazu auch die Abschnitte 5.7 und
8.3.3.

298 Auf die zentrale Rolle des Zusammenspiels von Produktivität
und Empfänglichkeit im sozialen Kontext hat DIETZ in seinem
Buch *Produktivität und Empfänglichkeit* hingewiesen.

299 Die hier dargestellte Auffassung zu Entwicklung und Perspektive
ist unter anderem angeregt durch den Vortrag vom 15. Septem-
ber 1918 in STEINER: *Die Polarität von Dauer und Entwicklung
im Menschenleben*.

300 Zur Debatte, ob es überhaupt einen direkten, nicht bloß reflexiv konstruierten (an Sprachregeln gebundenen) Zugang zum
Innenerleben (Introspektion) im Allgemeinen und zum Selbst-
erleben im Besonderen gibt oder nicht, siehe die ein präreflexi-
ves Selbstbewusstsein befürwortenden Ausführungen von HEN-
RICH: «Selbstbewusstsein» und FRANK: *Selbstbewusstsein und
Selbsterkenntnis* (Kap. II.2: «Ist Selbstbewusstsein ein proposi-
tionales Wissen?»); dagegen argumentiert BIERI in Anknüpfung an LUDWIG WITTGENSTEIN: «Nominalismus und innere
Erfahrung». Zu dieser Debatte siehe auch TEWES: «Das paradoxale Selbst».

301 Näheres zur Konstitution des Ich findet sich in den Abschnitten
7.3 und 8.4.

302 Auf das zentrale philosophische Problem des Anderen, des Du,
kann an dieser Stelle nicht weiter eingegangen werden.

303 Auf wichtige Ausnahmen und weitertragende Konzepte (wie
dasjenige der offenen und geschlossenen Frage, des reduktiven
und des neutralen Monismus) in dieser Hinsicht macht die auf-
schlussreiche Abhandlung von LINDEMANN 2005 aufmerksam,
in der gezeigt wird, dass weder die Perspektive der ersten Person
noch diejenige der dritten Person allein ein vollständiges Bild er-

gibt ohne Einbezug der zweiten Person. – Das hier entworfene Bild der modernen Philosophie der Person ist natürlich extrem vereinfacht und in dieser Form in der Literatur nicht unmittelbar zu finden. Die Realität ist viel komplexer und kann hier nicht im Einzelnen diskutiert werden. Siehe dazu beispielsweise die Übersichten: SIEP (Hrsg.): *Identität der Person*, KOBUSCH: *Die Entdeckung der Person*, STURMA: *Philosophie der Person*, STURMA (Hrsg.): *Person*, TEICHERT, *Personen und Identitäten*, NOONAN: *Personal Identity*, QUANTE (Hrsg.): *Personale Identität*, QUANTE: *Person*; PERRY (Hrsg.): *Personal Identity*. Für die Gegenüberstellung analytischer, phänomenologischer und indischer (buddhistischer und hinduistischer) Perspektiven siehe die Aufsatzsammlung SIDERITS/THOMPSON/ZAHAVI (Hrsg.): *Self, No Self?* Siehe auch die philosophiegeschichtlichen und systematischen Überblicksarbeiten SEIGEL: *The Idea of the Self*, MARTIN/BARRESI: *The Rise and Fall of Soul and Self*, SORABIJ: *Self*.

304 Siehe dazu auch die unterschiedlichen empirischen und theoretischen psychologischen Perspektiven auf das Selbst, zusammenfassend dargestellt in PERVIN/CERVONE/JOHN: *Persönlichkeitstheorien* (insbesondere etwa S. 220–222, 665–666). Siehe die noch breiteren, zum Beispiel auch sozialwissenschaftlichen Aspekte einbeziehenden Übersichten in GALLAGHER (HRSG.): *The Oxford Handbook of the Self*, SCHWARTZ/LUYCKX/VIGNOLES (HRSG.): *Handbook of Identity Research*, ZIMA: *Theorie des Subjekts*.

305 Siehe zu diesem Aspekt der Irreführung vor allem BROTBECK: *Das entzauberte Hirngespinst*.

306 QUANTE: *Person*, unterscheidet die Teilnehmer- von der Beobachterperspektive (= Perspektive der dritten Person) und subsumiert unter Erstere sowohl die erstpersönliche Erlebnisperspektive als auch die Perspektive des sozialen Miteinanders (inklusive der Du-Perspektive), welche die aktiven erkennenden und handelnden Selbstbezugnahmen des Menschen sowie die soziale Akzeptanz umfasst (S. 66). Für die Bedingungen des Menschseins im Allgemeinen (Personalität) gibt er einen Kriterienkatalog an (Kap. 2), der einzelne Aspekte der seelischen Dimension des Selbst aufgreift und sowohl Aspekte der Teilnehmer- als auch Aspekte der Beobachterperspektive umfasst. Für die Bestimmung

der diachronen Identität oder Einheit des Selbst jedoch lässt er nur die Beobachterperspektive gelten (da seiner Ansicht nach die Perspektive der ersten Person versagt) und kommt folglich (voraussehbar) zu keinem auch ihn selbst überzeugenden Resultat (Kap. 5). Die Eigenschaften der individuellen Selbstbestimmung und -gestaltung (bei ihm evaluatives und normatives Selbstverständnis genannt) des Menschen im Sinne einer Persönlichkeit mit einer selbst gestalteten Biografie hält er für das Problem der diachronen Identität nicht für relevant (S. 156), da diese Eigenschaften offenbar nicht in allen menschlichen Lebens- und biografischen Zuständen *aktuell* anwesend sind und er den Einbezug von deren *potenzieller* Anwesenheit strikt ablehnt (S. 21, 32). Dementsprechend können, wie der Autor selbst betont, zwar mehr oder weniger sanfte biographische Persönlichkeitsveränderungen, aber keine Persönlichkeitswechsel (wie zum Beispiel von Saulus zu Paulus) mit diesem Konzept erfasst werden (S. 170–175).

307 Dies entspricht im Übrigen genau der wissenschaftstheoretischen Forderung nach der Wiederholbarkeit eines Untersuchungsergebnisses: Dieses soll nicht einfach im Glauben oder im Vertrauen hingenommen werden, sondern muss individuell und aktuell reproduzierbar sein.

308 Am nächsten an die hier vertretene Anschauung des individuellen Menschen kommen Auffassungen der individuellen Person, welche die Potenzialität und Aktualität von Erkenntnis und Freiheit in das Zentrum ihrer Überlegungen stellen (aktives evaluatives und normatives Selbstverständnis, Selbstbewusstwerdung und Selbstgestaltung), siehe beispielsweise: KOBUSCH: *Die Entdeckung der Person*; KORSGAARD: «Personale Identität und die Einheit des Handelns»; FRANKFURT: «Willensfreiheit und der Begriff der Person». – Es gibt jedoch in der Gegenwartsphilosophie nur sehr wenige Autoren, welche explizit an der Notwendigkeit und der zentralen Bedeutung einer inneren Erfahrbarkeit eines individuellen Ich festhalten. In der Regel vertreten sie eine so genannte einfache Position (irreduzible unmittelbare Alltagsgewissheit) auf dualistischer Grundlage, wobei die Annahme eines substanziellen invarianten Selbst (Ich) entweder offen gelassen wird wie bei CHISHOLM: «On the observability of the self»

oder hypothetisch angenommen wird wie etwa bei SWINBURNE: «Personale Identität», LEWIS: *The Self and Immortality* (insbesondere Kapitel 3: «The pure Self», S. 29–46) und SPAEMANN: «Person und Wiedergeburt». Auf konkreten Erfahrungen eines invarianten Selbst als Zentrum der Bewusstwerdung und als Ursache selbstbestimmter Handlungen beruhen die interessanten Untersuchungen von HARWOOD: *The Survival of the Self* (vor allem Kapitel 1 und 2). – Konkrete Schritte, oder zumindest ernst gemeinte Untersuchungen der direkten und differenzierten Erfahrbarkeit eines solch lebendigen invarianten Selbst, die mehr oder weniger weit über die naive Alltagsgewissheit hinausgehen, finden sich besonders bei dem katholischen Theologen WEISS-MAHR: *Die Wirklichkeit des Geistes* (insbesondere in Kapitel B I «Die ontologische Struktur der menschlichen Erkenntnis», S. 87–128) und etwas weniger differenziert bei RUNGGALDIER: «Die Fortdauer (Identität) des Ich durch die Zeit», «Das menschliche Lebewesen als Einheit in der Zeit (continuant)». QUITTERER: «Das menschliche Lebewesen als Einheit in der Zeit II (Selbst)» plädiert für die Einheit des seelisch-lebendigen Organismus auf Kosten spezifischer geistiger (oder gar Ich-artiger) Eigenschaften des Menschen-Wesens. – Nicht zufällig finden sich auch Spuren einer Untersuchung eines invarianten Selbst in der Tradition der HUSSERLschen Phänomenologie, beispielsweise bei ZAHAVI: «The experiential self: objections and clarifications», «Self and other: the limits of narrative understanding», *Subjectivity and Selfhood*, bei HELD: *Lebendige Gegenwart* und bei HART: *Who one* is (Band 1: *Meontology of the* «I»: *A Transcendental Phenomenology*, Kapitel VII: «The death of the transcendental person», S. 423–451). Allerdings bleibt die auch in dieser Tradition stehende Untersuchung von KERN zum «Selbstbewusstsein und Ich bei Husserl», wie auch die Untersuchungen der anderen oben angeführten Vertreter dieser Tradition, im Wesentlichen an den seelischen Dimensionen des Selbst haften (im Sinne eines «Ich» als Bezugspunkt oder begleitende Erfahrung seelischer und sinnlicher Erlebnisse).

309 Siehe dazu zusammenfassend Abschnitt 7.3 und 8.4. – Dieser evolutive und verschiedene Erlebnisstufen ermöglichende und differenzierende Zugang ist nicht zu verwechseln mit der durch

QUANTE: *Person* (Kap. 4, S. 57–79) charakterisierten und zugleich (mit Recht) als unzureichend zurückgewiesenen Position einer erstpersönlich-einfachen Theorie personaler Identität, die im Wesentlichen an rezeptiven seelischen Dimensionen des Selbst anknüpft und keineswegs an die produktiven geistigen Dimensionen desselben, ganz zu schweigen von einem Einbeziehen eines manifestativen (im Gegensatz zu einem bloß manifesten) transdimensionalen Menschen-Ich. Siehe dazu auch den Aufsatz von QUANTE über «Personale Identität». – Eine schlagwortartige Kennzeichnung der im vorliegenden Buch vertretenen Position zur Idee des Menschen könnte etwa, *cum grano salis*, so lauten, ohne Anspruch auf Vollständigkeit, Eindeutigkeit oder Verbindlichkeit: *antireduktionistisch* (nicht aus der Beobachterperspektive), *immaterialistisch* (keine Beschränkung auf materiell-energetische Zustände), *essenzialistisch* (wesentliche Eigenschaft: Aktualität und Potenzialität der Freiheit), *substanzialistisch* (Hinweis auf erfahrbar-existentes individuelles und invariantes Ich), *potenzialistisch* (Charakterisierung durch potenzielle Zustände und Vollzüge, die nicht notwendigerweise in Akten anwesend sein müssen), *aktualistisch* (in Akten konkret erfahrbare Potenz).

310 Das ist genau der Weg der Anthroposophie RUDOLF STEINERS. Siehe dazu zum Beispiel seine zusammenfassenden Ausführungen in «Philosophie und Anthroposophie», Absätze 47–50, S. 104–110, «Die psychologischen Grundlagen ...», Absätze 5–25, S. 114–135 sowie STEINER/WEGMAN: *Grundlegendes ...*, Kapitel 1.

311 Siehe dazu «neben» den zahlreichen Hinweisen Steiners zur seelisch-geistigen Selbstschulung zum Beispiel ZIEGLER: «Individuelle menschliche Entwicklung zur Freiheit als Urbild aller Entwicklung. Teil III: Gestaltung ‹anorganischer› und ‹organischer› Elemente der menschlichen Organisation in der Freiheitsentwicklung des Menschen».

312 Siehe zu diesem Weg die Vorarbeiten in ZIEGLER: *Intuition und Ich-Erfahrung* (Kap. 6 und 13). Ergänzend siehe auch SCHNEIDER: *Einführung in die Waldorfpädagogik* (Kapitel II 4: «Wesen und Erscheinung der Individualität», S. 176–181). – Für einen ähnlichen Zugang mit konvergenten Resultaten, siehe BROT-

BECK: «Gegenwart des Geistes», «Kosmische Ich-Achse» und «Lebendige Ewigkeit». – Eine explizite Unterscheidung des Ich des Menschen von seiner gesamten Organisation habe ich sonst nur noch bei BRACKER: *Wiederverkörperung und die innere Natur des Menschen* gefunden. Siehe dazu auch HARTMANN: «Das freie menschliche Handeln», wo ebenfalls auf die Notwendigkeit einer feineren Untergliederung des seelischen Selbst hingewiesen wird zur genaueren Herausarbeitung des sich in der Seele manifestierenden handelnden Menschen-Ich.

313 Auf die mit der Potenzialität des Ich verbundene Allgemeinheit, auf die Notwendigkeit, ein Ich nicht nur als Partikuläres und Einzelnes aufzufassen, sondern auch als Allgemeines, weist auch PIETREK hin: «Personen sind als Instanz eines Allgemeinen frei.»

314 Zu den allgemeinen Gesetzmäßigkeiten der Wesens- und Erscheinungsentwicklung des Menschen siehe oben Kapitel 7 und ZIEGLER: «Individuelle menschliche Entwicklung zur Freiheit als Urbild aller Entwicklung». Teil I: «Erscheinungsentwicklung des freien Menschen» und Teil II: «Wesens- oder Bewusstseinsentwicklung des sich befreienden Menschen».

315 Einwände gegen das hier Vorgebrachte sind entweder (1) hypothetischer Natur (und demzufolge vom Gesichtspunkt des Erkennens aus nicht relevant): Es könnte sein, dass unsere Aktivität, uns nicht bewusst, von etwas anderem (göttliches Wesen, Gehirn, Über-Ich) hervorgebracht wird, oder (2) agnostischer Natur (und demzufolge ein Eingeständnis subjektiver Erkenntnisgrenzen): Ein solches ewig-lebendiges Ich kann nicht erkannt werden, da es kein Inhalt irgendeines Erlebens ist, oder (3) lebensweltlicher Natur (und damit Ausdruck einer eingeschränkten Sichtweise auf die totale Erlebniswelt): Ein solches ewiges Ich zeigt sich im gewöhnlichen Alltagserleben nicht und stellt sich innerhalb desselben auch nicht als Problem, es gehört nicht zu den «Alltagsintuitionen», oder (4) weltanschaulicher Natur (und damit dogmatisch): Beispielsweise steht ein solches ewiges Ich als immateriell-substanzielles Agens im Widerspruch zu den Behauptungen des sich allein an Ergebnissen und Theorien der Naturwissenschaft orientierenden Naturalismus. – Entscheidend ist hier, dass der Weg zu dem Erleben des Ich als Quelle der

Selbstbestimmung und der Freiheit auf einer Einsicht in die über das gewöhnliche (lebensweltliche) Seelenleben hinausreichende Natur des Denkens beruht. Bereits dieses Denken ist keine bloß feststellbare, von außen anschaubare Tatsache, kein Ereignis, sondern ein Vollzug; dieser kann sowohl über seine aktuelle Gesetzmäßigkeit und seine Produktivität als auch über die Natur seiner Gegenstände (Ideen) erfahrungsbasiert und strukturiert Auskunft geben. Zusammenfassend: Die erfahrungsbasierte Auseinandersetzung mit den und die produktiven Einsichten in die seelischen und geistigen Dimensionen des Selbst sind unumgängliche Vorbedingungen bzw. Voraussetzungen für den bewussten Weg zum individuellen Ich.

316 Zu den Begriffen Involution, Evolution und Schöpfung aus dem Nichts in ihrem Verhältnis zur Entwicklung siehe zum Beispiel den Vortrag vom 17. Juni 1909 in STEINER: *Geisteswissenschaftliche Menschenkunde*. Siehe dazu auch die Abschnitte 5.7 und 7.3.

317 Der Titel dieses Abschnitts wurde in Anlehnung an den Titel des Buches *Der Hobbit – oder Hin und Zurück* (englischer Originaltitel: *The Hobbit or There and Back Again*) von JOHN R. R. TOLKIEN gewählt. Dort, wie auch in der Fortsetzung *Der Herr der Ringe* (englischer Originaltitel: *The Lord of the Rings*), findet sich eine literarische Version der hier geschilderten Situationen und Entwicklungen, speziell für die Figuren Bilbo und Frodo Beutlin. Trotz vieler Zweifel, Rückschläge, Verletzungen und Rückfälle in alte Gewohnheiten und konkrete Ängste (auch noch nach der jeweiligen Erfahrungsreise) handelt es sich um einen Weg von einer tief verankerten traditionellen Lebensweise, über das Ringen mit der konkreten Welt sowie mit sich und mit anderen Menschen hin zu einer Befreiung von fixierten, vorgegebenen Handlungsvorstellungen und Ritualen und schließlich zur individuellen und (immer wieder von Neuem) aktuellen Ergreifung einer Lebensaufgabe, welche eine Rückkehr in die Heimat, zur tätigen Ordnung der dort aus dem Gleichgewicht geratenen Verhältnisse, einschließt. – Selbstverständlich können für diesen Prozess viele andere literarischen Vorbilder gefunden werden, etwa im Zusammenhang der Beschreibung von Erlebnissen einer Art Wiedergeburt im gegenwärtigen Leben, siehe dazu zum Beispiel EWERTOWSKI, *Revolution im Ich*.

318 Für Gesichtspunkte zur moralischen Entwicklung, das heißt hier zur Vorbereitung und Entfaltung der moralischen Intuition und moralischen Phantasie, siehe Kapitel 4, insbesondere die Abschnitte 4.6 bis 4.8; siehe dazu auch Ziegler: «Individuelle menschliche Entwicklung zur Freiheit als Urbild aller Entwicklung, Teil III: Gestaltung ‹anorganischer› und ‹organischer› Elemente der menschlichen Organisation in der Freiheitsentwicklung des Menschen».

319 Siehe dazu ausführlicher Abschnitt 4.9 und zum ganzen Thema der Freiheit ZIEGLER: *Intuition und Ich-Erfahrung* (Kap. 11).

320 Zur genaueren Charakterisierung der moralischen Phantasie und der moralischen Technik siehe Abschnitt 4.8, oder auch ZIEGLER: *Intuition und Ich-Erfahrung* (Kap. 11.3).

321 KEIL: *Willensfreiheit und Determinismus* (S. 33).

322 Siehe dazu etwa die Zusammenfassung von KUHLMANN: *Reflexive Letztbegründung*.

323 Siehe dazu im Kontext der Letztbegründung ausführlicher ZIEGLER: *Selbstreflexion* (Kap. IV) und allgemeiner ZIEGLER: *Intuition und Ich-Erfahrung* (Kap. 4 bis 5 und 7 bis 8).

324 Die Rückführung des Denkens auf Konventionen kann selbst nur auf irgendeine «letzte» Konvention rekurrieren, die ebenfalls nicht begründbar ist. – Die Behauptung, Denken müsse prinzipiell durch etwas außerhalb seiner selbst begründet werden, scheitert am Selbstwiderspruch, dass auch für diese Behauptung bereits Denken notwendig ist, ganz zu schweigen von der geforderten, nur durch Denken zu vollziehenden Relation des Denkens zu einem außerhalb desselben liegenden, für das Denken als ursächlich behaupteten Sachverhaltes: Denken lässt sich nicht hinterfragen. Es kann sich nur selbst letztbegründen, oder man schickt sich in sein individuelles Scheitern.

325 ALBERT: *Traktat über kritische Vernunft* (Kap. I); siehe dazu ZIEGLER: *Selbstreflexion* (Kap. I und IV).

326 Die Anregung zur Verfassung von Abschnitt 9.2 verdanke ich einem ausführlichen Kommentar von CHRISTIAN TEWES zur Frage der Letztbegründung freier Willensbildungen.

327 Siehe zum Problemumfeld und zur Diskussion um Kausalität und Determinismus QUANTE: «Philosophische Freiheiten», KEIL: *Willensfreiheit und Determinismus* (S. 35–55) oder aus-

führlicher KEIL: *Willensfreiheit* (Kap. 2: Determinismus, S. 15–
49) sowie KEIL: *Handeln und Verursachen* (Kapitel II: Kausalität
ohne strikte Gesetze, S. 151–317). Grundlegend sind die Untersuchungen von SUPPES: «The transcendental character of determinism», «Voluntary motion, biological computation, and free
will». Zum modernen Gesetzesbegriff (Skepsis, Relativierung)
siehe auch die Übersicht in BARTELBORTH: «Dimensionen der
Erklärungsstärke» und ESFELD: «Kausalität»; zur Kausalität
allgemein siehe BAUMGARTNER/GRASSHOFF: *Kausalität und
kausales Schließen*; zur Kausalität aus biologischer und physikali-
scher Perspektive siehe die populären Ausführungen bei WEBER:
«Ursache und Wirkung» und ESFELD: «Das Wesen der Natur». – WALTER: «Wie frei sind wir eigentlich – empirisch?»
argumentiert bezüglich des Determinismus ähnlich wie KEIL
und macht ebenfalls darauf aufmerksam, dass naturwissenschaftliche Ergebnisse Freiheit nicht widerlegen, zeigt aber auch, dass
wir viele Handlungen im Alltag vollziehen, die nicht frei genannt
werden können. Damit wird noch einmal deutlich, dass es nicht
um die Frage, ob der Mensch frei ist oder nicht, gehen kann,
sondern um die genauen Bedingungen des Freiwerdens und des
Freiseins.

328 KEIL: *Willensfreiheit und Determinismus* (S. 28).

329 Die erfahrungsbasierten Argumente dafür sind in aller Kürze
Folgende: Die Gesamtwelt der erfahrenen Tatsachen lässt sich
gliedern in bloß gegebene Tatsachen und in solche, die nicht
ohne eigene Tätigkeit präsent sind. Zu Letzteren gehören Ideen,
das heißt also Tatsachen, die im tätigen Anschauen dazu gebracht
werden können, in sich selbst durchschaubar zu sein, also keiner
weiteren erkennenden Erläuterung mehr zu bedürfen als ihrer
tätigen Erkenntnis (sie sind von Einfällen und Ähnlichem durch
ihre individuelle tätige Einsehbarkeit unterscheidbar im Kontrast zu einer aktuell bloß *passiven* Kenntnisnahme von derselben). Die übrigen Tatsachen sind *faktisch* untereinander verbunden, dem erkennenden Menschen aber nicht im Wie und Warum ihrer Verknüpfungen unmittelbar offenbar. Die dem Menschen dadurch ermöglichten Fragen über diese Verknüpfungen
sind ideenförmiger Natur, das heißt verlangen gerade dasjenige,
was aktuell denkend angeschaute Ideen (im Prinzip) zu liefern

imstande sind, wenn man ihre weitere Eigenschaft der Individua-
lisierbarkeit oder Spezialisierbarkeit hinzunimmt. Daraus folgt,
dass jede Frage (im Prinzip) beantwortbar ist und damit jeder
Zusammenhang von Tatsachen (insofern dieselben tatsächlich
vorliegen) erkannt werden kann. Das ist die allgemeine Lösung
des Erkenntnisproblems oder der Nachweis der Nichtexistenz
universeller Erkenntnisgrenzen. Nicht dazu im Widerspruch
steht das bekannte Faktum der von der menschlichen Konstitution, Fähigkeit und Entwicklung abhängigen individuellen
Beschränktheit des Erfahrens und des Ideen hervorbringenden
Denkens, durch welche in vielen Fällen das im Prinzip Erkennba-
re subjektiv doch nicht aufgeklärt werden kann (Existenz von im
Prinzip verschiebbaren subjektiven Erkenntnisgrenzen). – Siehe
dazu die weiteren Ausführungen in SCHNEIDER: *Einführung in
die Waldorfpädagogik* (Kapitel 1 und 2) und ZIEGLER: *Intuition
und Ich-Erfahrung* (Kapitel 9).

330 Daraus kann die Konsequenz gezogen werden, dass die Idee des
naturwissenschaftlichen Experimentes die Idee der Freiheit vor-
aussetzt. Siehe dazu und zur Idee der naturwissenschaftlichen
Kausalität auch ZIEGLER: «Zufall und Freiheit im Kontext der
Naturwissenschaften». – Siehe dazu auch die verwandten Überlegungen von RUNGGALDIER: *Was sind Handlungen?* (S. 150)
und WRIGHT: *Erklären und Verstehen* (S. 82).

331 Beschränkt man sich auf physisch-sinnliche Tatsachen (schließt
also etwa mentale Ereignisse aus), so hat man die naturalistische
Version des deterministischen Kausalprinzips.

332 Auf die rege und kontroverse Forschungsdebatte zu diesen Themen, die in neuerer Zeit durch CARTWRIGHT: *How the Laws
of Physics Lie* angestoßen wurde, kann und muss an dieser Stelle
nicht eingegangen werden. Eine wichtige Diskussion und Stel-
lungnahme dazu findet man bei KEIL: «How the ceteribus paribus laws of physics lie» und ausführlicher in KEIL: *Handeln und
Verursachen* (Kapitel II).

333 Hier kann nur ein sehr grobes Bild des Libertarismus gezeichnet
werden, der sich in viele Teilbereiche differenziert (Indeterminismus, Inkompatibilismus, Akteurskausalität etc.). Dabei vertreten Indeterministen nicht notwendig eine Akteurskausalität
und Akteurskausalisten nicht notwendig einen starken Indeter-

minismus, denn manche Akteurskausalisten sind durchaus der Ansicht, dass jedes Ereignis/jeder Prozess seine Ursache hat, Selbstverursachung eingeschlossen. Die Sachlage wird weiter kompliziert durch die Tatsache, dass viele Indeterministen, vor allem auch Akteurskausalisten, Naturalisten sind, für welche reines/intuitives Denken und Liebe in geistiger Art keine ernst zu nehmenden Themen sind. Zur gegenwärtigen Debatte siehe etwa CLARKE: *Libertarian Accounts of Free Will*, O'CONNOR: *Persons and Causes*, KANE: *The Significance of Free Will* sowie die in den folgenden Abschnitten angegebene Literatur. Gegen den Naturalismus aus libertarischer (nicht: akteurskausalistischer) Perspektive argumentiert UUS: «The libertarian imperative». – Diese und die vorangehende Anmerkung verdanke ich CHRISTIAN TEWES' aufklärenden Bemerkungen und Literaturhinweisen.

334 Siehe dazu BROTBECK: «Geist in Platznot? – Scheinalternativen».

335 Hierzu KEIL: *Willensfreiheit* (S. 122): «[...] denn es ist ja weniger eine philosophische These als vielmehr ein schwer zu leugnender Befund, dass es keine empirisch wahren Sukzessionsgesetze über tatsächliche Ereignisverläufe gibt. So gesehen ist Kants Frage, wie in einer kausalgesetzlich geordneten Welt menschliche Handlungen möglich seien, falsch gestellt. Sie muss vom Kopf auf die Füße gestellt werden und lautet dann: Wie sollte es in einer Welt, deren Verläufe durch Handlungen gestört werden können, strikte Verlaufsgesetze geben können?» Siehe auch KEIL: *Handeln und Verursachen* (S. 345, 351–352).

336 Siehe dazu exemplarisch BECKERMANN: *Gehirn, Ich, Freiheit*, ROTH: «Worüber dürfen Hirnforscher reden» und SINGER: «Verschaltungen legen uns fest».

337 Siehe zu Letzterem die Übersichten in RAGER: «Neuronale Korrelate», «Hirnforschung und die Frage nach dem Ich».

338 Siehe zur Position des *Kompatibilismus* vor allem BECKERMANN: *Gehirn, Ich, Freiheit*, BIERI: *Handwerk der Freiheit* und zur Diskussion KEIL: *Willensfreiheit und Determinismus* (S. 73–91) und *Willensfreiheit* (Kap. 4 und 5).

339 KEIL: *Willensfreiheit* (S. 152) schreibt dazu: «Entscheidend ist nicht, ob ich meine Wünsche und Antriebe selbst gewählt habe, sondern dass sie sich nicht naturnotwendig oder gleichsam automatisch in Verhalten umsetzen.»

340 Für eine differenzierte Darstellung dieses Gesichtspunktes siehe
KEIL: *Willensfreiheit und Determinismus* (S. 73–91) und *Willens-
freiheit* (Kapitel 5: Skizze eines fähigkeitsbasierten Libertarismus,
S. 118–153). Für einen umfassenden Überblick zu verschiedenen
Positionen des Libertarismus siehe die Beiträge in O'CONNOR
(HRSG.): *Agents, Causes and Events* und für einen allgemeinen
Überblick POTHAST (HRSG.): *Seminar: Freies Handeln und
Determinismus*, POTHAST: *Die Unzulänglichkeit der Freiheitsbe-
weise*, KANE (HRSG.): *The Oxford Handbook of Free Will.*

341 Es wäre angemessener, hier von einer starken Version der *Befreiung* zu sprechen, da es durchaus noch stärkere Versionen der Freiheit gibt, wie insbesondere diejenige des Ich-Vollzugs.

342 KEIL: *Willensfreiheit und Determinismus* (S. 91): «Weil nun der
Überlegende aus leidvoller Erfahrung um diese [... Unsicherheit]
weiß, ist es auch aus seiner Sicht nicht irrational, ein Überle-
gungsergebnis noch weiter zu prüfen.»

343 Die Bedeutung dieser Unterscheidung zeigte sich schon bei früheren Stellen, insbesondere in Kapitel 1 und in den Abschnitten
2.5, 3.7, 4.5, 5.3, 6.1.2, 8.2, 8.3.2.

344 Bei KEIL: *Willensfreiheit und Determinismus* (S. 114) heißt es
dazu lapidar: «Ein Akteur verursacht nicht, was er tut, sondern er tut es eben» und in *Handeln und Verursachen* (S. 346):
«Handlungen *sind* Ursachen, oder besser *Verursachungen*, sie
haben aber keine Ursachen.» Ähnlich, jedoch in einem etwas
anderen Zusammenhang argumentiert auch JONAS, *Das Prinzip
Leben* (1. Kapitel, Abschnitt VI: Ontologische Zentralstellung
des Leibes und das Kausalitätsproblem, S. 44–47).

345 KEIL: *Handeln und Verursachen* (S. 458–459, 472) bezieht hier
klar Stellung: «Sollte nicht, so der gemeinsame Nenner der
Fragen, auch das Tun [Vollziehen] eine kausale Binnenstruktur
haben? In meiner Auseinandersetzung mit der akteurskausalisti-
schen Auffassung habe ich mich schon auf eine negative Antwort
verpflichtet: Wie der Akteur sein Tun ‹initiiert›, ist nicht nur
keiner kausalen, sondern überhaupt keiner Analyse mehr zugänglich. Alles, was der Akteur dazu beitragen kann, dass er etwas tut,
müsste wiederum in Begriffen des Tuns, Vollziehens oder Aus-
führens beschrieben werden. Eine solche Iteration hat aber keinen Erklärungswert.» Am Ende der gründlichen Abhandlung

folgt das Eingeständnis: «*Dass* wir das Vermögen besitzen, eine Handlung von selbst anzufangen, habe ich nicht zu begründen versucht. Das Fehlen eines ‹Freiheitsbeweises› sollten wir nicht beklagen, denn einen solchen zu liefern ist nicht eine besonders schwierige Aufgabe, sondern eine unerfüllbare. [...] Das besagt nicht, dass sie eine ‹Fiktion› oder eine ‹notwendige Illusion› wäre, sondern drückt eben den Umstand aus, dass sie nicht bewiesen – aus unabhängig gesicherten Prämissen deduziert – werden kann.» Natürlich ist ein *solcher* Beweis nicht möglich – aber trotzdem wird hier vor einer scheinbaren Grenze haltgemacht, bei der man in die realgeistigen Quellen des Freiheitserlebens einsteigen müsste. Dann kann jedoch, wie in der vorliegenden Schrift zu zeigen versucht wird, auch zur Struktur der Tatsache der Freiheit und dem ihr zugrunde liegenden Ich-Vollzug mehr gesagt werden als einfach nur, dass das genannte Vermögen existiert (siehe dazu Abschnitt 8.3 und 9.5).

346   Siehe zu den sich hier eröffnenden umfassenden Schwierigkeiten etwa QUANTE, *Person*.

347   Für Vertreter der Akteurskausalität siehe beispielsweise CHISHOLM: «Die menschliche Freiheit und das Selbst», CLARKE: «Toward a credible agent-causal account of free will», ROHS: «Libertarianische Freiheit», RUNGGALDIER: *Was sind Handlungen?* (Kapitel III 3: Handlungskausalität, S. 144–153), MEIXNER: «Die Seele als natürliche Instanz der Freiheit», «Agens- und Ereigniskausalität», «Kausalität der Ereignisse» und die bewusstseinsgeschichtliche Skizze «Die Ersetzung der Substanzontologie durch die Ereignisontologie»; im Zusammenhang mit dem Erkenntnisakt siehe WEISSMAHR: *Die Wirklichkeit des Geistes* (Kapitel B 2: Überlegungen zur geistigen Seinsstruktur des Subjekts, S. 102–128). – Allen diesen Vertretern der Akteurskausalität, außer RUNGGALDIER und WEISSMAHR, ist gemeinsam, dass nur mit einem minimalen Konzept der handelnden Person oder des Menschen-Ich als Urheber einer Handlung argumentiert wird.

348   Einen Weg zur Überwindung der Scheinalternative von bedingter Kausalität (Ereigniskausalität) und Akteuerskausalität bietet BUCHHEIM: «Libertarischer Kompatibilismus» an. Er möchte die Stärken beider Positionen vereinen, die «Rationalität und

Intelligibilität in der Verursachung von Handlungen [... und die] Einheit der primären Ursache einer Handlung [...]» (Abschnitt 3.2) Auch er kommt ohne expliziten Bezug auf eine Person, auf ein Selbst nicht aus (Abschnitt 4.3), kann deren Eigenschaften jedoch nur in sehr rudimentärer Weise und ohne Bezug auf ein (unter anderem) Aktualität ermöglichendes und ein Hingabe-Potenzial umfassendes Ich kennzeichnen. Das liegt meines Erachtens daran, dass er keinerlei Einsicht in die zentrale Natur des (reinen) Ich-geleiteten Denkens zu haben scheint, denn «viele Handlungen sind *mehr* frei, wenn sie ohne Nachdenken und Willensanstrengung gemacht werden». (ebenda). Selbstverständlich gibt es solche Arten des Denkens (im Sinne von Gedanken und fixe Vorstellungen zu haben); hier wäre eine weitere Differenzierung notwendig, die jedoch ausbleibt und in keiner Weise auch nur angedeutet wird. Im Weiteren muss gemäß BUCHHEIM in jeder freien Handlung gewissen dem handelnden Menschen nicht verfügbaren Anforderungen genügt werden, sodass «aller Freiheit ein *normatives Element* innewohnen muss. In dem, was wir frei tun, glauben wir gewissen Anforderungen oder Maßstäben gerecht zu werden, die mit dem verbunden sind, wozu wir uns selbst bestimmt haben.» (ebenda). Von einem transzendenten Charakter dieser Norm, welche etwa die Form des freien Handelns im Sinne von Abschnitt 9.2 betreffen würde, ist jedoch nicht auch nur andeutungsweise die Rede. Also muss es sich um irgendwelche Normen inhaltlicher Natur handeln, woher auch immer diese kommen sollen. – Siehe dazu auch BUCHHEIM: «Zwischen Antinomie und Kompatibilität», wo zwar wieder versucht wird, Scheinalternativen zu überwinden, jedoch dem dafür zuständigen Element des tätigen Denkens (wieder) zu wenig Aufmerksamkeit geschenkt wird.

349   Meines Wissens wird dieser Unverbindlichkeitseinwand in der mir bekannten Literatur bisher nicht diskutiert, falls man nicht einfach «zufällig» mit «unverbindlich» identifiziert, was meines Erachtens nicht sachgemäß ist.

350   KEIL: *Willensfreiheit und Determinismus* (S. 91, 118): «Das Anderskönnen ist wesentlich ein Weiterüberlegenkönnen.»

351   Für weitere Details dieser Handlungsauffassung und deren Konsequenzen für die Entwicklung des Menschen wird auf Kapitel

4, 5 und 7 verwiesen. Siehe dazu auch ZIEGLER: *Intuition und Ich-Erfahrung* (Kap. 11 bis 14).

352 Der hier zu besprechende Ich-Vollzug, oder die Ich-Urheberschaft einer Handlung, darf nicht mit der sonst auch vertretenen «intentionalen» oder «mentalen Verursachung» verwechselt werden. In dieser können die verursachenden Ereignisse im Sinne der bedingten Kausalität auch mentale oder seelische und nicht nur physikalische Zustände sein (siehe dazu etwa die Übersicht QUANTE: «Mentale Verursachung»). Mit dem Handelnden als Urheber der Handlung (Ich-Vollzug im Gegensatz zu einem der psychischen Zustände als Handlungsursache) hat das aber nichts zu tun.

353 Siehe dazu KEIL: *Handeln und Verursachen* (S. 358–373), KEIL: *Willensfreiheit* (S. 96–100), MEIXNER: «Agens- und Ereigniskausalität», CLARKE: «Toward a credible agent-causal account of free will». – Für eine radikale Absage an die Akteurskausalität von einem früheren Vertreter derselben siehe TAYLOR: «Agent & patient»; siehe auch CHISHOLMS veränderte Position gegenüber seinen ursprünglichen Äußerungen in «Agents, causes, and events».

354 Wenn ein *universeller Determinismus* als die These bestimmt wird, wonach jedes Ereignis und jeder Prozess eine eigene oder eine äußere Ursache hat, und wenn Selbstverursachung nicht ausgeschlossen wird, so können definitionsgemäß Ich-Vollzüge gegen das Prinzip eines solchen universellen Determinismus nicht verstoßen.

355 KEIL: *Willensfreiheit* (S. 99) formuliert den Einwand deshalb auch radikaler und macht ihn dadurch keineswegs überzeugender, im Gegenteil: «Wenn anlässlich jeder [!] Handlung eine neue Kausalkette beginnt, scheinen Kräfte und Energien aus dem Nichts zu entstehen, und das würde die physikalischen Erhaltungssätze [...] verletzen.» Es wird von mir – und, soweit ich sehe, auch von jemand anderem – *nicht* behauptet, dass *jede* Handlung eine neue Kausalkette beginnt; dies gilt nur von freien, allein durch die Ich-Kausalität bedingten Handlungen. Warum hier KEIL nun doch physikalische Gesetze heranzieht, um die Akteurskausalität zu widerlegen, ist nach seinen Ausführungen zur Gesetzesskepsis im Rahmen seines Plädoyers für den Indeterminismus nur schwer nachvollziehbar.

356 Der Zufallseinwand stellt auch einen zentralen Punkt der Debatte um die libertarische Freiheit des So-oder-anders-Könnens dar, siehe KEIL: *Willensfreiheit und Determinismus* (S. 86–91), *Willensfreiheit* (S. 103–117).

357 Siehe KEIL, *Willensfreiheit und Determinismus* (S. 85): «Die Person war ja schon vorher da und wird auch nachher noch da sein. [...] Deshalb beantwortet die Nennung der Person nicht die Frage, warum jetzt eine Handlung stattfindet. Also können Personen nicht im Wortsinne Ursachen von etwas sein.»

358 In der *Geheimwissenschaft* findet sich auch eine ausführliche Schilderung der Entwicklung der Wesensglieder während der anthroposophisch beleuchteten kosmischen Evolution des Menschen und der Erde. Das gehört jedoch nicht zum Feld der vorliegenden Untersuchungen.

359 STEINER, *Anthroposophie – Ein Fragment* (1910), *Ein Weg zur Selbsterkenntnis des Menschen* (1912/1918), *Die Schwelle der geistigen Welt* (1913/1918), «Das menschliche Leben vom Gesichtspunkt der Geisteswissenschaft (Anthroposophie)» (1916); STEINER/WEGMAN *Grundlegendes für eine Erweiterung der Heilkunst nach geisteswissenschaftlichen Erkenntnissen* (1925).

360 STEINER, «Die Erziehung des Kindes vom Gesichtspunkt der Geisteswissenschaft» (1907), S. 316; *Ein Weg zur Selbsterkenntnis des Menschen* (1912/1918), 6. Meditation, S. 58.

361 STEINER, *Anthroposophie – Ein Fragment* (1910), Kapitel IV, V, VI.

362 STEINER, *Die Schwelle der geistigen Welt* (1913/1918), S. 56.

363 STEINER, «Das menschliche Leben vom Gesichtspunkt der Geisteswissenschaft (Anthroposophie)» (1916), S. 252.

364 STEINER/WEGMAN, *Grundlegendes für eine Erweiterung der Heilkunst nach geisteswissenschaftlichen Erkenntnissen* (1925), Kapitel I und V.

365 Es werden hier nur Vorträge berücksichtigt, die bis zum Erscheinen von *Die Geheimwissenschaft im Umriss* gehalten wurden. Dies vor allem aus dem Grunde, da bis dahin Steiners Darstellungen der Gliederungen des Menschenwesens weitgehend ausgereift waren und hier zudem nicht der Ort ist, diese Entwicklung ins Einzelne gehend darzustellen. Siehe zu Letzerer etwa EWERTOWSKI: *Die Entdeckung der Bewusstseinsseele.*

366 STEINER, «Ursprung und Ziel des Menschen», S. 214.

367 Ebenda, S. 214–215.

368 Siehe dazu und für eine gründlichere Untersuchung von Steiners verschiedenen Darstellungen der Wesensglieder EWERTOWSKI, *Die Entdeckung der Bewusstseinsseele*; vgl. dazu auch die Rezension ZIEGLER «Monographie der Bewusstseinsseele».

369 STEINER, «Das Mysterium von Golgatha», S. 129.

370 STEINER, «Die Mission der Wahrheit», S. 87–88.

371 Ebenda, S. 90.

372 Ebenda, S. 115.

373 STEINER, «Die Mission der Andacht», S. 122–123.

374 STEINER, *Allgemeine Menschenkunde als Grundlage der Pädagogik*, S. 69.

375 Ebenda, S. 71–72.

376 STEINER, *Der Jahreskreislauf als Atmungsvorgang der Erde und die vier großen Festeszeiten*, S. 52–53.

377 In dieser Kurzform werden von Steiner die Glieder der menschlichen Organisation immer wieder zusammengefasst. Siehe etwa STEINER, «Die Erziehung des Kindes vom Gesichtspunkte der Geisteswissenschaft» oder STEINER/WEGMAN, *Grundlegendes für eine Erweiterung der Heilkunst nach geisteswissenschaftlichen Erkenntnissen*.

LITERATURVERZEICHNIS
AUTOREN- UND WERKREGISTER

Die Zahlen nach A bedeuten Anmerkungsnummern.

ALBERT, HANS: *Traktat über kritische Vernunft.* Tübingen: Mohr 1991 (5. Auflage). A 325

ARNDT, ANDREAS / ZOVKO, JURE (HRSG.): *Geist: Erkundungen zu einem Begriff.* Hannover: Wehrhahn Verlag 2009. A 2

AYAN, STEVE: Innenansichten der Psyche. *Gehirn & Geist* 2010, Heft 7-8, S. 44–51. A1

BAKER, LYNNE R: Tätigsein und die Erste-Person-Perspektive. In: NIEDERBACHER, BRUNO / RUNGGALDIER, EDMUND (HRSG.), *Was sind menschliche Personen? Ein akttheoretischer Zugang*, Heusenstamm/Frankfurt: Ontos 2008, S. 55–77. A 195

BARTELBORTH, THOMAS: Dimensionen der Erklärungsstärke in modernen Erklärungstheorien. *Philosophia Naturalis* 2008, Band 45(2), S. 139–166. A 327

BASFELD, MARTIN: Die Welt durch den Leib erfahren. In: BASFELD, MARTIN: *Ur-Materie und Ich-Leib: Beiträge zur Anthropologie und Kosmologie*, Stuttgart: Freies Geistesleben 1998, S. 171–200. A 215

BAUMGARTNER, MICHAEL / GRASSHOFF, GERD: *Kausalität und kausales Schließen: Eine Einführung mit interaktiven Übungen.* Bern: Bern Studies in the History and Philosophy of Science 2004. A 327

BECKERMANN, ANSGAR: *Gehirn, Ich, Freiheit. Neurowissenschaften und Menschenbild.* Paderborn: Mentis 2008. A 336, 338

BEN-ZE'EV: *Die Logik der Gefühle: Kritik der emotionalen Intelligenz.* Frankfurt: Suhrkamp 2009 (edition unseld). A 38

BIERI, PETER: Nominalismus und innere Erfahrung. *Zeitschrift für philosophische Forschung*, Band 36(1), S. 3–24. A 300
  – *Das Handwerk der Freiheit. Über die Entdeckung des eigenen Willens.* München: Hanser 2001. A 338

BRACHTENDORF, JOHANNES: Personalität und Freiheit: Zur Kritik des Kompatibilismus. In: NIEDERBACHER, BRUNO / RUNGGALDIER. EDMUND (HRSG.), *Was sind menschliche Personen? Ein akttheoretischer Zugang*, Heusenstamm/Frankfurt: Ontos 2008, S. 157–180. A 180

BRACKER, KLAUS J.: *Wiederverkörperung und die innere Natur des Menschen – Sankhya, Buddhismus, Anthroposophie*. Schaffhausen: Novalis 1995. A 312

BROTBECK, STEFAN: Im Lichte des Anderen. Zum sozialen Ereignis der Sinne. *Gegenwart* 2004, Heft 1, S. 12–19. A 215

– *Zukunft: Aspekte eines Rätsels*. Dornach: Verlag am Goetheanum 2005. A 141

– Geist in Platznot? – Scheinalternativen. *Das Goetheanum* 2006, Nr. 19, S. 8–9. A 334

– *Das entzauberte Hirngespinst: Über neurowissenschaftliche Suggestionen und Konfusionen*. Zürich: Pano 2007. A 14, 305

– «Stellt Euch nicht dem Bösen entgegen». *Die Drei* 2007, Band 77(8/9), S. 54–73. A 141

– Seelenumschwung. *Gegenwart* 2007, Heft 4, S. 31–36. A 141

– Gegenwart des Geistes / Kosmische Ich-Achse / Lebendige Ewigkeit. *Das Goetheanum* 2007, Nr. 48/49/50, S. 9/10/6. A 177, 312

BUCHHEIM, THOMAS: Zwischen Antinomie und Kompatibilität: Versuch über die natürliche Einbettung unserer Handlungsfreiheit. In: BUCHHEIM, THOMAS / KNEEPKENS, CORNEILLE H. / LORENZ, KUNO (HRSG.), *Potentialität und Possibilität: Modalaussagen in der Geschichte der Metaphysik*, Stuttgart/Bad Cannstatt: Frommann-Holzboog 2001, S. 333–347. A 348

– Libartarischer Kompatibilismus. Drei alternative Thesen auf dem Weg zu einem qualitativen Verständnis der Freiheit. In: HERMANNI, FRIEDRICH / KOSLOWSKI, PETER (HRSG.), *Der freie und der unfreie Wille. Philosophische und theologische Perspektiven*, München: Fink 2004, S. 33–78. A 348

CARTWRIGHT, Nancy: *How the Law of Physics Lie*. New York: Oxford University Press 1983. A 332

CHISHOLM, RODERICK M.: Die menschliche Freiheit und das Selbst. In: POTHAST, ULRICH (HRSG.), *Seminar: Freies Handeln und Determinismus*, Frankfurt: Suhrkamp 1978, S. 71–87. A 347

- On the observability of the self. *Philosophy and Phenomenological Research* 1969, Band 30, S. 7–21. A 308
- Agents, causes, and events: the problem of free will. In: O'CONNOR, TIMOTHY (HRSG.), *Agents, Causes, and Events: Essays on Indeterminism and Free Will*. New York: Oxford University Press 1995, S. 95–100. A 353

CLARKE, RANDOLPH: Toward a credible agent-casual account of free will. In: O'CONNOR, TIMOTHY (HRSG.), *Agents, Causes, and Events: Essays on Indeterminism and Free Will*. New York: Oxford University Press 1995, S. 201–215. A 347, 353
- *Libertarian Accounts of Free Will*. Oxford: Oxford University Press 2003. A 333

COLBY, ANN / KOHLBERG, LAWRENCE: Das moralische Urteil: Der kognitionszentrierte entwicklungspsychologische Ansatz. In: STEINER, GERHARD (HRSG.), *Piaget und die Folgen: Entwicklungspsychologie, Denkpsychologie, Genetische Psychologie* (Die Psychologie des 20. Jahrhunderts, Band VII), Zürich: Kindler 1978, S. 348–366. A 152

CRONE, KATJA / SCHNEPF, ROBERT / STOLZENBERG, JÜRGEN (HRSG.): *Über die Seele*. Frankfurt: Suhrkamp 2010. A 1

DAINTON, BARRY: The self and the phenomenal. *Ratio (New Series)* 2004, Band 17, S. 365–389. A 107
- Consciousness as a guide to personal persistence. *The Australasian Journal of Philosophy* 2005, Band 83(4), S. 549–571. A 107
- *The Phenomenal Self*. Oxford: Oxford University Press 2008. A 107

DEPAUL, MICHAEL R. / RAMSEY, WILLIAM (HRSG.): *Rethinking Intuition: The Psychology of Intuition and Its Role in Philosophical Inquiry*. Lanham (Maryland, U.S.A.): Rowman & Littlefield 1998. A 108

DIX, ARTHUR (HRSG.): *Der Egoismus*. Leipzig: Freund & Wittig 1899. A 256

DIETZ, KARL-MARTIN: Die moralische Intuition – Utopie oder Herausforderung? In: DIETZ, KARL-MARTIN (HRSG.), *Rudolf Steiners «Philosophie der Freiheit» – Eine Menschenkunde des höheren Selbst*, Stuttgart: Edition Hardenberg im Freies Geistesleben 1994, S. 69–102. A 146, 175, 188, 223
- Der freie Geist – Individualität und Gemeinschaft in Rudolf Steiners «Philosophie der Freiheit». *Beihefte zu Die Drei* 1994 (Stuttgart: Freies Geistesleben), Band 7, S. 39–75. A 170, 194

– *Wenn Herzen beginnen, Gedanken zu haben.* Stuttgart: Freies Geistesleben 2005 (2. veränderte und erweiterte Auflage). A 144

– Herausforderungen der Individualität – Zum Verständnis von Individualität im Werk Rudolf Steiners. In: DENGER, JOHANNES (HRSG.), *Individualität und Eingriff,* Stuttgart: Freies Geistesleben 2005, S. 79–107. A 194, 247

– *Produktivität und Empfänglichkeit: Das unbeachtete Arbeitsprinzip des Geisteslebens.* Heidelberg: Menon 2008. A 12, 298

DÖRING, SABINE A.: Gefühl und Vernunft. *Spektrum der Wissenschaft,* Mai 2011, S. 64–67. A 83

DÖRING, SABINE A. (HRSG.): *Philosophie der Gefühle.* Frankfurt: Suhrkamp 2009. A 83

EGGENBERGER, DANIEL: *Grundlagen und Aspekte einer pädagogischen Intuitionstheorie.* Die Bedeutung der Intuition für das Ausüben pädagogischer Tätigkeit. Bern: Lang 1998. A 147

ESFELD, MICHAEL: Kausalität. In: BARTELS, ANDREAS / STÖCKLER, MANFRED (HRSG.), *Wissenschaftstheorie: Ein Studienbuch,* Paderborn: mentis 2009 (2. Auflage), S. 89–107. A 327

– Das Wesen der Natur. *Spektrum der Wissenschaft* 2011, Juni, S. 54–58. A 327

EWERTOWSKI, JÖRG: *Die Entdeckung der Bewusstseinsseele. Wegmarken des Geistes.* Stuttgart: Freies Geistesleben 2007. A 365, 368

EWERTOWSKI, RUTH: *Revolution im Ich: Einweihung als Wiedergeburt.* Stuttgart: Freies Geistesleben 2010. A 317

FINE, CORDELIA: Das unmoralische Gehirn. In: SENTKER, ANDREAS / WIGGER, FRANK (HRSG.): *Rätsel Ich: Gehirn, Gefühl, Bewusstsein,* Heidelberg: Spektrum Akademischer Verlag 2007, S. 129–147. A 2

FISCHER, JOACHIM: *Philosophische Anthropologie – Eine Denkrichtung des 20. Jahrhunderts.* Freiburg: Alber 2008. A 7

FÖRSTER, ECKART: Die Wissenschaftlichkeit der Anthroposophie: Anmerkungen zu Rudolf Steiners «Bologna-Vortrag». *Die Drei* 2011, Band 81(6), S. 27–38. A 266

FRANK, MANFRED: *Selbstbewusstsein und Selbsterkenntnis: Essays zur analytischen Theorie der Subjektivität.* Stuttgart: Reclam 1991. A 300

FRANKFURT, HARRY: Autonomie, Nötigung und Liebe. In: FRANKFURT, HARRY G., *Freiheit und Selbstbestimmung,* Berlin: Akademie Verlag 2001, S. 166–183. A 180

– Willensfreiheit und der Begriff der Person. In: FRANKFURT, HARRY G., *Freiheit und Selbstbestimmung*, Berlin: 2001, S. 65–83. A 308

GADAMER, HANS-GEORG / VOGLER, PAUL (HRSG.): *Philosophische Anthropologie. Erster und Zweiter Teil* (GADAMER, HANS-GEORG / VOGLER, PAUL, *Neue Anthropologie*, Band 6 und 7). Stuttgart: Thieme 1975. A 7

GALLAGHER, SHAUN (HRSG.): *The Oxford Handbook of the Self.* Oxford: Oxford University Press 2011. A 304

GEHLEN, ARNOLD: *Der Mensch – Seine Natur und seine Stellung in der Welt.* Wiebelsheim: Aula 2009 (15. Auflage). A 7

GIGERENZER, GERD: *Bauchentscheidungen. Die Intelligenz des Unbewussten und die Macht der Intuition.* München: Goldmann 2008 (2. Auflage). A 8, 108, 147

GOODWIN, GEOFFREY P. / DARLEY, JOHN M.: The perceived objectivity of ethical beliefs: psychological findings and implications for public policy. *Review of Philosophy and Psychology* 2010, Band 1, S. 161–188. A 147

GUERRANIC, MAURICE LE: *Die 7 begrifflichen Stufen: «Die Philosophie der Freiheit» Rudolf Steiners.* Basel: Triskel 2010. A 123

– *Wissenschaft und Wirklichkeit der Freiheit: Eine Zusammenfassung «Die Philosophie der Freiheit» von Rudolf Steiner.* Basel: Triskel 2010. A 123

GUTLAND, GERHARD: Das Ich und seine Wirklichkeit: Gesichtspunkte zu Ideenentwicklungen im 20. Jahrhundert und deren Vorgeschichte. In: HEISTERKAMP, JENS (HRSG.), *Geist und Gehirn: Beiträge zu einem monistischen Verständnis*, Frankfurt: Info3-Verlag, 2001 (2. Auflage), S. 41–83. A 206

HART, JAMES G.: *Who one is*, 2 Bände, Springer Netherlands 2009. A 308

HARTMANN, EDUARD VON: *Phänomenologie des sittlichen Bewusstseins.* Berlin: Carl Duncker 1879. Neuausgabe der dritten Auflage von 1922 (Berlin: Wegweiser), herausgegeben von Jean-Claude Wolf, Göttingen: Vandenhoeck & Ruprecht (V&R unipress) 2009. A 88

HARTMANN, NICOLAI: *Philosophie der Natur. Abriss der speziellen Kategorienlehre.* Berlin: de Gruyter 1950. A 7

– *Der Aufbau der realen Welt. Grundriss der allgemeinen Kategorienlehre.* Berlin: de Gruyter 1964 (3. Auflage). A 7

HARTMANN, STEFFEN: Wesen und Erscheinung. Zugleich ein Versuch, Mensch und Engel zu denken. Teil I: Wesenserkenntnis, Teil II: Icherkenntnis, Teil III: Engelerkenntnis. *Die Drei* 2005, Band 75(2/3/4), S. 15–24 / 15–24 / 11–21. A 121

– Das freie menschliche Handeln und die göttliche Trinität. *Der Europäer* 2010, Band 14(9/10), S. 47–51. A 312

– Tonerleben und Meditation: Ein Versuch zum Wesen des einzelnen Tones. *Die Drei* 2010, Band 80(1), S. 15–26. A 73

HARWOOD, ROBIN: *The Survival of the Self.* Aldershot: Ashgate 1998. A 15, 308

HEGGE, HJALMAR: *Freiheit, Individualität und Gesellschaft. Eine philosophische Studie zur menschlichen Existenz.* Stuttgart: Freies Geistesleben 1992. A 170

HELD, KLAUS: *Lebendige Gegenwart: Die Frage nach der Seinsweise des transzendentalen Ich bei Edmund Husserl, entwickelt am Leitfaden der Zeitproblematik.* Den Haag: Nijhoff 1966. A 308

HENRICH, DIETER: Selbstbewusstsein: Kritische Einleitung in eine Theorie. In: BUBNER, RÜDIGER / CRAMER, KONRAD / WIEHL, REINER (HRSG.), *Hermeneutik und Dialektik: Aufsätze, Band I: Methode und Wissenschaft, Lebenswelt und Geschichte* (Festschrift für Hans-Georg Gadamer), Tübingen: Mohr 1970, S. 257–284. A 300

HEUSSER, PETER: Intuition: Die innere Basis von Wissenschaft und Ethik. Anthroposophische und konventionelle Medizin. In: AUSFELD-HAFTER, BRIGITTE (HRSG.), *Intuition in der Medizin: Grundfragen zur Erkenntnisgewinnung,* Bern: Lang 1999, S. 77–96. A 8, 108, 147

– *Anthroposophische Medizin als Wissenschaft. Beiträge zu einer integrativen medizinischen Anthropologie.* Stuttgart: Schattauer 2011. A 5, 7, 287

HOFFMANN, DAVID / KUGLER, WALTER / TRAPP, ULLA: *Rudolf Steiners Dissertation.* Dornach: Rudolf Steiner Verlag 1991 (Rudolf Steiner Studien, Band V). A 255

JACK, ANTHONY I. / ROEPSTORFF, ANDREAS: Introspection and cognitive brain mapping: from stimulus-response to script-report. *TRENDS in Cognitive Sciences* 2002, Band 6(8), S. 333–339. A 14

JAENSCH, WILFRIED: *Was ist die wahre Natur des Ich?* Dornach: Verlag am Goetheanum 2010. A 1

JOHST, VOLKER: Die Willensfreiheit ist keine Illusion. Anmerkungen eines Verhaltensbiologen zur aktuellen Freiheitsdiskussion. *Naturwissenschaftliche Rundschau* 2007, Band 60. Teil 1 in Heft 6, S. 297–302, Teil 2 in Heft 7, S. 349–356. A 7

JONAS, HANS: *Macht oder Ohnmacht der Subjektivität. Das Leib-Seele-Problem im Vorfeld des Prinzips Verantwortung.* Frankfurt: Insel 1981. A 14

– *Das Prinzip Leben.* Frankfurt: Suhrkamp 1994. A 7, 344

KANE, ROBERT: *The Significance of Free Will.* New York: Oxford University Press 1998. A 333

KANE, ROBERT (HRSG.): *The Oxford Handbook of Free Will.* New York: Oxford University Press 2002. A 340

KEIL, GEERT: *Handeln und Verursachen.* Frankfurt: Klostermann 2000. A 327, 332, 335, 345, 353

– How the *ceteribus paribus* laws of physics lie. In: FAYE, JAN / NEEDHAM, PAUL / SCHEFFLER, UWE / URCHS, MAX (HRSG.), *Nature's Principles*, Dordrecht: Springer 2005, S. 167–200. A 332

– *Willensfreiheit.* Berlin: de Gruyter 2007. A 149, 168, 327, 335, 338–340, 353, 355, 356

– *Willensfreiheit und Determinismus.* Stuttgart: Reclam 2009. A 168, 321, 327, 328, 338, 340, 342, 344, 350, 356, 357

KELLER, MONIKA: Moralentwicklung und moralische Sozialisation. In: HORSTER, DETLEF / OELKERS, JÜRGEN (HRSG.), *Pädagogik und Ethik*, Wiesbaden: Verlag für Sozialwissenschaften 2005, S. 149–172. A 152

KERN, ISO: Selbstbewusstsein und Ich bei Husserl. In: FUNKE, GERHARD (HRSG.), *Husserl-Symposium Mainz 27.6./4.7.1988*, Akademie der Wissenschaften und der Literatur, Abhandlungen der Geistes- und Sozialwissenschaftlichen Klasse, Mainz, Jahrgang 1989, Nr. 3, S. 51–63. A 308

KIENZLE, BERTRAM / PAPE, HELMUT (HRSG.): *Dimensionen des Selbst: Selbstbewusstsein, Reflexivität und die Bedingungen von Kommunikation.* Frankfurt: Suhrkamp 1991. A 1

KLINGLER, WOLFGANG: *Gestalt der Freiheit: Das Menschenbild Rudolf Steiners.* Stuttgart: Urachhaus 1989. A 278

KLÜNKER, WOLF-ULRICH: Wer bleibt? Die Grenze der Ich-Erfahrung. In: DENGER, JOHANNES (HRSG.), *Individualität und Eingriff*, Stuttgart: Freies Geistesleben 2005, S. 108–126. A 194

– *Anthroposophie als Ich-Berührung.* Dornach: Verlag am Goetheanum 2010. A 1

KOBUSCH, THEO: *Die Entdeckung der Person: Metaphysik der Freiheit und modernes Menschenbild.* Darmstadt: Wissenschaftliche Buchgesellschaft 1997 (2. Auflage). A 303, 308

KOHLBERG, LAWRENCE: *Die Psychologie der Moralentwicklung.* Frankfurt: Suhrkamp 1995. A 152

KOLAK, DANIEL: *I Am You: The Metaphysical Foundations for Global Ethics.* Dordrecht: Springer 2004. A 164

KORSGAARD, CRISTINE M.: Personale Identität und die Einheit des Handelns: eine kantische Antwort auf Parfit. In: QUANTE, MICHAEL (HRSG.), *Personale Identität,* Paderborn: Schöningh 1999, S. 195–237. A 308

KRACHT, THOMAS (HRSG.): *Erfahrung des Denkens.* (Zum Studium der «Philosophie der Freiheit», Band 1). Stuttgart: Edition Hardenberg im Verlag Freies Geistesleben 1996. A 10

– *Erkennen und Wirklichkeit* (Zum Studium der «Philosophie der Freiheit», Band 2). Stuttgart: Edition Hardenberg im Verlag Freies Geistesleben 2001. A 10

– Philosophieren der Freiheit. In: DIETZ, KARL-MARTIN (HRSG.), *Rudolf Steiners «Philosophie der Freiheit» – Eine Menschenkunde des höheren Selbst,* Stuttgart: Edition Hardenberg im Verlag Freies Geistesleben 1994, S. 160–196. A 123, 252

KRANICH, MICHAEL: *Der innere Mensch und sein Leib: Eine Anthropologie.* Stuttgart: Freies Geistesleben 2003. A 74

– Die personale Wahrnehmung des anderen Menschen. In: BASFELD, MARTIN / KRACHT, THOMAS (HRSG): *Subjekt und Wahrnehmung: Beiträge zu einer Anthropologie der Sinneserfahrung,* Basel: Schwabe 2002, S. 85–101. A 215

KUHLMANN, WOLFGANG: *Reflexive Letztbegründung. Untersuchungen zur Transzendentalpragmatik.* Freiburg: Alber 1985. A 322

LABHART, ALEXIS: Intuition in der Wissenschaft. In: LOACKER, NORBERT (HRSG.), *Philosophie, Wissenschaft und Technik* (Kindlers Enzyklopädie «Der Mensch», Band VII), Zürich: Kindler 1984. A 8

LEWIS, HYWEL D.: *The Self and Immortality.* London: Macmillan 1973. A 308

LINDEMANN, GESA: Beobachtung und Hirnforschung. *Deutsche Zeit-*

schrift für Philosophie 2005 (Sonderband 15: Hirn als Subjekt), Band 53(5), S. 761–781. A 303

LINDENBERG, CHRISTOPH: Wissen, worum es geht – oder: Die «Philosophie der Freiheit» als philosophische Anthropologie gelesen. In: DIETZ, KARL-MARTIN (HRSG.), *Rudolf Steiners «Philosophie der Freiheit» – Eine Menschenkunde des höheren Selbst*, Stuttgart: Edition Hardenberg im Verlag Freies Geistesleben 1994, S. 14–41. A 5

MARCEL, ANTHONY J.: Introspective report: trust, self-knowledge and science. In: JACK, ANTHONY / ROEPSTORFF, ANDREAS, *Trusting the Subject? The Use of Introspective Evidence in Cognitive Science*, Volume 1, Exeter: Imprint Academic 2003, S. 167–186 = *Journal of Consciousness Studies* 2003, Band 10(9-10), S. 167–186. A 14

MARTIN, RAYMOND / BARRESI, JOHN: *The Rise and Fall of Soul and Self: An Intellectual History of Personal Identity*. New York: Columbia University Press 2006. A 303

MEIXNER, UWE: Die Ersetzung der Substanzontologie durch die Ereignisontologie und deren Folgen für das Selbstverständnis des Menschen. In: HÜNTELMANN, RAFAEL (HRSG.), *Wirklichkeit und Sinnerfahrung – Grundfragen der Philosophie im 20. Jahrhundert*, Dettelbach: Röll 1998, S. 86–103. A 347

– Kausalität der Ereignisse oder Kausalität der Personen. *Metaphysica* 1999, Band 0, S. 105–120. A 347

– Agens- und Ereigniskausalität. In: MEIXNER, UWE, *Theorie der Kausalität: Ein Leitfaden zum Kausalbegriff in zwei* Teilen, Paderborn: mentis 2001, S. 320–363. A 347, 353

– Classical intentionality. *Erkenntnis* 2006, Band 65, S. 25–45. A 106

– Die Seele als natürliche Instanz der Freiheit. In: CRONE, KATJA / SCHNEPF, ROBERT / STOLZENBERG, JÜRGEN (HRSG.), *Über die Seele*, Frankfurt: Suhrkamp 2010, S. 371–389. A 347

MEIXNER, UWE / NEWEN, ALBERT (HRSG.): *Seele, Denken, Bewusstsein: Zur Geschichte der Philosophie des Geistes*. Berlin: de Gruyter 2003. A 1

MERHOLZ, CHRISTOPH: *Die Philosophie des Ich: Christentum heute*. Dornach: Ich-Verlag. A 1, 215

MEYER, THOMAS (HRSG.), *Walter Johannes Stein / Rudolf Steiner: Dokumentation eines wegweisenden Zusammenwirkens*. Dornach: Verlag am Goetheanum 1985. A 121

MORATSCHKE, CHRISTINA: *Evolution und Freiheit: Die Vergeistigung der Evolutionstheorie durch den ethischen Individualismus Rudolf Steiners*. Reinach: Johannes Kreyenbühl Akademie 1999. A 123

MUSCHALLE, MICHAEL: *Beobachtung des Denkens bei Rudolf Steiner* (Studien zur Anthroposophie, Band 1). Norderstedt: Books on Demand 2007. A 1

– Über den Zusammenhang von Freiheitsfrage und Erkenntnisfrage. In: MUSCHALLE, MICHAEL, *Studien zur Erkenntnistheorie und Freiheitsphilosophie Rudolf Steiners* (Studien zur Anthroposophie, Band 2). Norderstedt: Books on Demand 2007, S. 12–98. A 121

– Versuch eines Verständnisansatzes zum intuitiven Denken. In: MUSCHALLE, MICHAEL, *Studien zur Erkenntnistheorie und Freiheitsphilosophie Rudolf Steiners* (Studien zur Anthroposophie, Band 2). Norderstedt: Books on Demand 2007, S. 26–41. A 122

NESCHKE, ADA / SEPP, HANS RAINER (HRSG.): *Philosophische Anthropologie – Ursprünge und Aufgaben.*. Nordhausen: Traugott Bautz 2008 (Philosophische Anthropologie: Themen und Positionen, Band 1). A 7

NOONAN, HAROLD W.: *Personal Identity*. London: Routledge 2003 (2. Auflage). A 303

O'CONNOR, TIMOTHY (HRSG.): *Agents, Causes, and Events: Essays on Indeterminism and Free Will*. New York: Oxford University Press 1995. A 340

– *Persons & Causes: The Metaphysics of Free Will*. New York: Oxford University Press 2000. A 333

OLDEMEYER, ERNST: Zur erkenntnistheoretischen Einschätzung der Intuition. In: OLDEMEYER, ERNST, *Zur Phänomenologie des Bewusstseins*, Würzburg: Königshausen & Neumann 2005, S. 241–257. A 147

PERRY, JOHN (HRSG.): *Personal Identity*. Berkeley: University of California Press 2008 (2. Auflage). A 303

PERVIN, LAWRENCE A. / CERVONE, DANIEL / JOHN, OLIVER P.: *Persönlichkeitstheorien*, München: Reinhardt 2005 (5. Auflage). A 304

PIETREK, THORSTEN: Personen sind als Instanz eines Allgemeinen frei. Zur Metaphysik des Libertarischen Kompatibilismus. In: BUCHMANN, THOMAS / PIETREK, TORSTEN (HRSG.), *Freiheit auf Basis von Natur?* Paderborn: Mentis 2007, S. 33–47. A 313

PLESSNER, HELMUTH: *Die Stufen des Organischen und der Mensch.*

Einleitung in die philosophische Anthropologie. Berlin: de Gruyter 1975 (3. Auflage). A 7

PÖLTNER, GÜNTHER: »Homo quodammodo totum ens«: Überlegungen zum Methodenproblem einer Anthropologie. In: NIEDERBACHER, BRUNO / RUNGGALDIER, EDMUND (HRSG.), *Was sind menschliche Personen? Ein akttheoretischer Zugang*, Heusenstamm/Frankfurt: Ontos 2008, S. 37–54. A 195

POTHAST, ULRICH, *Die Unzulänglichkeit der Freiheitsbeweise.* Zu einigen Lehrstücken aus der neueren Geschichte von Philosophie und Recht. Frankfurt: Suhrkamp 1987. A 340

POTHAST, ULRICH (HRSG.), *Seminar: Freies Handeln und Determinismus.* Frankfurt: Suhrkamp 1978. A 340

PROKOFIEFF, SERGEJ O.: *Das Rätsel des menschlichen Ich.* Dornach: Verlag am Goetheanum 2010. A 1

QUANTE, MICHAEL: Mentale Verursachung: Die Krisis des nicht-reduktiven Physikalismus. *Zeitschrift für philosophische Forschung* 1993, Band 47(4), S. 615–629. A 352

– Philosophische Freiheiten Eine systematische Landkarte zur Einleitung. In: MISCHER, SIBILLE / QUANTE, MICHAEL / SUHM, CHRISTIAN (HRSG.), *Auf Freigang: Metaphysische und ethische Annäherungen an die menschliche Freiheit*, Münster: LIT 2003, S. 11–37. A 327

– Menschliche Persistenz. In: STURMA, DIETER (HRSG.): *Person: Philosophiegeschichte, Theoretische Philosophie, Praktische Philosophie.* Paderborn: Mentis 2001, S. 223–257. A 309

– *Person.* Berlin: de Gruyter 2007. A 303, 306, 309, 346

QUANTE, MICHAEL (HRSG.): *Personale Identität.* Paderborn: Schöningh 1999. A 303

QUITTERER, JOSEF: Das menschliche Lebewesen als Einheit in der Zeit II (Selbst). In: HONNEFELDER, LUDGER / SCHMIDT, MATTHIAS C. (HRSG.), *Naturalismus als Paradigma: Wie weit reicht die naturwissenschaftliche Erklärung des Menschen?*, Berlin: Berlin University Press 2007, S. 119–137. A 308

RAGER, GÜNTER: Bewusstsein und Person in Wissenschaft und Lebenswelt. In: RAGER, GÜNTER / HOLDEREGGER, ADRIAN (HRSG.): *Bewusstsein und Person. Neurobiologie, Philosophie und Theologie im Gespräch.* Freiburg: Universitätsverlag 2000, S. 9–26. – Abgedruckt in: RAGER, GÜNTER, *Die Person: Wege zu ihrem*

Verständnis, Freiburg: Academic Press Fribourg 2006, S. 83–100. A 71, 86

– Hirnforschung und die Frage nach dem Ich. In: RAGER, GÜNTER (HRSG.): *Ich und mein Gehirn – Persönliches Erleben, verantwortliches Handeln und objektive Wissenschaft*, Freiburg: Alber 2000, S. 13–51. – Abgedruckt in: RAGER, GÜNTER, *Die Person: Wege zu ihrem Verständnis*, Freiburg: Academic Press Fribourg 2006, S. 101–124. A 15, 337

– Neuronale Korrelate von Bewusstsein und Selbst. In GÜNTER RAGER / JOSEF QUITTERER / EDMUND RUNGGALDIER (HRSG.), *Unser Selbst: Identität im Wandel der neuronalen Prozesse*, Paderborn: Schöningh 2002. – Abgedruckt in: RAGER, GÜNTER, *Die Person: Wege zu ihrem Verständnis*, Freiburg: Academic Press Fribourg 2006, S. 125–163. A 71, 86, 337

RANG, BERNHARD: Die Wahrnehmung des fremden Ich nach der Theorie Max Schelers. In: BASFELD, MARTIN / KRACHT, THOMAS (HRSG): *Subjekt und Wahrnehmung: Beiträge zu einer Anthropologie der Sinneserfahrung*, Basel: Schwabe 2002, S. 71–83. A 215

RAPP, DIETRICH: Von der Intuition zur Erfahrung. Denkbeobachtungen und ihr innerer Zusammenhang. In: DIETZ, KARL-MARTIN (HRSG.), *Rudolf Steiners «Philosophie der Freiheit» – Eine Menschenkunde des höheren Selbst*, Stuttgart: Edition Hardenberg im Verlag Freies Geistesleben 1994, S. 223–257. A 121, 194

RAVAGLI, LORENZO: *Meditationsphilosophie*. Schaffhausen: Novalis 1993. A 123, 194, 252, 287

– *Das Evangelium der Bewusstseinsseele*. München: Trithemius 1995. A 223

– Moralische Phantasie, moralische Technik, moralische Intuition – Fragen an den ethischen Individualismus. In: RAVAGLI, LORENZO / RÖSCHERT, GÜNTER, *Kontinuität und Wandel*, Stuttgart: Freies Geistesleben 2003, S. 126–167. A 170, 175, 194

RAVAGLI , LORENZO / RÖSCHERT, GÜNTER: *Kontinuität und Wandel. Zur Geschichte der Anthroposophie im Werk Rudolf Steiners.* Stuttgart: Freies Geistesleben 2003. A 258

ROHS, PETER: Libertarianische Freiheit. In: MISCHER, SIBILLE / QUANTE, MICHAEL / SUHM, CHRISTIAN (HRSG.), *Auf Freigang: Metaphysische und ethische Annäherungen an die menschliche Freiheit*, Münster: LIT 2003, S. 39–60. A 347

RÖSCHERT, GÜNTER: Situationsethik und moralische Phantasie. In: DIETZ, KARL-MARTIN (HRSG.), *Rudolf Steiners «Philosophie der Freiheit» – Eine Menschenkunde des höheren Selbst*, Stuttgart: Edition Hardenberg im Verlag Freies Geistesleben 1994, S. 103–159. A 175

ROTH, GERHARD: Worüber dürfen Hirnforscher reden – und in welcher Weise? In: GEYER, CHRISTIAN (HRSG.), *Hirnforschung und Willensfreiheit. Zur Deutung der neuesten Experimente*, Frankfurt: Suhrkamp 2004, S. 66–85. A 336

RUNGGALDIER, EDMUND: Personen und diachrone Identität. *Conceptus*, Band 26, 1992/93, Nr. 68/69, S. 107–123. A 15
– *Was sind Handlungen? Eine philosophische Auseinandersetzung mit dem Naturalismus*. Stuttgart: Kohlhammer 1996. A 330, 347
– Die Fortdauer (Identität) des Ich durch die Zeit. In: RAGER, GÜNTER (HRSG.): *Ich und mein Gehirn – Persönliches Erleben, verantwortliches Handeln und objektive Wissenschaft*, Freiburg: Alber 2000, S. 161–200. A 15, 308
– Das menschliche Lebewesen als Einheit in der Zeit (continuant). In: HONNEFELDER, LUDGER / SCHMIDT, MATTHIAS C. (HRSG.), *Naturalismus als Paradigma: Wie weit reicht die naturwissenschaftliche Erklärung des Menschen?*, Berlin: Berlin University Press 2007, S. 87–104. A 308

SCHELER, MAX: *Die Stellung des Menschen im Kosmos*. Bonn: Bouvier 1991 (12. Auflage). A 7

SCHELLING, FRIEDRICH W. J.: «Philosophische Briefe über Dogmatismus und Kriticismus» (1796), In: *Philosophische Schriften*, Erster Band, Landshut: Krüll 1809. A 248

SCHIEREN, JOST (HRSG.): *Rationalität und Intuition in philosophischer und pädagogischer Perspektive*. Bern: Lang 2008. A 147

SCHMIDT, ROBIN: *Rudolf Steiner und die Anfänge der Theosophie*. Dornach: Rudolf Steiner Verlag 2010. A 252

SCHNEIDER, PETER: *Einführung in die Waldorfpädagogik*. Stuttgart: Klett-Cotta 1985, 2. Auflage. A 5, 121, 194, 287, 312, 329

SCHWARTZ, SETH J. / LUYCKX, KOEN / VIGNOLES, VIVIAN L. (HRSG.): *Handbook of Identity Theory and Research*. New York: Springer 2011. A 304

SELG, PETER: Die geistige Dimension des Menschen? Zur Entwicklung der medizinischen Anthropologie im 20. Jahrhundert. In:

HEUSSER, PETER / SELG, PETER: *Das Leib-Seele-Problem. Zur Entwicklung eines geistgemäßen Menschenbildes in der Medizin des 20. Jahrhunderts.* Arlesheim: Verlag des Ita Wegman-Institutes 2011, S. 35–113. A 7

SEIGEL, JERROLD: *The Idea of the Self: Thought and Experience in Western Europe since the Seventeenth Century.* Cambridge: Cambridge University Press 2005. A 303

SIDERITS, MARK / THOMPSON, EVAN / ZAHAVI, DAN (HRSG.): *Self, No Self? Perspectives from Analytical, Phenomenological, & Indian Traditions.* New York: Oxford 2011. A 303

SIEP, LUDWIG (HRSG.): *Identität der Person. Aufsätze aus der nordamerikanischen Gegenwartsphilosophie.* Basel: Schwabe 1983. A 303

SINGER, WOLF: Verschaltungen legen uns fest: Wir sollten aufhören, von Freiheit zu sprechen. In: GEYER, CHRISTIAN (HRSG.), *Hirnforschung und Willensfreiheit. Zur Deutung der neuesten Experimente*, Frankfurt: Suhrkamp 2004, S. 30–65. A 336

SMYTHE, THOMAS W. / EVANS, THOMAS G.: Intuition as a basic source of moral knowledge. *Philosophia* 2007, Band 35, S. 233–247. A 147

SORABJI, RICHARD: *Self: Ancient and Modern Insights about Individuality, Life and Death.* Chicago: University of Chicago Press 2006. A 303

SPAEMANN, ROBERT: Person und Wiedergeburt. In: SCHWEIDLER, WALTER (HRSG.), *Wiedergeburt und kulturelles Erbe*, Sankt Augustin: Academia Verlag 2001, S. 243–250. A 308

STEINER, RUDOLF: *Briefe, Band I: 1881–1890.* Dornach: Rudolf Steiner Verlag 1985 (GA 38, 3. Auflage). A 249

– Über Fichtes «Wissenschaftslehre». In: *Beiträge zur Rudolf Steiner Gesamtausgabe*, Nr. 30, Dornach: Rudolf Steiner Verlag 1970, S. 26–34. S. 139–141. A 250

– *Grundlinien einer Erkenntnistheorie der Goetheschen Weltanschauung* (1886/1924). Dornach: Rudolf Steiner Verlag 2003 (GA 2, 8. Auflage). A 114

– *Wahrheit und Wissenschaft* (1891). Dornach: Rudolf Steiner Verlag 1980 (GA 3, 5. Auflage). S. 141–144. A 253–255, 291

– *Die Philosophie der Freiheit* (1894). Herausgegeben von Kurt Franz David. Dornach: Verlag am Goetheanum 1983. A 9

– *Die Philosophie der Freiheit* (1918). Dornach: Rudolf Steiner Verlag 1995 (GA 4, 16. Auflage). A 1, 3–5, 9, 10, 16–21, 23–35, 40, 42–63, 67–70, 72, 75–79, 81, 82, 84, 87–102, 104, 105, 108–120, 122–140, 142, 143, 145, 146, 148–152, 154–159, 161–163, 165–167, 169, 171–174, 176, 178, 179, 181–183, 186, 188–192, 194, 196, 198–214, 216–222, 224–241, 245, 246, 251, 253, 259, 292, Kap. A.2

– Der Individualismus in der Philosophie (1899). In: STEINER, RUDOLF, *Methodische Grundlagen der Anthroposophie*, Dornach: Rudolf Steiner Verlag 1989 (GA 30, 3. Auflage), S. 99–152. – Separatdruck: *Das integrale Ich* (1899), Dornach: Rudolf Steiner Verlag 2009. S. 144–146. A 256, 257

– *Die Mystik im Aufgange des neuzeitlichen Geisteslebens und ihr Verhältnis zur modernen Weltanschauung* (1901/1924). Dornach: Rudolf Steiner Verlag 1987 (GA 7, 6. Auflage). S. 148–151. A 260–265

– Mathematik und Okkultismus (1904). In: STEINER, RUDOLF, *Philosophie und Anthroposophie. Gesammelte Aufsätze 1904–1923*, Dornach: Rudolf Steiner Verlag 1987 (GA 35, 2. Auflage), S. 7–18. A 247

– *Wie erlangt man Erkenntnisse der höheren Welten?* (1904/1918), Dornach: Rudolf Steiner Verlag 1993 (GA 10, 24. Auflage). A 133

– *Theosophie: Einführung in übersinnliche Welterkenntnis und Menschenbestimmung* (1904/1922). Dornach: Rudolf Steiner Verlag 2003 (GA 9, 32. Auflage). A 242, 289, Kap. A.1, Kap. A.2

– *Aus der Akasha-Chronik* (1904–1908). Dornach: Rudolf Steiner Verlag 1986 (GA 11, 6. Auflage). Kap. A.1

– Von der Aura des Menschen (1904). In: STEINER, RUDOLF, *Lucifer-Gnosis – Grundlegende Aufsätze zur Anthroposophie 1903–1908*, Dornach: Rudolf Steiner Verlag 1987 (GA 34, 2. Auflage), S. 110–137. Kap. A.1

– Die menschliche Wesenheit. Vortrag vom 13. Oktober 1904. In: STEINER, RUDOLF, *Ursprung und Ziel des Menschen*, Dornach: Rudolf Steiner Verlag 1981 (GA 53, 2. Auflage), S. 43–63. Kap. A.2

– Ursprung und Ziel des Menschen. Vortrag vom 9. Februar 1905. In: STEINER, RUDOLF, *Ursprung und Ziel des Menschen*, Dornach: Rudolf Steiner Verlag 1981 (GA 53, 2. Auflage), S. 204–226. A 160, 229, 366, 367, Kap. A.2

– Die Stufen der höheren Erkenntnis (1905). In: STEINER, RUDOLF,

Die Stufen der höheren Erkenntnis, Dornach: Rudolf Steiner Verlag 1993 (GA 12, 7. Auflage), S. 15–35. A 293

- Die Theosophie anhand des Johannes-Evangeliums (1906). In: STEINER, RUDOLF, *Kosmogonie*, Dornach: Rudolf Steiner Verlag 2001 (GA 94, 2. Auflage), S. 225–300. Kap. A.2

- Die Erziehung des Kindes vom Gesichtspunkte der Geisteswissenschaft (1907). In: STEINER, RUDOLF, *Lucifer-Gnosis – Grundlegende Aufsätze zur Anthroposophie 1903–1908*, Dornach: Rudolf Steiner Verlag 1987 (GA 34, 2. Auflage), S. 309–346. A 360, 377, Kap. A.1

- Das Johannes-Evangelium (1907). In: STEINER, RUDOLF, *Menschheitsentwicklung und Christus-Erkenntnis*, Dornach: Rudolf Steiner Verlag 2006 (GA 100, 3. Auflage), S. 207–281. Kap. A.2

- Der viergliedrige Erdenmensch (1907). In: STEINER, RUDOLF, *Aus der Akasha-Chronik*, Dornach: Rudolf Steiner Verlag 1986 (GA 11, 6. Auflage), S. 213–232. Kap. A.1

- *Philosophie und Theosophie* (1908). Berlin: Philosophisch-Theosophischer Verlag 1908. A 283

- *Das Hereinwirken geistiger Wesenheiten in den Menschen* (1908). Dornach: Rudolf Steiner Verlag 2001 (GA 102, 4. Auflage). Kap. A.2

- Das Mysterium von Golgatha. Vortrag vom 26. Mai 1908. In: STEINER, RUDOLF, *Das Johannes-Evangelium*, Dornach: Rudolf Steiner Verlag 1981 (GA 103, 10. Auflage), S. 121–135. A 369

- *Geisteswissenschaftliche Menschenkunde* (1908/1909). Dornach: Rudolf Steiner Verlag 1988 (GA 107, 5. Auflage). A 244, 297, 316

- Die Mission der Wahrheit. Vortrag vom 22. Oktober 1909. In: STEINER, RUDOLF, *Metamorphosen des Seelenlebens – Pfade der Seelenerlebnisse, Erster Teil*, Dornach: Rudolf Steiner Verlag 1984 (GA 58, 1. Auflage), S. 77–116. A 370, 372

- Die Mission der Andacht. Vortrag vom 28. Oktober 1909. In: STEINER, RUDOLF, *Metamorphosen des Seelenlebens – Pfade der Seelenerlebnisse, Erster Teil*, Dornach: Rudolf Steiner Verlag 1984 (GA 58, 1. Auflage), S. 117–142. A 373

- Die Mission des Zornes. Vortrag vom 5. Dezember 1909. In: STEINER, RUDOLF, *Metamorphosen des Seelenlebens – Pfade der Seelenerlebnisse, Erster Teil*, Dornach: Rudolf Steiner Verlag 1984 (GA 58, 1. Auflage), S. 44–76. Kap. A.2

- *Anthroposophie, Psychosophie, Pneumatosophie* (1909/1911). Dornach: Rudolf Steiner Verlag 2001 (GA 115, 4. Auflage). A 269
- *Anthroposophie – Ein Fragment aus dem Jahre 1910*. Dornach: Rudolf Steiner Verlag 2002 (GA 45, 4. Auflage). A 359, 361
- *Die Geheimwissenschaft im Umriss* (1910/1925). Dornach: Rudolf Steiner Verlag 1989 (GA 13, 30. Auflage). A 242, 259, 358, 365, Kap. A.1
- Die psychologischen Grundlagen und die erkenntnistheoretische Stellung der Anthroposophie (1911). In: STEINER, RUDOLF, *Philosophie und Anthroposophie. Gesammelte Aufsätze 1904–1923*, Dornach: Rudolf Steiner Verlag 1987 (GA 35, 2. Auflage), S. 111–144. – Separatdruck: *Das gespiegelte Ich*. Dornach: Rudolf Steiner Verlag 2007. A 266–273, 275, 276, 285, 310
- *Ein Weg zur Selbsterkenntnis des Menschen* (1912/1918). Dornach: Rudolf Steiner Verlag 1982 (GA 16, 7. Auflage). A 359, 360
- *Die Schwelle der geistigen Welt. Aphoristische Ausführungen* (1913/1918). Dornach: Rudolf Steiner Verlag 1987 (GA 17, 7. Auflage). A 289, 359, 362
- Skizzenhaft dargestellter Ausblick auf eine Anthroposophie (1914). In: STEINER, RUDOLF, *Die Rätsel der Philosophie in ihrer Geschichte als Umriss dargestellt* (1901/1914), Dornach: Rudolf Steiner Verlag 1985 (GA 18, 9. Auflage), S. 594–627. S. 157–161. A 277, 279–282, 294
- Das menschliche Leben vom Gesichtspunkt der Geisteswissenschaft (Anthroposophie) (1916). In: STEINER, RUDOLF, *Philosophie und Anthroposophie. Gesammelte Aufsätze 1904–1923*, Dornach: Rudolf Steiner Verlag 1984 (GA 35, 2. Auflage), S. 225–268. A 359, 363
- *Von Seelenrätseln* (1917). Dornach: Rudolf Steiner Verlag 1983 (GA 21, 5. Auflage). A 6, 286
- *Durch den Geist zur Wirklichkeits-Erkenntnis der Menschenrätsel* (1918). Berlin: Philosophisch-Anthroposophischer Verlag 1918. A 283
- *Die Polarität von Dauer und Entwicklung im Menschenleben* (1918). Dornach: Rudolf Steiner Verlag 1983 (GA 184, 2. Auflage). A 299
- Philosophie und Anthroposophie (1918). In: STEINER, RUDOLF, *Philosophie und Anthroposophie. Gesammelte Aufsätze 1904–1923*,

Dornach: Rudolf Steiner Verlag 1987 (GA 35, 2. Auflage), S. 66–110. – Separatdruck: *Philosophie und Anthroposophie*, Dornach: Rudolf Steiner Verlag 1984. A 283–285, 287, 288, 290, 293, 310

– *Allgemeine Menschenkunde als Grundlage der Pädagogik* (1919). Dornach: Rudolf Steiner Verlag 1992 (GA 293, 9. Auflage). S. 161–166. A 374, 375

– *Der Jahreskreislauf als Atmungsvorgang der Erde und die vier großen Festeszeiten* (1923). Dornach: Rudolf Steiner Verlag 1980 (GA 223, 5. Auflage). A 376

– *Mein Lebensgang* (1925). Dornach: Rudolf Steiner Verlag 2000 (GA 28, 9. Auflage). A 259

Steiner, Rudolf / Wegman, Ita: *Grundlegendes für eine Erweiterung der Heilkunst nach geisteswissenschaftlichen Erkenntnissen* (1925). Dornach: Rudolf Steiner Verlag 1991 (GA 27, Dornach, 7. Auflage). A 310, 359, 364, 377

Stratton-Lake, Philip (Hrsg.): *Ethical Intuitionism: Re-evaluations*. Oxford: Oxford University Press 2002. A 108, 147

Sturma, Dieter: *Philosophie der Person. Die Selbstverhältnisse von Subjektivität und Moralität*. Paderborn: Schöningh 1997. A 303

Sturma, Dieter (Hrsg.): *Person: Philosophiegeschichte, Theoretische Philosophie, Praktische Philosophie*. Paderborn: Mentis 2001. A 303

Suppes, Patrick (1993): The transcendental character of determinism. *Midwest Studies in Philosophy* 1993, Band 18, S. 242–257. A 327

– (1994): Voluntary motion, biological computation, and free will. *Midwest Studies in Philosophy* 1994, Band 19, S. 452–467. A 327

Swinburne, Richard G.: Personale Identität. In: Quante, Michael (Hrsg.), *Personale Identität*, Paderborn: Schöningh 1999, S. 101–119. A 308

Taylor, Richard: Agent & patient: is there a distinction? *Erkenntnis* 1982, Band 18, S. 223–232. A 353

Teichert, Dieter: *Personen und Identitäten*. Berlin: de Gruyter 2000. A 303

Teichmann, Frank: *Auferstehung im Denken*, Stuttgart: Edition Hardenberg im Verlag Freies Geistesleben 1996. A 5

– Die «Philosophie der Freiheit» als Übungs- und Schulungsbuch. In: Dietz, Karl-Martin (Hrsg.), *Rudolf Steiners «Philosophie der Freiheit» – Eine Menschenkunde des höheren Selbst*, Stuttgart: Edition Hardenberg im Verlag Freies Geistesleben 1994, S. 197–222. A 123

TEWES, CHRISTIAN: «Das paradoxale Selbst – Zur Antinomie der reflexiven Erfassung präreflexiver Elemente des Selbst». Vortrag an der 8. Jahrestagung des Internationalen Forschungsnetzwerks für Transzendentalphilosophie und Deutschen Idealismus an der Technischen Universität Berlin, 18.–20.2.2010 (unveröffentlichtes Manuskript). A 65, 300

TOLKIEN, JOHN R. R.: *Der Hobbit oder Hin und Zurück.* (Aus dem Englischen übersetzt von Wolfgang Krege.) Stuttgart: Klett-Cotta 1998 (13. Auflage 2010). A 317

– *Der Herr der Ringe* (Erster Teil: Die Gefährten, Zweiter Teil: Die zwei Türme, Dritter Teil: Die Wiederkehr des Königs). (Aus dem Englischen übersetzt von Wolfgang Krege.) Stuttgart: Klett-Cotta 2000 (14. Auflage 2003). A 317

TRAUB, HARTMUT: *Philosophie und Anthroposophie. Die philosophische Weltanschauung Rudolf Steiners. Grundlegung und Kritik.* Stuttgart: Kohlhammer 2011. A 1

TROBERG, GUSTAV: Die Entdeckung des Ich. In: *Abhandlungen zur Philosophie und Psychologie* 1951, [Erstes Heft], S. 6–21. A 252

UNGER, CARL: Das Ich und das Wesen des Menschen (1910). In: UNGER, CARL, *Schriften*, Band 1, Stuttgart: Freies Geistesleben 1964, S. 109–128. A 5

– Naturwissenschaft und Geisteswissenschaft (1910). In: UNGER, CARL, *Schriften*, Band 1, Stuttgart: Freies Geistesleben 1964, S. 128–147. A 5

– Gedanken zur Philosophie des Widerspruchs (1911). In: UNGER, CARL, *Schriften*, Band 1, Stuttgart: Freies Geistesleben 1964, S. 147–172. A 5

UUS, UNDO: The libertarian imperative. *Journal of Consciousness Studies* 1999, Band 6(10), S. 48–64. A 333

VANDERCRUYSSE, RUDY: *Herzwege: Von der emotionalen Selbstführung zum meditativen Leben.* Stuttgart: Freies Geistesleben 2005. A 144

VEIGA GREUEL, MARCELO DA: *Wirklichkeit und Freiheit: Die Bedeutung Johann Gottlieb Fichtes für das philosophische Denken Rudolf Steiners.* Dornach: Gideon Spicker 1990. A 252

VERMERSCH, PIERRE: Introspection as practice. *Journal of Consciousness Studies* 1999, Band 6(2-3), S. 17–42. A 14

– Describing the practice of introspection. *Journal of Consciousness Studies* 2009, Band 16(10-12), S. 20–57. A 14

WAGEMANN, JOHANNES: *Gehirn und menschliches Bewusstsein. Neuromythos und Strukturphänomenologie.* Aachen: Shaker 2010. A 14
– Strukturphänomenologische Anthropologie – ein transdisziplinärer Ansatz zur Korrelation von Gehirn und Bewusstsein. Teil I: Klärung und Gegenüberstellung der Phänomenbereiche, Teil II: Korrelation und Integration der Phänomenbereiche. *RoSE – Research on Steiner Education*, Teil I: Band 1(2), S. 83–95, Teil II: Band 2(1), S. 34–47. A 14

WALTER, SVEN: Wie frei sind wir eigentlich – empirisch? *Philosophia Naturalis* 2009, Band 46(1), S. 8–35. A 327

WEBER, MARCEL: Ursache und Wirkung – am Beispiel der Gene. *Spektrum der Wissenschaft* 2011, Juni, S. 60–65. A 327

WEISSMAHR, BÉLA: *Die Wirklichkeit des Geistes: Eine Philosophische Hinführung.* Stuttgart: Kohlhammer 2006. A 308, 347

WIESBERGER, HELLA: Rudolf Steiners Lebenswerk in seiner Wirklichkeit ist sein Lebensgang [Teil 1], *Beiträge zur Rudolf Steiner Gesamtausgabe*, Nr. 49/50, Ostern 1975, S. 12–33. A 296

WILSON, TIMOTHY D. / DUNN, ELIZABETH W.: Self-knowledge: its limits, value, and potential for improvement. *Annual Review of Psychology* 2004, Band 55, S. 493–518. A 2, 39

WITZENMANN, HERBERT: Intuition und Beobachtung. In: WITZENMANN, HERBERT, *Intuition und Beobachtung*, Band 1, Stuttgart: Freies Geistesleben 1977, S. 73–101. A 10
– Realismus und Nominalismus. In: WITZENMANN, HERBERT, *Intuiton und Beobachtung*, Band 1, Stuttgart: Freies Geistesleben 1977, S. 13–34. A 287
– Vom dreifachen Ich und der vierfachen Wurzel der Freiheit: Eine Betrachtung zur Metamorphose des Bewusstseins. In: WITZENMANN, HERBERT, *Intuition und Beobachtung*, Band 2, Stuttgart: Freies Geistesleben 1978, S. 47–76. A 194
– *Die Philosophie der Freiheit als Grundlage künstlerischen Schaffens.* Dornach: Seminar für freie Jugendarbeit, Kunst und Sozialorganik 1980. A 5, 123
– Das Universalienproblem und der Erkenntnisprozess. In: WITZENMANN, HERBERT, *Die Kategorienlehre Rudolf Steiners und andere Schriften*, Krefeld: Spicker 1994, S. 87–108. A 287
– Das Universalienproblem in linguistischer und strukturphänomenologischer Bedeutung. In: WITZENMANN, HERBERT, *Die Kate-*

gorienlehre Rudolf Steiners und andere Schriften, Krefeld: Spicker 1994, S. 111–127. A 287

WRIGHT, GEORG H. VON: *Erklären und Verstehen*. Königstein: Athenaeum 1974 (Nachdruck, Berlin: PHILO 2000). A 330

ZAHAVI, DAN: *Subjectivity and Selfhood: Investigating the First-Person Perspective*. Cambridge: MIT Press 2006. A 308

– Self and other: the limits of narrative understanding. In: HUTTO, DANIEL D. (HRSG.), *Narrative and Understanding Persons*, Cambridge: Cambridge University Press 2007, S. 179–201. A 308

– The experiential self: objections and clarifications. In: SIDERITS, MARK / THOMPSON, EVAN / ZAHAVI, DAN (HRSG.): *Self, No Self? Perspectives from Analytical, Phenomenological, & Indian Traditions*, New York: Oxford 2011, S. 56–78. A 308

ZICHE, PAUL: *Introspektion: Texte zur Selbstwahrnehmung des Ichs.* Wien: Springer 1999. A 14

ZIEGLER, RENATUS: *Selbstreflexion. Studien zum Problem des Selbstbezuges im Denken und Erkennen.* Dornach: Philosophisch-Anthroposophischer Verlag am Goetheanum 1995. A 36, 323, 325

– *Mathematik und Geisteswissenschaft.* Mathematische Einführung in die Philosophie als Geisteswissenschaft in Anknüpfung an Plato, Cusanus, Goethe, Hegel und Steiner, Dornach: Philosophisch-Anthroposophischer Verlag 2000 (2. Auflage). A 36, 274

– Zufall und Freiheit im Kontext der Naturwissenschaften, Teil I: Kausalität und Konditionalität; Teil II: Exploratives Experimentieren, ideales Experiment und konditionaler Determinismus. *Elemente der Naturwissenschaft* 2003, Nr. 78, S. 178–193 und Nr. 79, S. 22–50. A 330

– Erkenntnismethodische und ethische Grundlagen der klinisch-therapeutischen Wirksamkeitsforschung. In: FINTELMANN, VOLKER (HRSG.), *Onkologie auf anthroposophischer Grundlage*, Stuttgart: Johannes Meyer 2004, Kapitel 6.2, 3. Lieferung, S. 1–49. A 147

– Reines Denken und reine Begriffe: Einwände und Widerlegungen. In: RAVAGLI, LORENZO (HRSG.), *Jahrbuch für anthroposophische Kritik*, Schaffhausen: Novalis Verlag 2004, S. 71–118. A 38

– *Intuition und Ich-Erfahrung. Erkenntnis und Freiheit zwischen Gegenwart und Ewigkeit.* Stuttgart: Freies Geistesleben 2006. A 4, 10, 12, 36, 40, 64, 80, 103, 170, 188, 193, 197, 215, 223, 287, 295, 312, 319, 320, 323, 329, 351

– Einführung in die Universalienlehre. In: SAM, MARTINA MARIA / BACKHAUS, HILDEGARD / HAID, CHRISTIANE (HRSG.), *Jahrbuch der Sektion für Schöne Wissenschaften*, Band 2: «… das Wort nur eine Gebärde», Dornach: Verlag am Goetheanum 2006, S. 355–370. A 287

– Monographie der Bewusstseinsseele. [Rezension von EWERTOWSKI, JÖRG: Die Entdeckung der Bewusstseinsseele]. *Die Drei* 2007, Band 77(10), S. 88–91. A 368

– Individuelle menschliche Entwicklung zur Freiheit als Urbild aller Entwicklung, Teil I: Erscheinungsentwicklung des Erkennens. *Die Drei* 2008, Band 78(5), S. 55–69. A 12, 123, 314

– Individuelle menschliche Entwicklung zur Freiheit als Urbild aller Entwicklung, Teil II: Wesens- oder Bewusstseinsentwicklung des sich befreienden Menschen. *Die Drei* 2008, Band 78(6), S. 49–63. A 12, 314

– Individuelle menschliche Entwicklung zur Freiheit als Urbild aller Entwicklung, Teil III: Gestaltung «anorganischer» und «organischer» Elemente der menschlichen Organisation in der Freiheitsentwicklung des Menschen. *Die Drei* 2008, Band 78(7), S. 55–66. A 144, 152, 185, 311, 318

– Drei Ich-Perspektiven [Rezension von JAENSCH, WILFRIED: *Was ist die wahre Natur des Ich?*, KLÜNKER, WOLF-ULRICH: *Anthroposophie als Ich-Berührung*, PROKOFIEFF, SERGEJ O.: *Das Rätsel des menschlichen Ich*]: *Die Drei* 2010, Band 80 (8/9), S. 83–85. A 1

– Individuelle Ich-Erfahrung [Rezension von MERHOLZ, CHRISTOPH: *Die Philosophie des Ich*]: *Das Goetheanum* 2010, Nr. 48, S. 13–14. A 1

– Steiners frühe Ideen zur Entwicklung. *Elemente der Naturwissenschaft* 2010, Nr. 92, S. 114–128. A 123

– *Freiheit und Schicksal: Eine Philosophie der Wiederverkörperung* (in Vorbereitung für 2013). A 13

ZIMA, PETER V.: *Theorie des Subjekts: Subjektivität und Identität zwischen Moderne und Postmoderne*. Tübingen: Francke 2010 (3. Auflage). A 304

ZOVKO, JURE: Metaphysics as interpretation of conscious life: some remarks on D. Henrich's and D. Kolak's thinking. *Synthese* 2008, Band 162, S. 425–438. A 146

SACHREGISTER